Rien n'est définitif, tout est toujours autre.

すべてはつねに別のものである

〈身体－戦争機械〉論

江川隆男

河出書房新社

目次

すべてはつねに別のものである——〈身体‐戦争機械〉論

何も決定的ではない、
すべてはつねに別のものである。
A・アルトー

Rien n'est définitif,
tout est toujours autre.
A. Artaud

序文

内在性の哲学とは何か。ここで言う〈内在性〉とは、そこに身体の唯物論が分離不可能な仕方で含まれた思考の特性のことである。こうした意味において内在主義的哲学とは何か。これは、まさにマイノリティの思考であり、したがって哲学それ自体の存在根拠ではないのか。こうした哲学とは、ニーチェに倣って言えば、まさに自然が人類の間に放った矢以外の何ものでもない。哲学は、古代ギリシアの前ソクラテス期の時代からすでに超越論の思考を完全に有していた。アルケー（根源あるいは始源）への過剰な志向性が、そのことを証明している。またそれは、つねに根拠づけの思考であり続けた。また、そこから超自然学としての形而上学も誕生した。根源的なものとその派生物との間に生起する超越論的な思考は、徐々に地層化されて、一階の自然学あるいは自然法則と、二階の形而上学あるいは道徳法則として成立することになる。あるいは哲学は、長きに渡ってこうした思考に適合する言語活動しか鍛え上げてこなかった。それは、言い換えると、否定性の優位とその容易さに基づいてもいる。これとともに内在性の大地あるいは大気の思考は、超越主義のこうした二階建ての思想や、これに基づく人間自身の自己理解——知性（認識作用）と意志（〈肯定／否定〉の作用）の二階建て——のもとでつねに抑圧され破壊され続けることになる。しかしながら、否定性の超越的言説で充たされたニヒリズムの哲学を完全に転換したのが、一七世紀のスピノザである。ところが、それ以降、つまりおよそこの三五〇年の間、スピノザの哲学がほとんど理解されえなかったのも事実である。その理由は、おそらく単純である。つまり、肯定の諸言表からなる哲学書を誰も読んだことがなかったからである。しかしながら、単に内在性を問うだけでは、それほどの意義を有するとは思われない。内在性の哲学は、〈内在〉（必然）あるいは〈従属〉（強制）という仕方でその諸問題を再構成しなおさなければならないであろう。というのも、この〈従属〉に対する反‐作用は、多くの場合、つねに新種の超越論主義として現出するからである。

さて、本書は、書き下ろしの一論文と既発表の論文からなる。ただし選ばれた論文は、比較的最近のものであり、密接に関係するテーマを取り扱ったものである。それらは、拙著『アンチ・モラリア』における脱‐超越論、非‐経験論、反‐道徳主義的思考にとって不可欠な諸特徴について論究したものでもある。ここでは共通したいくつかのテーマについてその特徴を簡単に述べておきたい。

（1）超越論的哲学の極限的な無‐媒介化——ドゥルーズの哲学においては、新たな様相概念のもとでカントとは異なる、言わば系譜学的な批判哲学が形成された。それは、諸様相の観点から言うと、潜在的な超越論的領域と現働的な経験的領野から成り立つ。潜在性は可能性を、また現働性は言わば現実性をそれぞれに批判する際の新たな様相である。つまり、〈潜在性‐現働性〉は、〈可能性‐現実性〉の間に存在する複写関係を排除する諸様相である。人間は、これまで様相概念を確実に増やしてきたと言える。何故なら、様相の複数化は、人間が自分たちを自由だとより多く感じられることに完全に対応しているからである。したがって、例えば、自由意志を批判する哲学は、こうした様相そのものを減算する思考を有していなければならない。自然における様相は必然性だけだとスピノザが言うのは、徹底した自由意志批判の視座からである。これは、言わば〈脱‐様相〉の思考である。さらに、ここからいかなる様相も考えられえない〈無－様相〉についての観念を形成することもできるであろう。(2) 第四項による多様体の形成——超越論哲学が有する〈二〉(超越論的なものと経験的なもの)あるいは〈三〉(それらに加えてこの両者を本質的に関係づける「第三のもの」(カント))についての媒介的思考から解放されるには、まずは第四項の未知の諸機能を必要とする。先天的で超越的なものと後天的で経験的なものとを配分する超越論は、後者に対する前者のさまざまな条件づけの論理そのものを考える限り、安定した根拠づけの哲学であり続ける。また超越論においてわれわれが、こうした前者と後者の間を図式論や現働化論といった第三の、しかしより根源的な働きとしてどのように考えたとしても、実際には内部性の諸形式の強化にしかならないであろう。第四項の作用素を、つまり後者から前者へのまったく異なる働きを、あるいはむしろ〈作用なき強度〉を考えなければならないのだ。こうした第四項は、つねにn次の項であり、内在的多様体の構成あるいは解放、形成あるいは闘争におけるもっとも本質的な発生的要素である。[1] カントは、たしかに純粋悟性概念の内在的使用を感性論のもとで考えたが、こうした第四項の言わばn次の機能をほとんど思考できなかった(しかし、この観点から言うと、『判断力批判』がどれほど破格の例外性を有するかが分かるであろう)。ドゥルーズは、超越論的経験論においてこうした第四項の作用を現働化に対する〈反－現働化〉——すなわち、〈反－実現〉——として概念形成することができた。これは、例えば、出来事論においては、一つの出来事の完了(図式化あるいは現働化による)に対する、その未完了の部分(〈逆－図式〉あるいは〈反－実現〉)の肯定の仕方である。それは、たしかに「その完了が実在できない出来事の部分」であるが、しかしながら、むしろ永遠の未完了であり、まさに決定不可能な部分である(これが第一の側面である)。さらに言うと、〈反－実現〉は、たしかに〈対抗－実現〉であるが、しかし実現との単なる媒介的な対抗、つまり対言的に捉えられた〈否−実現〉ではないことにとくに注意しなければならない。〈反−実現〉は、この限りにおいては、超越論的条件あるいは原理そのものを可塑的に、一義的に、実在的にする発生的要素あるいは機能素であり、むしろ他の実現を媒介しない実現あるいは完了である[2]（これが第二の側面である）。言い換えると、これによって、人間の意志とは何の関係ももたない仕方ではじめて超越論的領域と経験的領野との間に無−媒介の生成のブロックが成立しうるのである。

哲学だけがなしうるこの思考過程をさらに進めていこう——（3）しかし、こうした二つの領域と二つの作用素からなる酷使された批判哲学を思考可能にしたのであれば、われわれは、ここからそれを平面化あるいは並行論化して、超越論的なものと経験的なものという配分を完全に無効にするような別の思考の仕方を言表し表現しなければならないであろう。それが、まさに反−複写法としての地図作成法であり、超越論と経験論との間の差異なき脱領土性並行論の哲学である。複写法とは、経験の対象からの類似あるいは類比によって超越論的なものを規定すること、つまり広い意味での擬人化である。要するに、複写の技法は、媒介と擬人化における必要不可欠な道具である。これに対して地図作成法の使命は、強度の地図上に対象性を位置づける作業である。しかし、こうした地図上の位置づけを通してわれわれは、そのことがまったく意味をなさないような諸帯域によってこの地図が作成されていることを理解するであろう。それらは、絶えざる構成要素のあるいは機能素の反転からなる領域である——例えば、ニーチェにおける〈生成〉と〈生成の存在〉、スピノザにおける神の〈存在力能〉と〈思考力能〉、様態の〈本質〉と〈存在〉、ガタリの〈機械状系統流〉と〈非物体的なものの領界〉、等々。これらは、反転可能な実在性であるが、この可能性は、すでに述べたような決定不可能なものの部分に依拠する。（4）決定不可能なものは、〈決定／未決定〉の外部であり、したがって決定を待っているものでも、決定に向けられて開かれているものでもない。決定不可能命題は、たしかに或るシステムからつねに逸脱するものとそこに無‐媒介的に現前し続けるものとの不可識別性に基づいている。それは、例えば、スピノザが言うような、或る〈積極的なもの〉(positivum) でさえある。[3] 誤った観念、つまり非十全な観念が含むこの〈積極的なもの〉は、実は真なるものによって除去されえない。つまり、これは、そもそも身体の諸変様の発生的要素であり、いかなる観念によっても除去されえない。しかしながら、この身体の或る変様についての観念は、受動性という特性を有する限り偽の観念である。身体の諸変様それ自体は、正確に言うと、偽なるものでも誤謬でもなく、また混乱したものでも非十全なものでもない。[4] それは、〈真／偽〉の此岸、〈善／悪〉の彼岸、つまり〈十全／非十全〉あるいは〈能動／受動〉以前の、あるいはそれらから実在的に区別される身体の諸変様においてあるいはその機械状作動配列において現前する決定不可能なもの、すなわち〈非‐十全〉の積極的な帯域である(「現前と外部性」、参照)。

本書は、すでに述べたが、既発表と未発表の論文からなる。以前から著者は、勝手に次のように考えている――哲学の場合、一冊の書物と一編の論文は、明確に区別される必要があるように思われる。論文は、著作とは違って、それぞれが一本の矢のようでなければならない。これに対して著作は、論文ではけっしてできないような、諸々のパラグラムの構成とそれにともなうダイアグラムの産出、言い換えると、意味変形と価値転換を含まなければならない。論文は、哲学においては、反対に書物ではできないことを結晶化することである。論文でしかできないことと著作でしかできないことの違いは、少し大げさに言うと、私にとっては、実体と様態との間の力能の差異に対応するほどである。要は、この両者の機能を混同しないようにということである（例えば、『エチカ』や『純粋理性批判』は、書物として以外に絶対に成立しえないのだ）。つまり、いくつもの論文をとれほど積み重ねたとしても、一冊の〈哲学書〉には絶対なりえない。では、この論文集は、いったいどうなるのか。本書に限ったことだけを言いたい——それは、出来事における完了が実在できない部分に関する諸言表を作成すること、そのために非共可能性を様相として用いること、そうしたものとしてそれぞれの論文を作動配列することである——道具箱から武器庫へ。この意味において本書が、複数の〈生成-矢〉を束ねて、読者諸賢に解き放つという意味での〈書物〉になっていることを著者は願っている。

注

1 これに関しては、ガタリの見事な見解がある——「第四項は、n番目の項に相当します。つまり、多様体に向けた解放です」（Félix Guattari, *Chaosmose*, Galilée, 1992, p.51（『カオスモーズ』宮林寛・小沢秋広訳、河出書房新社、二〇〇四年、五四頁））。この翻訳書の「訳者あとがき」で宮林氏が書いているが、ガタリのこの著作に収録された「3 分裂分析的メタモデル化」と「6 新たな美的パラダイム」は、実は日本での「特別セミナー」（一九九二年一月に開催）のために準備された論考である。私は、実はこの「特別セミナー」（一月一九日開催）に参加していた。そのときの印象で今でも鮮明に残っているのは、ガタリが自らの四つの存在論的機能素からなる地図作成法についてホワイトボードを用いて、力強く語っていたことである。宮林氏の通訳は見事であったが、私はガタリの脱領土性の地図作成法がほとんど分からなかった。ガタリは、この年の八月に亡くなる。ガタリとのこの遭遇以降、私は、哲学から考えればおよそ異様な、ガタリの思考におけるこの四つのカテゴリーの意味や価値、その意義や機能を徹底的に哲学の側面から考え続けた。ここでは、次のことだけを述べておく——初期ストア派の四つのカテゴリーも、まったくの反‐アリストテレス的な革命的意義を有していたが、ガタリの存在論的機能素の四つのカテゴリーも、同様に非物体的な領界という第四項によってまさにn次の多様体となるであろう。しかしながら、ガタリの地図作成法においては、諸原因と諸様相に関してきわめて無批判な適用があるのも事実である。

2 「一方には実在し完了する出来事の部分があり、他方には「その完了が実在できない出来事の部分」がある。したがって、実現と反‐実現といったような二つの完了がある」Gilles Deleuze, *Logique du sens*, Minuit, 1968, p178（『意味の論理学』小泉義之訳、河出文庫、二〇〇七年、上・二六四頁）。ここで言われている事柄は、モーリス・ブランショにおける、死に関する現在と非‐現在との間の生成のブロック——言わば〈生成の度合〉——のことである。言い換えると、実現と反‐実現との間には、対言の論理があるのではなく、〈副‐言〉に固有の言語活動が有する諸様相、すなわち共可能性あるいは非共可能性が存立するのである。

3 スピノザ『エチカ』畠中尚志訳、岩波文庫、一九七五年、第四部、定理一、参照。同様に、第三部、定理一七、備考、も参照されたい。ここで言われる「排除する」（secludere）は、否定とは異なっている。というのも、排除の観念は、むしろその現在あるいは現前を肯定しようとするものだからである。

4 それゆえドゥルーズは、次のように述べることになる——「偽なるものを力能にまで高めることで、生は、様々な外観からも真理からも解放された。すなわち、生は、真なるものでも偽なるものでもなく、決定不可能な二者択一であるが、しかし偽なるものの力能、決定への意志である」（Gilles Deleuze, *Cinéma 2, L'image-temps*, Minuit, 1985, p.189（『シネマ2——時間イメージ』宇野邦一・他訳、法政大学出版局、二〇〇六年、二〇二頁））。ここでの決定への意志は、むしろ〈決定への衝動〉と言われるべきかもしれない。

I

現前と外部性——非-論理の革命的思考について

序論――〈非－論理〉の唯物論はいかにして可能か

「物の自然における」すべての個物あるいは様態は、実体ではない以上、必然的に消滅する。[1] しかしながら、消滅は、一つの生成変化であり、その限りで〈非－存在〉を支持するむしろ完全な実在性を有すると言える。おそらく本論文のこうした意義を理解すること、あるいはここで論じられている事柄の内容を意識することは、読者にとって困難な事柄なのではないか、と著者は畏れる。物事の論理や根拠、その原因や理由、等々を理解することなしに、人々が容易に口にするような、人間の進歩や発展はたしかに成立しないであろう。しかしながら、こうした意味での進歩や発展は、実際にはおそらく道徳的で科学的な成果としてもっぱら捉えられるだけで十分なものではないのか。というのも、ここでは改めて論理や根拠についての意識、あるいは原因や理由に関する人間精神を批判すべきだと考えているからである。これらは、ニヒリズムにおける人間本性に必然的に与えられたような、言わば何らかの超越願望にあるいはそれを充たすような超越的価値に依拠しているのではないか。スピノザにおける内在性の平面としての〈神あるいは自然〉は、その存在に関していかなる意味においてもその否定を生み出すような存在ではない。すなわち、神について「神は存在しない」という言説は、そもそも成立しえないということである。ということは、そのような否定を容易に生み出しうるような〈存在〉、要するに、その否定と対立しうるにもかかわらず、実はこの〈否－存在〉と共可能的であり、それ以上にそこから生じうるような〈存在〉がそもそも問題だったということになる。ここからわれわれは、次のように考えることができるであろう――矛盾（対言）は、まさにこうした共可能性という一つの様相を前提としてきたのである。

人間の進歩とは何か、あるいは人間の退化とは何か。或る反‐道徳主義的な哲学的思考が、現実に作動している――内在主義、価値転換的系譜学、超越論的経験論、心身並行論、存在の一義性、プラグマティック、等々。これらは、人間の諸様態を進歩や退化といった言葉で評価することをしない。何故なら、進歩や退化は、単に比較のなかで成立した虚無の概念以外の何ものでもないからである。内在主義者としてのスピノザは、物を相互に比較する思考を徹底的に批判した。[2] 何故なら、それは、比較が愚鈍な媒介の思考を形成するもっとも一般的な認識の様式だからである。比較は、その限りでまさにニヒリズムの認識様式の典型の一つである。比較すること（comparare）、それは、まさに物のうちに欠如や否定を見出して、それを媒介にしてその物を理解し評価しようとする動詞的活動である。何かについて比較をしない人間は、おそらく存在しないであろう。進歩は、退行と共可能的な一つの事態である。進歩も退行も、ともにこうした比較行為のニヒリズム上の評価にすぎない。人間精神の思考力能は、非‐延長的な観念を形相とするよりも、実際には延長概念を過剰に含んだ言葉の形式により多く依拠していると思われる。ところが、言語という最強の内部性の形式は、実際には人間身体の触発や変様に完全に依存しているのだ。というのも、言葉は、身体的運動なしにはけっして存立しえないからである。具体的に言うと、言葉は、まさに身体――口、耳、手、目、その他の部分的な器官――の相対的な諸運動によって成立している。言語はたしかに内部性の形式を形成するが、しかしながら、それは、人間身体の触発という実在的変様と、人間精神におけるこの変様の観念とをまさに外部性の諸形相とする限りにおいて存立するものである。いずれにしても、言葉は、とりわけ身体が発する〈声〉を大前提とする。「身体が何を為しうるのか」をこれまで誰も規定してこなかったというスピノザの偉大な問題提起は、こうした意味で言語の問題として改めて考えなければならないであろう。[3]〈現代〉とは、つねに進歩という概念にもっとも嫌悪を抱くような反‐時代性の表現である。この概念には、非共可能性という新たな様相が必然的にともなっているように思われるからである。意味変形と価値転換とをもっとも有するような思考、それこそが、哲学という現代の人間精神の言表作用そのものである。

さて、ここでの問題提起は、とりわけドゥルーズがライプニッツの哲学思想の一つとして規定した〈副‐言〉の論理の意義を再解釈し展開することで、それを内在性の思考の最強の武器の一つにすることである。これは、まずは言語と論理の問題、身体と遠近法の問いでもある。そこで、ここでの問いは、およそ次のように表現することができる――〈副‐言〉(vice-diction)は、身体の相対的運動としての言葉ではなく、身体のこうした運動の絶対的速度としての言表作用を与えることができるであろうか。これは、言い換えると、〈副‐言〉は新たな唯物論を構成できるかという問題でもある。内在性の哲学は、たしかに肯定の思考からなる。しかし、それは、けっして否定や欠如を単純に排除するものではない。それは、むしろこうした否性や欠性を非身体的に変形する過程をもった思考のことである。人間は、たしかにさまざまな事柄を理由や原因から理解することで進歩してきたと言える。それは、まさに道徳的で科学的な知性を育成するものである。しかし、人間は、そうした思考だけでなく、むしろそれらを積極的に排除するような過程をもった特異な思考様態も同時に獲得しているのではないだろうか。それがここで提起したい非‐論理の唯物論であり、われわれは、〈副‐言〉の論理から出発することでまさにその非－形式的な実質的過程が形成されるのではないかと考える。物の自然における諸様態は、単に相互に同一的なものとして、あるいは互いに対立するものとして存在するわけではない。共立不可能性という様相は、矛盾律に支配された思考方法と言語使用を単なる表象の様式として規定するであろう。それは、つねに〈部分－生成〉にともなう様相である。というのも、共立不可能性は部分にともなうことしかできない様相であり、その限りで部分の総体をけっして全体化することのない様相だからである。このような仕方で現働化する諸々の部分性は、統合する全体化のもとではけっして数えられることがないが、しかし非－因果的な対応性の原理のもとでは一つの総体（離接的総合）として考えられるべきものでもある。またこの総体は、まさに非－全体的な機能と質料とを有すると言われるべきである。端的に言うと、これは、言語によって発育した〈存在〉概念あるいは〈否－存在〉概念に絶えず部分的に抗する概念の形成をわれわれに促している。というのも、この総体とは、〈存在〉と〈否－存在〉のそれぞれに抗する仕方で内在性を形成するもの、すなわち分子的に非共可能的な〈部分－生成〉からなるような〈非－存在〉のことだからである。この〈非－存在〉の発生的諸要素、すなわち非共可能的な諸々の〈部分－生成〉は、（1）すべてマイノリティのもとで生起する〈決定不可能命題〉に或る程度対応し、（2）もっとも戦略的な知性としての直観知のうちで見出される〈決定不可能なもの〉そのものでさえある。[4] この場合の決定不可能性は、おそらく様相の一つではない。それは、必然性も含めて、すべての様相が消尽した無－様相において見出されるべき特性であろう。ここにおいて、まさにあらゆる意味での唯物論の本性が明らかになると思われる。すなわち、唯物論とは、脱－様相論を有し、無－様相をともなう諸々の言表の集合であり、これらを身体の言表作用として存立させることである（「脱－様相と無－様相」、参照）。

まさにその過程の観念的地図を以下のように作成することができるだろう。第一に〈副－言〉は、表面的には対言と同様、たしかに〈言葉を発すること〉の一種であるが、しかしこの発話という出来事に〈テクストを読むこと〉に固有の言わば遠近法の意義を付加することができる、言い換えると、この出来事をつねに非完結性にもたらすような強度的な機能を有するのだ。〈副－言〉は、たしかに言語一般に依拠するが、しかしそれと同時に、言葉のまったくの外部性のもとに存立する〈言表－様態〉の位相をわれわれにより多く意識させるものでもある。これは、逆に言うと、〈対言＝矛盾〉の論理のもとでは、意識されることなくより多く排除され、またその観念を有するにもかかわらず、より多く反省されえないものとなる。第二に〈言表〉とは、語でも文でも命題でもなく、さらには文法でも発話行為でもない。それは、こうした言葉や文法や論理や主体のすべてをむしろ発生させる要素であり、また外部性の諸力を表現する形相そのもののことである（「破壊目的あるいは減算中継」、参照）。〈副－言〉は、こうした意味で対言の言語使用のもとで育成された人間精神のうちに部分子的な〈非－意識〉を植えつける作用がある。ここで言う〈部分子〉とは、部分と分子との合成語である。ここでは、部分には非－全体化としての作用素が、また分子には全体を多孔質化する機能素が考えられ、それらをまさに総合したものがここで言う〈部分子〉である。対言（＝矛盾）に浸食された〈意識－意見〉は、いかなる共通概念も形成することなく、一般概念のもとで絶えずかつ素早く部分を全体として、真に「すべて」と考えてしまう。〈副－言〉の唯物論は、例えば、或る〈意識－意見〉の対立をけっして全体化しない。AとBが或る一つの事柄についてまったく反対の両立しえない意志や意見を有していたとする。では、その両者が共有しているあらゆる物質の流れ、光や空気、あるいは大地の地層や気象現象は、あるいは両者に共通する諸々の情動の流れは、そこではいったいどのように位置づけられ、また考えられているのか。〈対言＝矛盾〉においては、人間精神がその〈意識－意見〉を全体化させることになるが、しかしそれだけのことであって、それらの人間身体は、諸身体の機械状作動配列を含んだ意味での「事例」として、一義的存在――同じ空気、同じ大地、共通の気候、等々――における差異的な強度的部分子であり続ける。〈副－言〉は、このようにして至るところで部分的に〈対言＝矛盾〉を静的に消尽するであろう。〈副－言〉において理解されるべき事柄は、矛盾律のもとで意識化され、またそれに基づいて行動する人間の自由意志を超越願望として批判することである。というのも、そのとき〈副－言〉は、諸規準を内在する多様体の記号論的要素となるからである。その限りでこれは、言わば多様な〈部分子〉を〈表現されるもの〉として言語一般のうちに非物体的に散逸させ発散させることができる。端的に言うと、〈副－言〉は、命題に含まれた言表をより多く指示し、また命題を言表へとより内包的に転換する機能を有する。〈副－言〉は、おそらく散逸した或る群れの観念を潜在的に有するのだ。第三に〈言表作用〉とは、何よりも古文書学者から系譜学者へという移行をともなって、言表をまさに言葉の言語使用の先端にもってくることであり、ここでは言表が含む外部の諸力は、言わば身体の図表論的機能素として考えられるべきものとなる（「ディアグラムと身体」「〈身体－戦争機械〉論について」、参照）。言語的なものの外部に存在する諸力の流れとその形相とから触発を受けることのできる唯一の様態、すなわち身体は、多様な変様の内包的地図そのものである。言語は、われわれの単なる〈対言〉的使用とその意識に尽きることなく、有限で無際限な〈副－言〉的行使と諸観念の差異の表現になりうるのである。われわれは、こうした観念のもとで言語をまさに〈副－言〉的に行使して、とりわけ命題を言表にする必要がある。

〔I：問題提起〕　発生する変形的諸要素
――どのように言語から媒介的特性を除去することができるか

発生的要素（I）――無‐媒介性ゆえの外部の現前

　人間のあらゆる組織や共同体、すなわちその規模や構成員の大小の違いに関係なく、もっぱらより多くの内部性の論理（例えば、知性と意志との分離からなる）によって一つの統合体をなすものは、たとえ部分的であっても、それに対する外部性（例えば、知性と意志との同一性）により多くの強度が与えられた場合、間違いなく変化や消滅の過程とともにしか存在しえないものとなる。この過程の発生的要素は、たしかにその内部に予め潜在的に存在するものでもありうるが、しかし外部に存立するより多くの積極的な諸形相として理解されるべきであろう。こうした外部性は、諸々の組織や共同体の間の相対的な相互外在性などではない。相互外在性は、むしろ相互に媒介的な諸機能を担って内部をより強固に形成する特性の一つである。したがって、或る相対的なものを考え、そこからほぼ類推によって次に絶対的な或るものを提起したとしても、それは、実は媒介のうちで段階論的に考えられた第二の相対的なものにすぎないことになる。何故なら、この場合の絶対的なものは、それが結果であれ原因であれ、もっぱら目的論化されたなかで提起されているだけだからである。しかし、外部性の形相は、そもそも類推不可能であり、その意味で媒介不可能な、まさに〈外の存在〉以外の何ものでもないであろう。スピノザは、神をいかなる意味でも無‐媒介なものとして理解しなければならないと考えた哲学者である。神の擬人化とは、まさに人間の諸特性を媒介とした神についての理解以外の何ものでもない。例えば、次のように定義的に述べたとする――神は無限であり、永遠であり、全知全能であり、絶対的であり、等々。これは、人間の存在の有限性、可滅性、有限な知性と能力、相対性、等々を媒介して規定された神の性質についての定義でしかない。しかし、これに反してスピノザは、言わば絶対的な〈現前主義〉のもとで神の無‐媒介的な外部性の形相――「絶対に無限な有」――を提起する。言い換えると、これは、西洋哲学における歴史的で社会的な媒介的思考から観れば、完全に〈外の思考〉である。すなわち、〈外部性の形相〉あるいは〈外の思考〉は、まさに倫理的な意味での未知なるものとしての最小の、しかし強度に溢れた、真に革命の名に値するような精神と身体の脱領土性並行論を形成するであろう。それは、壮大な企図や巨大な計画でもなければ、巨視的な観点を必要とするものでもない。そのためには、或る最小回路だけで充分なのである。〈外部性の形相〉とは何よりも自己の身体（私の諸物体ではなく）のことであり、また〈外の思考〉とは自己の精神（私の心ではなく）のことである。

たとえ精神分析によって説明されるような人間精神であっても、それは、人間身体とともに並行論的にしか存在しえない様態である。言い換えると、人間精神は、内部性の捕獲装置としての精神分析にけっして分析されえないような、未知の決定不可能な要素からなるということである。こうした論点がスピノザ的な身体論的転回には、すなわち絶対的な内在性の思考には含まれているのだ。というのも、人間精神と人間身体とは、つねに相互に外部性の形相そのものとして現前するからである。それらが相互にけっして媒介し合わないとすれば、スピノザの心身関係論は、実は心身の無‐媒介性並行論であると言えるだろう。ところで、動物としての人間性の弱点あるいは欠如は、確実に同じ地球上での人間としての動物性の偉大な長所に、すなわちより大きな完全性（あるいは実在性）の実現の駆動力となりえた。たしかに人間は、こうした意味でのさまざまなアクセルとブレーキ——例えば、科学や道徳、あるいは論理や情感、等々——を獲得することができた。しかし、役割が相互に転換するこうした二つの操作要素は、実は自由意志の対象となりうる限りで存在するものであったと言わなければならない。ニーチェは、周知のように、人間の生や実存を否定し過小評価する人間の心性あるいは心的体制それ自体をニヒリズムと呼んだ。例えば、心理学は、そうしたニヒリズムの人間精神についての反動的な学問であり、したがってそもそも復讐の精神の分析的学問だということになる。[6]

さて、諸々の〈様相〉概念は、相互に共立可能性のもとで考えられている。言い換えると、諸様相の間の共可能性は、まさに〈可能性〉概念のもとで成立していると言える。この限りで〈可能性〉は、人間本性にとっての〈様相の様相〉だと言えるだろう。このことは、実は媒介の思考に固有の事柄である。しかしながら、問題は、表象的思考に特異な共通感覚の媒介の論理を運用し適用することではなく、〈思考されることしかできないもの〉である観念、すなわち〈被‐思考〉の様態と、言語において〈表現されることしかできないもの〉である〈被‐表現〉の様態とを総合することにある。この総合にともなう様相は、いかなるものであるのか。命題の傍らには、つねにそれを言表にする身体の言表作用がありうる——「本当は言表が命題に依存するのではなく、その逆である」[7]。諸身体の変様の作動配列それ自体が、あらゆる内部性（言語、記号、論理）の体制に対する図表論的機能として外部性の無‐媒介的現前そのものとなる。カント的な批判哲学は、（1）経験的なものを媒介とした、つまりそれを複写した超越論的領域の定立であり、（２）また人間の諸能力の相互媒介の精緻な理説であると言える。こうした批判哲学は、まさに媒介の思考によって成立した人類のまさに知的遺産である。この媒介性を破壊するのがドゥルーズの超越論的経験論の仕事である。例えば、（２）に関して言うと、人間精神の諸能力は、超越論的経験論においては、共通感覚のもとで相互に媒介し合うことなく徹底的に離接化され、それによって反‐共通感覚としての逆‐感覚のもとで諸観念の〈問題‐形相〉を肯定的に伝達し合うような作動配列を有するものとなる。プラトンにおける超越主義を成立させる〈イデア〉や、カントにおいて超越論的主観性のもとで機能する〈理念〉に抗して、ドゥルーズにおける理念とは、〈問題‐形相〉としての諸観念からなる一つの多様体（内在主義）のことである。この内在性の哲学の本質は、西洋哲学においてほとんど思考されてこなかった差異の絶対的肯定にある。それゆえこの意味での内在性論は、単に可能的経験の根拠づけの論理や領域を定立することではなく、実在的経験によって自然のうちに内在することの倫理学であり、また超越論的な諸条件を一つの可塑性の原理へと変形する自然学である。例えば、フーコーにとってのア・プリオリな諸条件は、まさに歴史以外の何ものでもなかった。しかし、この超越論的領域としての歴史が或る可塑性の原理を備えたものであると把握されたとき、それは、まさに多様な亀裂の入った内在性の領野として系譜学的思考の対象となりうるのである。人間は、ニヒリズムという超越論的原理をつくり上げた。対言の論理は、こうしたニヒリズムを至るところに拡散するという運用上の絶大な効果を有する。それゆえ媒介の論理には、最初からこうしたニヒリズムの人間精神が溢れているのだ。あるいはこうした人間精神は、まさに対言の論理とともに意識化され、これとともに自由意志を育んでいくのかもしれない。

これに反して〈無‐媒介〉の論理には、共通概念としての〈来るべき民衆〉とともに思考する或る部分的強度が溢れている。それは、まさに反時代的な論理であると同時に、まったくの同時代性のもとにある非‐論理であるとさえ言える。例えば、次のように言うことができる――主体性の〈対立‐排除〉の視点から非‐主体性の〈抵抗‐肯定〉の遠近法へ、あるいは媒介の否定的な論理から無‐媒介の肯定の非‐論理へ、あるいは内部性の形式から、相対的な外部性の形象を媒介しないという意味での絶対的な外部性の形相へ。例えば、これらは、まさに内部性の媒介的諸形式に対する外部としての無媒介の自然変動のことである。注意されたい――内部性とはむしろ超越性のことであり、外部性とは内在性のことである。しかし、この内部性には、部分的につねに内在し直そうとする形相が折り畳まれている。反対に内部性の諸形式を本質的に形成する超越的な優越願望こそが、外部性を絶えず超越性として理解し、そのように置き換え続けるのである。内部性の形式は、その限りで内在性についての多孔質的な判断力を欠いた規定的な適用の判断からもっぱら成り立っている。物の自然のうちには、身体が別の個物によって触発を受けるだけでなく、それ以上にその身体をそもそも構成する諸器官が形成される際の発生的要素として、光、空気、音、香、味、物体の表面、等々が存在する。ニーチェが言うように、例えば、眼は光を、耳は音を、鼻は匂いをそれぞれに解釈するが、これらは、その結果として形成された器官以外の何ものでもない[8]。こうした発生的要素それ自体は、各個の感覚器官のうちでつねに無‐媒介に現前するものである。

発生的要素（Ⅱ）――表象言語における二つの媒介の論理（〈対言〉と〈副‐言〉）

差異を捉える概念は、一般的には種的差異（種差）や個体的差異（個体差）に関するものである。

しかし、こうした概念的差異——これが〈差異の概念〉ではないことに注意されたい——では、実は〈類／種／種差〉のもとでしか差異の認識もその論理的な展開も進まないのだ。例えば、「人間は理性的動物である」というアリストテレス的な命題においては、「人間」は種、「動物」は類、「理性的」は種差になる。ここには、たしかに〈類‐動物〉に対して〈種差‐理性的〉という要因を作用させて〈種‐人間〉を導出するという思考の活動がある。では、こうした〈類／種〉の論理ではなく、個体についての命題、例えば、「彼は、頑固な人間である」という言明はどうであろうか。これは、〈類／種／種差〉から解像度を上げた表現、すなわち〈種／個体／個体差〉についての表明だと一般的には理解されるであろう。しかし、この理解は、まったく間違っている。というのも、ここでの「彼」は種、「人」は類、「頑固な」は単なる種差にすぎないからである。残念ながら、まったく同じ概念上の関係が、個体と思われるものに移行して、適用されただけである。というのも、「頑固な」人間は無数に存在する以上、そうした規定はその「彼」を一つの個物あるいは唯一の単独者として必ずしも言い当ててはいないからである。要するに、この〈種／個体〉の認識も論理も、実際には〈類／種〉の場合とまったく同じ構造から成り立っているのだ。ここでの「頑固な彼」は、実は完全に一般性のなかでしか認識されていないことがわかるだろう。つまり、「彼」は、種のなかの一個物、要するに一般性の代表としての個別性でしかないのだ（〈個別性‐一般性〉）。ここでの個体的差異の表示である「頑固な」は、実際には単なる種的差異としてしか機能していない。すべての個物が一般概念のもとでこのようにしか認識されえず、またこのような仕方でしか表現されえないのである。内部性の形式のこうした命題化の装置こそが、まさにわれわれの有機的な表象領域を形成することになる。この領域は、差異が完全に言語とその論理に媒介された仕方で形成された世界であり、また諸能力の相互媒介によって定義される共通感覚の領野、あまりに人間的な意味に被覆された地層である。この有機的な中間領域において思考し続ける限り、われわれは、物の現働的存在にもその潜在的本質にも実在的に迫ることなどけっしてできないであろう。何故なら、ひとは、身体の変様についての観念に表現を与えることなく、すべてを言葉の名目的表象によってしか理解しようとしないからである。

ドゥルーズは、こうした有限な有機的表象像と、これと共可能的な概念的差異とに対して差異を無限化する認識あるいは論理を二つの方向のもとで考えた――後で論じるが、オルガニックな表象の中間領域からオルジックな表象の極限の閾へ（これは、一つの差異の哲学史をなす）。ドゥルーズがヘーゲルの〈対言〉とライプニッツの〈副‐言〉とを対比的に論じるのは、とりわけ差異についてのこうした表象上の極限の操作あるいはその技法に関してである。一方の方向性は、ジャン・イポリットがすでに述べていたように、差異を対立にまでもたらすような操作、つまり差異を無限大にすることで〈対言＝矛盾〉にまでもたらす弁証法的な思考方法である。[9] 要するに、弁証法とは、同一化とこれを促進するための排除の論理からなる身体なき人工的知性そのものである。もう一つの方向性は、反対に差異を無限に小さくすることで不等性――非本質的なもの――にまで言語上の理解をもたらす〈副‐言〉の技法、言わば対言による表象像に対して無限小の奥行きを、言わば〈度合の生成〉を言語表現に与える技法である。この方位には、（1）対言の言語のうちに非共可能性というまったく別の差異による排除と共存の様相が散逸し、（2）またその限りで対言を部分的に、しかし至るところで多孔質化させうるような言語表現についての理解の様式があり、（3）また同時に対言を媒介とした物事の理解や認識をより多く消尽させうるような言表が存立するであろう。[10]〈対言〉においては、「類という本質的なものは、他のもの［非本質的なもの］を本質において含む、つまりそれを本質的に含むのである」。言い換えると、「無限大においては、等しいものは、等しくないものを本質において所有する限り、その等しくないものに対言〔矛盾〕し、また等しくないものを否定することによって自己自身を否定する限り、自己に対言〔自己矛盾〕する」。対言においては、本質的なものは非本質的なものを本質において含むと考えられる。何故、対言が脱‐有機的表象の一つの操作なのかと言うと、そこでは、対言において差異はそれ自体が対立——「絶対的最大」——にまでもたらされることで、否定性として規定され、これとともに弁証法において差異はむしろ生産的な媒介的力能として、つまり相互に対立し合うことを前提とする基本的特性として把握されるからである。無限大によって類と種は、有機的な規定関係を超えて、本質における分裂と和解との相互前提の矛盾のもとで、力動的な〈全体＝部分〉論を展開するのだ。さらに言うと、差異を対言として定立すること、つまり差異を対立にまでもたらすこと、これは、言い換えると、差異をまさに自由意志の操作対象にすることである——すなわち、他なるものによって否定すること、自らを否定すること、あるいは自ら対言を担うこと、さらには対言を止揚すること。これらは、すべて自由意志の対象となる。これに反して〈副‐言〉の第一の意義は、「本質において」ではなく、何よりも「事例のもとで」本質を構成することにある。すなわち、「非本質的なものは、他なるもの〔本質的なもの〕を本質においては含まず、ただ特質においてのみ、事例においてのみ含む」。言い換えると、「まさに非本質的なものこそが、無限小のおかげで、いまや種として定立されると同時に類として定立されるのであり、そのようなものである限り、結局は「対立した〈準‐種〉」に帰着するのである」[11]。つまり、第二に〈副‐言〉においては、出発点はつねに非本質的なもの——運動、不等なもの、異なるもの——のうちにある。ここでは、無限小においてこうした非本質的なものが今度は類であり種であり、言い換えると、事例において非本質的なものが相互に疑似的な種の対立関係のように捉えられるのである。

しかし、こうした言い方以上に、ドゥルーズが明確に〈副-言〉について述べている別のテクストがある——「今度は、〔1〕非本質的なものが本質的なものを包含し、また〔2〕事例（cas）においてのみ本質的なものを包含することになる。「事例」のもとへの包摂は、諸々の特質と出来事についての或る独自の言語活動（langage original）を形成するのです。われわれは、〈対言＝矛盾〉の手順とはまったく異なるこの手順を、〈副-言〉と呼ばなければならない。〈副-言〉は、一つの多様体としての〈観念〉を踏破することにあります。（……）実詞として用いられたこの多様体は、或る領域を示しています。すなわち、そこにおいて〈観念〉は、それ自身によって、抽象的本質よりもはるかに偶然に近いものであり、また「誰が」、「どのように」、「どのくらい」、「いつ、どこで」、「どんな事例において」といった問いとともにしか規定されえないものなのです——こうした問いの諸形相は、観念の真の時空座標を描き出すのです」[12]。何よりも重要な論点は、〈副-言〉が、対言とは異なるが、しかしまさに対言において行使されるべき独自の言語活動であるという点にある。これは、言わば対言に対する〈奥行きの言語活動〉あるいは〈魔術的言語活動〉だと言えるだろう（「発生的要素（Ⅲ）」、参照）。ドゥルーズの言説では、さらに明確に〈副-言〉と特異なドラマ化との関係が示されている。すなわち、〈副-言〉は、アリストテレスの一〇のカテゴリーのうちでの第一義的な「実体」——本質的なもの（＝自体性）——とそれ以外の第二義的な諸カテゴリー——非本質的なもの（＝非自体性）——との間の独自のコペルニクス的転回を含んでいる。アリストテレスのカテゴリーは、論理学に帰属し、したがって矛盾律を前提とした言語表現と不可分である。これに対して、初期ストアの哲学者たちにとってのカテゴリーは、何よりも自然において自ずから生起してくるものである。ライプニッツの〈副－言〉は、こうした初期ストア派の考え方を継承しつつ、アリストテレスにおける一〇のカテゴリーの二つのグループの間の価値を転換し、またそれと同時に実体以外のカテゴリーを別の本質的なものとして規定することになる――「無限小の方法は、（一方の本質が、他方の本質に対して非本質的なものの役割を演じる限りにおいて）諸本質の間の区別を維持している以上、矛盾とはまったく異なっている」[13]。これは、例えば、場所や時間や関係を本質的なものとして規定することである。こうした具体的な「事例」のうちに本質的なものが含まれるということは、要するに非本質的なものがまさに事例において本質的なものを副次的に含むということに対応する。しかし、この非本質的なものは、その役割を演じているだけで、本質的なものの身分を失っているわけではない。つまり、事例においては、異なる本質的なものが単に「対立した〈準－種〉」に還元されるかもしれないが、しかし、それでも不等なものから出発する思考は、この不等なものを出来事が有する動詞的理解の本質へと帰着させるのだ。〈副－言〉はこうした転換を含む限りでカテゴリーの〈生存の様式化〉であり、様式主義における「事例」のもとへの包摂は固有の言語活動を成立させる条件となる。

附論（一）――ドラマ化の言語活動としての〈副－言〉

いずれにしても、〈観念－多様体〉は、ここではつねにカテゴリーの事例化、生存の様式化を、つまりカテゴリーに度合を与えることができる（カントの場合、カテゴリーはまさに時間化された）。これは、たしかに非－有機的表象あるいは脱－表象的理解のもとでの出来事の観念である。それゆえこの観念は、固有の言語活動を多様に形成するであろう。ニーチェは、次のように述べている――「（……）われわれは、ギリシア悲劇を、繰り返し新たに一つのアポロン的な形象世界を放出するディオニュソス的な合唱隊《コロス》として理解しなければならない。悲劇に至るところ編み込まれているあの合唱隊の部分は、それゆえいわゆる〈対話〉（Dialog）全体の、すなわち舞台上の世界全体の、本来の〈演劇〉（Drama）の言わば母胎である。相次ぐ激発を繰り返していくうちにギリシア悲劇のこの根源〔ディオニュソス的合唱〕は、演劇の幻視を放射するのである。この幻視は、根本的には夢の現象であり、その限りで叙事詩的性質を有するものであろう。しかしまた、他方でこの幻視は、ディオニュソス的な状態の対象化でもある以上、仮象におけるアポロン的救済ではなく、反対に個体の崩壊や、個体と根源的存在との一体化を表わしている。このようにして演劇は、ディオニュソス的な認識と作用のアポロン的な感性化であり、これによって途方もなく大きな断絶があるかのごとく叙事詩から切り離されるのである」[14]〔強調、引用者〕。ギリシア悲劇に限らず、すべての芸術は、非造形的な力能の原理としてのディオニュソスとその造形的な形相の原理としてのアポロンとの融合あるいは和解の過程として進展する。しかし、とりわけギリシア悲劇は、ニーチェによれば、直ちに堕落し衰退していったと言われる。ここで言われる堕落あるいは衰退とは、二つの原理が次第に分離して、アポロンの原理だけで作品が成立すること、いわゆる形骸化を意味している。それは、すでに英雄のあるいは戦争の叙事詩として実現されていたように、ディオニュソスの原理なしにアポロンの原理によってのみ成立したもの、すなわちほぼ対話あるいは対立からなる形骸化した作品、対言のストーリーで充たされた芸術のことである。ニーチェは、ギリシア悲劇におけるドラマ化が大きな断絶のなかで叙事詩から切り離されていたことを述べている。換言すると、ギリシア悲劇的ドラマの叙事詩的ストーリーに対する関係は、言わば〈副－言〉の対言に対する関係とほぼ同じである。ドラマは、アポロン的な夢とディオニュソス的な陶酔との総合態である。これは、ギリシア悲劇（あるいはすべての芸術）が有すべきもの、まさに悲劇的なもののうちに絶えず現前する特異な総合の諸運動のことである。すべての実現あるいは現働化は、ディオニュソス的な作用のアポロン的な感性化以外にはありえない。現働化のうちに別の実現が可能的に存在するわけではない。ドゥルーズの『差異と反復』も、基本的にはニーチェのこの考え方を継承している。たしかに潜在的なものの現働化（＝ギリシア悲劇）は、つねに表象化（＝叙事詩）への陥落と紙一重である。何故なら、根拠としての充足理由がもっぱら自らの根拠づけるものに傾くだけでは、その現働化はつねにより多く表象化し、それだけより多く形骸化することになるからである。

「途方もなく大きな断絶」は、ここでの問題提起に換言して言えば、対言の言語使用による本質の〈ストーリー化〉と〈副‐言〉に基づく〈事例のドラマ化〉との間にあることがわかる。ところで、「例《サンプル》」と「事例《ケース》」は、明確にかつ批判的に区別して考えられなければならない。〈事例《ケース》〉は、〈例《サンプル》〉とは異なり、むしろ〈非‐例〉である。〈例《サンプル》〉は概念の一般性に対応した通常の代替可能な意味での個別的なものであるが、これに反して〈事例《ケース》〉は一般概念に包摂されえない特異な或るものの観念を含むであろう。発話行為のなかで何気なく用いられている「例えば」は、どちらかの意味を必ず有している。〈副‐言〉は、こうした言葉の二つの使用法の差異を意識させるような作用を有すると言える。ドラマ化は、たしかに或る潜在的領域における力動的な現働化による個体の発生や消滅に関わる。しかし、ドラマ化の真の意義は、それ以上にこうした潜在的領域を〈非‐存在〉そのものとして捉えることで、現に存在する個体に実在する個体化の時空上の過程を、あるいはむしろ主体が有するあらゆる内部性の諸形式に生成変化の直接的現前を示すことにある。つまり、ディオニュソスとアポロンとの十全な融合は、まさに矛盾律を有する言語使用をより多く減算するような言語に内在する観念性を表現することができる。この観念は、同時に〈副‐言〉によって踏破され、非共可能性という様相をもった言語活動のもとで理解されるであろう。

〈副‐言〉における事例の存立は、こうしたドラマ化における〈非‐存在〉を経験化すると同時に、あらゆる弁証法的思考の愚鈍性の根源である〈存在／否‐存在〉の全体的な体制から逃れるものである。〈副‐言〉がこうした意味での本質中心主義から事例中心主義への移行を含んでいることは、間違いないであろう。あるいはその限りでこれは、共可能性から非共可能性へという新たな様相変化をともなう言表となりうるのだ。その限りで事例は、まったくの非本質的なものであるが、しかしながら〈例〉にはけっしてなしえないような仕方で本質的なものを巻き込むことができる。一つの〈例〉は他のものと交換可能な単なる個別性を示すだけであり、したがってそれはその本質をいかなる作用ももたない言わば無言の本質――思考のなかの或る神棚に上げただけの無能な本質――としてしか含まない。それゆえ〈例〉は、まさに〈一般的‐個別的〉なもの以外の何ものでもないのだ。すべては、この思考様式のうちでは〈例〉としての事物である。それは、本質を変形することも、自らを規定し限定する超越論的な条件域に変容を与えることもないものとして理解されている――一匹の蟬、一つの椅子、一連の海岸線、一人の患者、等々。われわれは、対話における〈例〉とドラマにおける〈事例〉との間にいかなる様相上の差異があるのかを考えなければならない。

発生的要素（Ⅲ）――〈副‐言〉の三つの水準

〈対言〉と〈副‐言〉は、たとえそれらが無限大と無限小を見出すなかでの意識された差異の技法であったとしても、依然として世界の表象化に寄与するものである。何故なら、それらは、本質的に差異についての媒介の論理だからである。「ひとはつねに媒介すること、〈反定立《アンチ・テーゼ》〉に移行すること、〈合定立《ジン・テーゼ》〉を企てることができるが、しかし〈定立《テーゼ》〉は後を追うのではなく、自らの無媒介性において、自己において真の運動をなすような自らの差異において存立するのである。差異は、定立の真の内容であり、定立の執着である」［強調、引用者］[15]。ドゥルーズは、ここで弁証法における最初の定立でさえ、あるいはそれが定立である限り、差異こそが対立に先行すると言いたいのだ。つまり、弁証法における定立は反定立を媒介として欲望するがゆえに自らの差異を把握できず、したがって『精神現象学』は残念ながら単なる媒介の「随伴現象学」に陥るだけである。これは、現象学一般が本質的に有し、この思考の本質にある絶えざる媒介欲望に裏づけされた事柄でさえある。差異は、つねに別のもの——同一的なもの、対立するもの、言葉、表象像、等々——に媒介されて承認されるだけである。これに対してスピノザの哲学は、差異の思考から形成される。スピノザにおける神は、最高の自己同一性という特質などまったく有していない。神は、実体の本質の系譜学をなす図表論的形相（＝属性）のもとで言えば、実在的区別と様態的区別とからなる〈差異〉そのものである。神あるいは能産的自然は、必然的に〈差異の形相〉（＝属性）から構成され、同じ必然性のもとで差異化（＝様態化）する。言い換えると、属性は神の本性を実在的区別によって差異的に構成するものであり、様態はこのように構成された神による様態的区別という〈差異の産出〉である。神あるいは自然は、言わば差異の無媒介的肯定である。同一性のなかでの差異の理解の仕方ではなく、まさに差異を無媒介的に理解し肯定する仕方、差異の多様体そのものに内在する唯一の思考の様式、それこそが差異の哲学であり、〈来るべき民衆〉とともに思考する哲学の中継点である。

さて、われわれはここで、ライプニッツのテクストを用いて、〈副－言〉あるいは非共可能性の問題について論究しなければならない。というのも、ここでの課題は、出来事の共可能性の論理からその共立不可能性の非‐論理を構成することにあるからである。ライプニッツは、『二四の命題』（一六九〇年）というハイデガーによってこのような表題をつけられた短いテクストのなかで次のように述べている。[16]「六――というわけで、すべての可能なものは、存在しようとしていると言われることができる。というのは、それらは必然的に現実に存在する有〔存在者〕のうちに基礎づけられているからであり、その有なしに可能的なものがそれによって現実態にもたらされるようないかなる道もないからである」。可能なものは、それが可能的である限り、「存在への衝動」を有する。この命題は、言い換えると、言わば事例（「必然的に現実に存在する有」）のもとで、またその事例によってのみ可能的なものが実現されうるということを明示している。それにもかかわらず、次のように言われる。「七――しかし、ここからすべての可能的なものが存在するという帰結にはならない。もし帰結するとすれば、それは、可能的なものがすべて共可能的（compossibilia）であるという場合をおいてないであろう」〔強調、引用者〕。すべての可能なものが現実に存在するわけではない。もしすべての可能的なものが存在するとすれば、それらすべての可能的なものの間に共可能性が成立する場合だけである。つまり、可能的なものの領域においては、相互に共可能的なものと相互に非共可能的なものとが共立することになるが、これに対して現実に存在するものの領域は相互に共可能的なものだけからなる。ライプニッツに従えば、このように可能的なものの領域の方が現実的なものの存在の世界よりも大きいことになる。

　したがって、もっとも重要な次の命題が成立する。「八――しかし、〔実際には〕可能的なもののうちには相互に共立不可能なもの（incompatibilia）もあるので、或る可能的なものは存在に至らないという帰結になる。さらに、可能的なもののうちに相互に共立不可能なものがあるのは、同時的な関係においてだけでなく、普遍的にもまたそうなのである。何故なら、現在のうちには未来が含まれているからである」［強調、引用者］。要するに、ライプニッツはここで、或る可能的なものが存在に至らないのは、それが不可能なものであったからではなく、他の可能的なものとももっぱら共立不可能な関係にあったからだと述べている。この考え方に従えば、或る可能態〈a〉が現実に存在する場合、この〈a〉と共立不可能な関係にある別の可能態〈b〉は、それゆえに存在に至らなかったと考えられる。では、何故、相互に共立不可能なものの一方が現実存在に至ったのに対して、他方の可能態は現実存在に至らなかったのか。ライプニッツによれば、それは、〈a〉が〈b〉よりも、他のより多くの可能的なものと共可能的であり、また整合的であったからである。この「命題八」では、さらに相互の関係性は、単に同時的なだけでなく、現在から未来へという普遍的なものでもあることが言われる。そこで、次の命題が帰結する。「九——けれどもその場合、存在を要求しているすべての可能的なものの争いから次のことが少なくとも帰結する。すなわち、それによってもっとも多数のもの、あるいはすべての可能的なものの〈最大の系列〉（series maxima）が存在するような、そのような諸事物の系列が存在する」。最大の系列とは、より多くの可能的なものが相互に共可能性のもとで存立する〈最善の系列〉のことである。これは、言わば充足理由の第一の適用が暗に示されている。さて、何よりも問題は、この「最大」という概念には独自の排除の関係が含まれているという点にある。それは、それ自体では可能的なものでありながら、他の可能的なものとの関係で非共可能的なものとして排除されるということである。この最大の系列を具体的に命名するなら、それは、例えば、「アダムが罪を犯す世界」である。この世界と共可能的なアダムとは、もちろん〈罪を犯すアダム〉である。

したがって、〈罪を犯さないアダム〉は、可能的なものであるにもかかわらず、この最大の系列と非共可能的であり、その限りでけっしてそこで現実存在に至ることはない。これは、言わば神の規則のない戯れなどではなく、神の戯れの規則そのものである――「この規則とは、諸々の可能世界は神が選んだ世界と非共可能的ならば、存在に至ることができないということである」[17]。最大の系列は、単に対等なものに帰着することではなく、むしろ事例の最大のうちに表現された連続性の最大である。この〈罪を犯すアダム〉は、最大の系列が未来も含む限り、例えば、救世主イエス・キリスト、皇帝シーザー……、等々とともに共可能的である。しかし、〈罪を犯さないアダム〉あるいは〈誘惑に抵抗するアダム〉は、不可能なものではなく、たしかに可能的なものであるが、しかしこの最大の系列と共立不可能であるがゆえにけっして現実態にもたらされることがない。可能的なものが対等なものに還元されえない差異の肯定の仕方として不等なものを含んでいるなら、そこで発生する非共可能性は、共可能的なものとともにけっして〈対言〉(=矛盾)に還元されることのない二つの仕方――収束と発散、例えば、罪人アダムと非-罪人アダム――を〈度合の生成〉として有するのである。

　ところが、ライプニッツにおいては、たとえ非共可能的なものへと発散するような系列の発生的要素となる或る特異性が考えられたとしても、それらは、たしかに共可能的な諸系列を形成する諸々の特異性の近傍で決定されるものである[18]。これが含んでいる意義は、不調和をすぐに調和へと解消させ、発散をただちに収束へと還元し、論理の外延的な量的破綻をほぼ同時に道徳の内包的な質的収束の最善策へと回収することにある。逆に言うと、最大の系列から逸脱し発散する非共可能的なものは、あくまでもこの系列と共可能的なものを媒介とした限りでしか考えられえないものだということである。諸々の可能的なものが現実存在へと至る様相概念は、たしかにそれらが相互に共可能的であるという限りでまさに可能的でなければならない（「命題七」により）。しかし、実際にはそれら可能的なものが実現される限りで、それらは相互に共可能的であったと言われなければならないだろう。言い換えると、そもそも実現されない可能的なものは、単に可能的なままにとどまるのではなく、存在に至った可能的なものと非共可能的であったということである。こうした可能的なものは、自己矛盾ゆえの不可能性も他の可能的なものとの間の対立もなしに、もっぱら他の可能的なものとの間の共立不可能性ゆえに言わば非‐論理的に排除されたのである。こうした非共可能的なものは、それ自体が不可能であったとか自己矛盾していたということではなく、排除される運命にあったのだ――「非共可能性は、不可能性あるいは矛盾〔対言〕から区別される一つの〈独自の関係〉である」[19]。先に指摘した〈副‐言〉の独自の言語活動は、まさにここで言われている独自の関係を〈表現されるもの〉、つまり〈被‐表現態〉にすることにある。この〈副‐言〉のうちで作動する或る言表作用の欲望は、こうした最大の系列を前提とし、またこれを媒介する限りで見出される非共可能性で本当に満足することができるのであろうか。言い換えると、〈副‐言〉は、この独自の関係についての言表としてそもそも存立しうるのではないだろうか。では、このように言表として把握された〈副‐言〉は、自らの言葉あるいは表象像を消尽しつつ、単なる対立的意識ではないまったくの差異の観念を形成する言表作用になりうるであろうか――対言によって育まれた自由意志から〈副‐言〉の位相を言表作用として存立させる欲望へとより多く移行すること。

　われわれはここで、〈副‐言〉について三つの水準を、あるいはそれにともなう三つの様相を明確に区別することができる。（1）共可能性の関係――たしかに可能的なものがすべて現実に存在するわけではないが、しかし現実に存在するすべてのものは、相互に共可能的なものの最大の系列を有するものだけである。神が最初に創造する〈アダムが罪を犯す世界〉において、〈罪を犯すアダム〉はこの世界と共可能的な関係に立つものとして創造される。〈罪人アダム〉が存在するのは、このモナドが、他の無数のモナド、例えば、人類を救済するイエス・キリスト、ルビコン河を渡るシーザー……、等々との間に共可能的な最大の系列を表現する限りにおいてである。（2）非共可能性の予感とその排除化（脱中心化の否定あるいは発散の解消）――第一の水準において潜在的に存在していたが、しかし最大の系列と共立不可能であるがゆえに現実世界から排除された可能的なものは、存在への傾向を少しでも有するなら、瞬時にそれと共可能的な可能世界が配分され、そこへと収束していく。これは、その可能世界における最大の系列と共可能的な関係のもとでそこの住人になることである。或る可能的なものは、まさに最大の系列とは共立不可能なものとして把握される。というのも、この可能的なものが包摂するのは、たしかに別の可能世界だからである。しかし、そこには、出来事の系列の間で生成変化する様相の問題が含まれている。それは、罪を犯さないアダムではなく、何をするアダムが非共可能的になるのかという本質的な問いである。いずれにしても、ライプニッツは、この（1）と（2）の意味での特異な様相を考えていた。ここからさらに、これらに抗するように考えなければならないのが次の水準である。（3）非共可能性の差異化（脱中心化の肯定）――この第三の水準は、完全にオルジアックな多様体を形成する〈離接的総合〉のことである。出来事の論理から考える限り、非共可能性は、否定ではなく、差異についての肯定的言説と評価にともなう様相である。相互に異なる無限に多くの非共可能的なもの（不等なもの）が、まさに自然の内在性を形成しているのだ。非共可能性の様相をともなう無限に多くの出来事は、差異あるいは生成の肯定という意味においては、〈存在〉でも〈否-存在〉でもなく、まさに一つの〈非-存在〉を成立させている。非共可能的なものからなる発散の内在的な離接的総合は、個々の事例のもとで共立不可能な出来事を含む限り、非‐論理的な様相を有するのである。出来事の系列の発散は、言わばその系列の最大の〈存在〉に対して闘争する限りで〈否‐存在〉からも逃走することであり、同時に生成変化として内在的な〈非‐存在〉の発生的要素になることである。すべての可能なものは、このようにしてすでに相互に共可能性あるいは非共可能性の様相を必然的にともなった様態なのである。

実は〈最善〉という観念は、実際には〈最悪なもの〉との関係で仮構されたものであろう。最悪の世界とは、神がそれをけっして選択したり意志したりしない世界のことである。つまり、それは、無限に多くの最小の系列からなる世界である。言い換えると、無限に多くの可能世界の総体を考えることとは、その総体を最悪のものとして思考し展開していることになる。何故、こんな奇妙なことが起きるのか。それは、まさに知性と意志とを区別するからである。〈善／悪〉は、正確に言うと、〈最善／最悪〉を意味する。これはたしかにライプニッツ的な理解であり、それゆえライプニッツは結果的にこの彼岸を予感していたということになる。つまり、それは、〈よい／わるい〉からなる、すなわち共可能性と非共可能性からなる離接的な平面、すなわち非‐位階序列的な自然の内在的平面である。それにもかかわらず、ライプニッツにおける神は、つねにあらゆる可能世界に対して超越した存在者であり続けた。〈副‐言〉は、非共可能性をともなって自然に内在し直すこと、超越主義から内在主義への転換の言語活動であると言うことができる。ここで示した第三の水準こそが、まさに非共可能的な様態としての内在性の過程そのものをなすであろう――「もはや神さえも、諸々の世界を比較し、またもっとも豊かな共可能的なもの〔事例の最大で最善なもの〕を選択するような〈存在〉であることをやめる。神は〈過程〉となり、諸々の非共可能性を肯定し、またこうした非共可能性を経巡るような過程となるのだ」[20]。この過程こそが、おそらく〈副-言〉の唯物論を形成するものである。人間がもっとも奇妙な動物であるとすれば、それは、物質の次元において身体が変様できるのと同様、それに対応した諸観念を非身体的変形として理解できるからである。

附論（二）――無-媒介性の思考について

われわれの人間の本性のうちに、相反する観念が同時に存立することは不可能である。後に述べるように、スピノザは、こうした対言（＝矛盾）についてもっとも本質的な批判をおこなっている（「機械状作用素（X）」、参照）。対言は自由意志だけのものであって、観念の水準ではけっして成立しえない。対言は、その限りでまさに自由意志による最大の言語作用を表わしている。これに対して〈副-言〉は、たしかに対言と同様の表象のうちで機能しつつも、観念にもっとも近接した言語上の表現形式であると言える。言い換えると、〈副-言〉は、対言の全体化した壮大な言語使用のうちに、たしかに事例という媒介的な表象の仕方であるが、しかし真に下位の部分性であることとの意味や表象をもたらすものである。ところで、ドゥルーズの超越論的経験論は、古典的な批判哲学の枠組み、すなわち超越論的哲学の思考枠から言うと、まさに批判主義的経験論として主に二つの非-共通感覚的な使命を有していると言える――一つは超越論的領域を経験上の感覚可能なものの表象的な類似物として構成しないこと、もう一つは人間精神の諸能力（理性、悟性、記憶力、想像力、感性、等々）を相互に媒介せさて理解しないこと（ただし、注意されたい。この二つの「ない」は、後に述べるような〈否-存在〉から〈非-存在〉への生成変化に関する〈副-言〉のもとにある）。超越論的領域は、単に経験的なものを制限する条件ではなく、むしろ経験に最大の力能を与える原理でもある。その力能とは、この条件づけの超越論的領域を一つの可塑的な原理へと変形する力のことである。そこでの人間精神の諸能力の最大の力能とは、経験的なものの領域で発揮されるような諸力ではなく、まさに非‐経験的な超越論的条件を一つの可塑的原理にするような発生的要素のことである。言い換えると、超越論的領域は、自らの可塑性という特性の発生的要素として経験的なものを条件づけるのである。この領域全体の様相を潜在性と考えれば、まさにその現働化の条件づけの相対的運動は、同時に非‐現働化――つまり、原理それ自体の可塑化――という意味での〈反‐実現〉の絶対的速度を有するであろう。これは、例えば、スピノザの原因の一義性（自己原因と作用原因とが同じ意味で原因であること）に匹敵するような、あるいはそれ以上に独創的な、超越論的哲学における条件づけることと条件づけられることとの、あるいは現働化と反‐実現との一義性である。このように形成された〈一義性〉概念を何と称すべきであろうか。ドゥルーズはこれを端的に〈永遠回帰〉と称しているが、われわれは、こうした無‐媒介の思考――言わばイマージュなき思考――こそがまさに考えられうる限りでの経験論の意味と価値をもっとも十全に表現する哲学であると言うことができる。人間は、自由意志によって擬人化されて定義されるよりも、むしろあらゆる条件づけを変形し転換しようと大地を這いずり回る動物として把握されるべきであろう。

　経験論は、単に諸原理や諸条件を見出して、それを根拠として理解することにあるのではない。それは、あらゆる意味において歴史主義的であると言える。問題は、超越論的哲学の隠れた歴史主義を批判することで、それを系譜学的哲学として再構成することである。というのも、系譜学的哲学とは、原理や条件を単に見出すのではなく（これは手段でしかない）、その最大の目標がそれらを変形し転換することにあるからである。これが、ニーチェが見出した系譜学である――根拠から脱‐根拠へ。これはまた、歴史学的退行論に対するまさに系譜学的逆行論とでも称すべきものである。この意味での超越論的哲学における変革は、つまり〈超越論的‐経験的〉という哲学思考におけるもっとも本質的で典型的なこの二重体に関する思考の様式は、超越論的経験論において思考の行使として一つの極限に達すると言えるだろう。古代ギリシアの最初の哲学者タレースは、周知のように、万物の根源《アルケー》を〈水《ヒュドール》〉だと言った。ここには、実は超越論的な哲学思考の萌芽がすでに存在していると言える。というのも、この言説は、日常のなかで飲んだり浴びたりする〈水〉と非‐経験的な根源としての〈水〉との間で、つまり経験的な〈水〉と超越論的な〈水〉との差異において成立するからである。しかしながら、何故、諸能力の超越論的探究は、とりわけ言語や記号の批判に収斂していったのであろうか。それは、タレースの例からもわかるように、経験可能な諸々の水を複写して、つまりそれを媒介して根源としての〈水〉を表象的に、つまり類似したものとして定立していくことにある。要するに、言語や記号が有する媒介機能は、もっとも哲学的な超越論的思考のうちでさえ無批判に発揮されるということである。それと同時に記号や言語は、人間の諸能力間の媒介をも促す最大の作用を有し、それゆえより多く共通感覚を形成するものとなる。要するに、言語こそが、まさに人間の共通感覚を媒介として形成する最大の作用を有するものである。言語という人間の共通感覚を最大に実現する様態は、その言語的分節がつねに刷新されあるいは変様されうるという可能性のもとにある。ところが、それは、ほぼ対言のもとで意識されてきた刷新や変様の可能性にほかならないのではないか。対言とは、言い換えると、或る事柄についてもっぱら認識根拠——すなわち、絶えざる否定を介した意識の現象学——の理解で満足するような人間精神に対応した言語使用である。では、この存在根拠は、いったいどのように考えられるべきものなのか。それは、人間がこうした刷新や変様をつねに欲望していることにある（認識根拠と存在根拠については、「ニーチェの批判哲学」、参照）。これは、媒介作用が有する差延、痕跡、不在、代理、表象像といった無の様態の再現前への衝動である（ニヒリズムに根差した欲望）。しかし、こうした根拠に対しても、超越論的経験論の欲望のうちには、あるいは〈副‐言〉の言表作用のうちには、無‐媒介の思考への転換が内含されている。

〔II：問題構成〕 図表論的総合——いかにして言語から言表作用を抽出することができるか

図表論的機能素（IV）——存在の一義性における〈非－論理〉について

言語から言表を析出すること、あるいは命題がむしろ言表に依拠していると理解することは、身体の言語行為の相対的運動から身体の言表作用の絶対的速度を抽出することである。言い換えると、それは、身体を構成する多くの個体——臓器あるいは感覚器官、肉、骨と血、等々——から特異な諸々の触発を取りだすこと、すなわちそれらの観念を言表のうちで作動させることである。そして、この母胎となるのが存在の一義性の思考であり、これは、まさに〈来るべき民衆〉の身体に帰属するものでなければならない。この民衆は、単なる将来の人々でもなければ、或るカテゴリーのもとで把握されうるような一つの纏りとしての集団でもない。対言は人間をつねに一つの全体の位相で成立させようとするが、これに反して〈副－言〉は、対言の真っ只中で身体における生成変化——変様の諸要素——についての意識を穿ち、それと同時にそこでの副次的あるいは部分的に〈言うこと〉(diction) の意味と価値をけっして失わない。〈来るべき民衆〉とは、すべての人間においてたとえ対言のうちであっても、〈副－言〉をまさにその〈度合の生成〉として生きるもののことである。何故なら、それは、超越欲望という位階序列的な価値意識に対して、内在主義としての対等性の平面についての観念のもとにあるからである。この特異な観念なしに人間は、自然という一義的存在に内在することができない。ところで、概念は、実は知覚と感情の変様をともなっている。つまり、例えば、真理の探究が人間精神の欲望なしには絶対に成立しえないことなど、容易に理解されうるであろう。凡庸な概念分析などは、悪しき抽象性――無差異性――に陥ったなかでの理解しか、つまり現行の意味と価値とを前提し続けるなかでの諸事物の媒介的な理解とその評価しか示さないであろう。それこそが、死の意味と価値である。一般概念のうちで理解された個物は死せる事物以外の何ものでもなく、それゆえこうした意味での事物の死滅を引き受けることで人間は、自己の死をより多く形成していると言えるだろう。しかしながら、実はこんな事態はけっして存在しないし、人間は自己の人間身体の諸変様の観念――差異の観念――とともに、そこに内含された一義性の概念を有している。存在の一義性（あるいはむしろ一義的〈存在〉）は、差異を肯定するもっとも根源的な概念である。しかし、これは、実は依然として名目的な一義性の概念である。というのも、これは、〈存在は差異について唯一同一の意味で言われる〉という理解しか促さないからである。そうではなく、次のように問いを再構成しなければならないのだ――すなわち、われわれは、差異が一義的存在の発生的要素となるような実在的定義をどのように表現したらよいのか、と。[21] こうした問いとともに存在の一義性の問題は、はじめて差異の思考に、あるいは差異の肯定の哲学になるであろう。

　存在の一義性は、要するに、〈副-言〉における視点から遠近法へのわれわれの実質的移行に裏打ちされていなければならないだろう。〈存在〉の一義性は、別の〈存在〉概念を単に提起することではない。何故なら、それは、〈存在〉概念を最高類概念としてあるいは多義的概念としてけっして収束させず、むしろそれらを発散させるような差異の観念からなるからである。この場合の差異とは、何かについての差異ではなく、差異そのものの生成のことである。何かについての差異は、つねに同一的なものが先立って存在し、それを媒介にして考えられた相違にすぎないのだ。こうした問題の根本的要素は、言い換えると、差異についての新たな認識や知性ではなく、いかにして差異を肯定することができるかという思考の仕方である。存在は、差異についてのみ言われる一義的概念である。ドゥルーズにおいて存在の一義性のもっとも高次の表現は、永遠回帰についてのものである――〈存在〉は、生成についてのみ唯一同一の意味で言われる。永遠回帰は、選択的存在であり、したがって差異を貶める同一性を発散させるのだ。それは、差異あるいはむしろ生成変化だけを回帰させる存在である。永遠回帰は、このような仕方で差異や生成だけを肯定する限り、むしろ〈非‐存在〉と言われるべきであろう。何故なら、それは、同一的なものについての肯定（存在）にも否定（否‐存在）にも還元されえない、差異の肯定（非‐存在）だからである。〈非‐存在〉は、言わば〈存在／否‐存在〉の彼岸である。同一的なものの存在を肯定する存在の多義性のもとでは、差異あるいは生成は否定的なものあるいは存在しないものである。注意されるべきは、存在の一義性においては、こうした差異あるいは生成こそが真の存在であると主張されるわけではないという点である。真の存在は何かという問いは、対言の言語使用のものである。差異あるいは生成は、むしろ〈非‐存在〉に帰属し、これを一義的に肯定し支持する言表を生み出すであろう。言い換えると、これらは、言わば〈副‐言〉において現前するのだ。生成の無垢は、〈非‐存在〉の特性である。生成だけが回帰するのは、それらが〈非‐存在〉そのものの発生的要素だからである。「共通な存在とは、不等なもののすべてについて言われる、また自らの不等性を十分に実在化しえたもののすべてについて言われる〈等しい‐存在〉のことである。同じものに生成する極限的なもののすべては、その極限的なものの回帰を規定する等しくかつ共通の〈存在〉のうちで連絡するのである」[22]。不等なものとは差異あるいは生成のことであり、これらは存在に関しては完全に〈等しい－存在〉である。差異あるいは生成は、まさに不等性の十全な実在化である。不等性とは、言い換えると、差異あるいは生成それ自体の特性である。一義的存在は、これらについてのみ言われる〈存在〉なのである。一義的存在、つまり共通な存在は、それ自体ではけっして存在しない。というのも、それは、生成の肯定性を発生的要素として「同じものに生成すること」、つまり「回帰すること」だからであり、むしろ〈非－存在〉と言われるべきであろう。[23]そして、この「同じものに生成する極限的なもの」とはこの〈非－存在〉を支持する差異あるいは生成そのもののことであり、またそこでの「連絡」とはまさに〈副－言〉による生成の相互現前、すなわち非共可能的なものからなる離接的総合のことである。この一義性の表現は、まさに〈副－言〉の遠近法、すなわち奥行きの言語活動と、否定性の優位を発散させる砂漠の平面と不可分である。

〈副－言〉は、不等なもの（非本質的なもの）からしか出発しない。この不等なものは、等しいもの（本質的なもの）を、本質において含まず、事例においてのみ含む。つまり、生成そのものの不等性は、その事例のもとで〈非－存在〉として「共通な〈存在〉」を含むのである（この「含む」は、もっとも強い意味では〈反転可能性〉のことである）。「〔ヘーゲルの〕無限大においては、等しいものは、不等なものを本質において所有する限り、この不等なものに対言（＝矛盾）し、また、不等なものを否定することで自己自身を否定する限り、自己自身に対言（＝矛盾）する。しかし、〔ライプニッツの〕無限小においては、不等なものは、この不等なものを本質において排除するもの〔等しいもの〕を事例のうちに包摂する限りで、等しいものに〈副－言〉し、また自己自身に〈副－言〉する」[24]。対言においては不等なものは本質において否定されるが、〈副－言〉においては等しいものは事例において不等なものによって一義的なものとして定立される。不等なものを本質において排除する〈存在〉あるいは〈否‐存在〉は、不等なものによって事例において包摂されることで、その部分だけ〈非‐存在〉に転換されるのだ。「〈副‐言〉する」とは、等しいものに対する全体的否定ではなく、非対称的で部分的な、あるいは非共可能的で強度的な肯定的言語活動の実現であり、そのように出来事を表現する動詞を離接的に理解することである。〈副‐言〉に固有の言語活動は、まさに自由活動の帯域にある。これは、特別な新しい行為のことではなく、日々の活動がもつ動詞を生成の差異として理解することである。存在の一義性において、〈副‐言〉は、無垢としての〈生成‐肯定〉についての言表と、相互に非共可能的に現前し合う生成から一つの〈非‐存在〉そのものが形成されるという限りでの言表作用を有するであろう。

図表論的機能素（V）——〈言語の生成変化〉と〈生成変化の言表作用〉との差異

しかしながら、〈副‐言〉が〈対言〉と同様に、表象的言説にとどまるのは、依然として言わば〈発話〉（diction）なしには成立しえず、〈言うこと〉（dire）を前提とし続けるからである。それにもかかわらず、次のように問わなければならない——〈副‐言〉が、言葉の形式なしに、つまり意味の形相から離れて、図表の形相に、つまり諸力の流れの表現になること、すなわち外部性の諸形相そのものを構成することはないのか、と。これは、スピノザの実践哲学が有する問いでもある。スピノザは、観念は「画板の上の絵のような無言のもの」ではないと言う。[25] つまり、観念は、対象の表象や意味を喚起する言葉のような、もっぱら人間的な形式などではなく、能産的自然から生起した様態であり、その限りにおける思考力能の形相的表現である——私が何かを理解するのではなく、自己において何かについての自然の自己理解が生起しているのだ。観念は、それ自体で〈肯定／否定〉の作用を有する。その限りで観念は、まさに「無言」ではないと言われる。しかし、これは、観念が「有言」だということではなく、意志による〈肯定／否定〉の作用を観念それ自体が含んでいるという意味である。観念は、発話可能な音声をもたない。ということは、われわれの日常の発話行為を可能にする言語は、むしろ画版の上の絵の無言の表象像に対して音声を与えているだけである。さらに知性から自律した自由意志の存在をとりわけ育成する対言の言語は、観念が有する多数多様な〈肯定／否定〉の度合を文法上一律の〈肯定／否定〉型に還元してしまう。スピノザにおいては、たしかに身体の〈言葉－運動〉と精神の〈観念－速度〉との間には、属性間の〈実在的－形相的〉区別があり、それゆえ完全に無－媒介的区別のもとでこの二つが捉えられる。人間精神は、無数の観念の作動配列からなる一つの総体である。人間精神を構成する最初のものは、私でも統覚でも超越論的主観でもなければ、人称性でも統一性でも先天性でもない。というのも、人間精神を構成する最初のものは、或る個物の観念であり、より正確に言うと、この個物による身体の変様の観念だからである。[26] 身体は特異なもの（＝個物）からしか触発されないが、精神はこの特異なものの理解の仕方から、すなわち観念という様態から構成されるのである。

　いずれにしても、表象の言語と生成の観念との間の反転可能であるかのような並行論的関係を二つの事例から考えてみよう。

　言語の問題（一）――動物のなかの人間性としての言葉、あるいは非言語による言語の生成変化。これは、端的に言うと、忘却における言語の差延的効果であり、あるいは差延性のもとで言語を肯定的に理解し、評価しようとする仕方である。言語は、それゆえ絶えず「言語の彼方に」あるいは「言語以前に」向かっており、またその意味で「外への呼びかけ」であり、こうした限りで存立しうるものである。ダニエル・ヘラー＝ローゼンは、次のように述べている。「叫びの可能性を認めない言語は、人間の言語ではありえないだろう。おそらくそれは、間投詞やオノマトペ、そして人間ではないものを人間が模倣するときほどに、言語が強度をもって存在する場所がほかにないからである。言語は、それ自身の音から離れ、言葉をもたない、あるいはもちえないものの音、すなわち動物の鳴き声、自然や機械の出すノイズを引き受けるときにこそ、もっとも言葉そのものになりうる」[27]。人間の或る言語は、他の複数の言語のなかの単語の音声形式の一部分を変化させることなしには存立しえず、またそれ以上に、その言語におけるすべての形相上の要素を非言語の部分的要素へと置換し、そこへと刻み込むのだ。言葉は、スピノザにおいては、人間身体の変様の表象化の様式あるいは痕跡化の手法そのものである。つまり、その機能は、痕跡（あるいは記憶）の指示、意味、表明である。そして、それらの言わば〈原‐痕跡〉とでも称すべきものが、ヘラー＝ローゼンが言う幼児の「喃語」(babble)であろう。それゆえ成人の言語は、すべてこうした「喃語の痕跡＝記憶《メモリー》」だということになる[28]。幼児には無限の発音能力があったが、無際限に可能であった音声の数々を失うことでしか、人間は母音と子音の有限なシステムを獲得できないであろう。忘却の能力は、この意味で言語成立のための可能性の条件である。ここでは、動物は人間に生成変化するが、しかしながら、その動物のうちで自らの鳴き声や自然音や機械のノイズを引き継ぐような言語としての人間精神なしに、動物が人間に生成変化することはない。

　言語の問題（二）――人間身体のなかの動物性としての非言語的精神、あるいは言語における生成変化の言表作用。ヘラー＝ローゼンが言う「叫び」には身体の変様がまったくない。或る身体が別の身体へと変化する変様過程と、文字と音声が別の物質的形相へと変形される過程とは、唯一同一の強度的水準への移行である。ドゥルーズ＝ガタリは、次のように述べている。「人間も動物ももはや存在しない、それは、流れの連接において、諸強度の反転可能な連続体において、各々が他のものを脱領土化するからである。重要なのは、反対に強度の差異としての最大の差異を、すなわち閾の踏破、上昇や落下、下降や屹立、語のアクセントを内含する生成変化である。動物は、人間「のように」話さないが、しかし言語から意味作用なき音調性を抽出するのだ。言葉それ自体は、動物「のような」ものではなく、それに関して言えば、這いまわり、吠え、鳴き、まさに言語的な犬、昆虫あるいはネズミである。連続する諸要素を振動させること、語を未聞の内的強度のうえに解放すること、要するに言語の非意味作用的な強度的使用である」[29]。動物も人間も存在しないのは、諸力の流れにおいて相互にその形相や特性を脱領土化するからである（生成のブロック）。動物が一般的な類で、人間がそのなかの個別的な種なのではない。或る個物という一つの事例においては、動物と人間は、相互に生成変化のもとでその閾を乗り超えて、互いの要素を変形するという仕方で反転し合っているのだ。つまり、一方でその個物における動物は、あらゆる言語から意味作用をもたない音調性を、つまり意味を媒介しない身体の気息の音調性をより多く析出する。また他方でその同じ個物における人間は、言語において言葉を非意味作用的に、つまりより強度的に使用することで、自らの動物の様態として非言語に、つまり生成の言表作用に反転させようとする。これは、ヘラー＝ローゼンの方向とは完全に逆行する人間から動物への生成変化である。言い換えると、人間が動物に生成変化するのは、とりわけ動物精神においてである。つまり、言語という人間身体の相対的運動からその観念の絶対的速度の使用を実現すること、これこそが人間の動物への生成変化の最大の意義である[30]。

　忘却によって言語が成立するとすれば、言語そのものは記憶あるいは痕跡の保存の様式である。同様に動物の呻き声や機械のノイズを引き受けることで言語が成立するとすれば、言語は、動物や機械が発する音を媒介として成立する動物における人間精神である。つまり、これは、実は言語に関してきわめて常識的な見解の一つでしかないだろう（動物から人間へ、幼児から成人へ）。一般概念に包摂される個別的なもの（個体）としての人間や動物は、〈存在／否‐存在〉との内部性の結合のうちにしか存在しえない。これに抗する生成変化は、これらにけっして包摂されないし、また従属もしない以上、そこにおいて存在するとは言われえない。ヘラー＝ローゼンのように、人間身体についての論究を欠いたならば、たとえ叫び、感嘆、動物、機械、等々を介した言語の存立を語ったとしても、それは単なる歴史主義的で精神主義的な音声中心主義の言語哲学にしかならないであろう。このように考えると、スピノザがいかに身体の存在の実在的触発を根本に据えて観念の現在性を肯定していたかがよりよく理解されるであろう。つまり、観念とは、自己の人間身体における現在の多様な〈被‐性〉、すなわち〈被表現態〉（表現されるもの）を含む限りでの表現形相のことである（「〈身体‐戦争機械〉論について」、参照）。それは、むしろ反‐記憶の一つの思考であろう。失われた記憶の言語とは、言表、すなわち諸力の流れのなかで形成される形相、内在的様態としての観念のことではないのか。しかし、これも、身体の変様を考えなければ、もっぱら考古学的に見出されるべき言表にしかならないであろう。ところが、身体を考えたからと言って、差延の問題が解消されるわけではない。何故なら、人間身体こそ、むしろ痕跡や差延としての言語的表象を発生させ、これらを精神にもたらす第一の様態だからである。

図表論的機能素（Ⅵ）——生成の無垢

媒介の論理的思考と無‐媒介の非論理的思考との間には、同様に〈度合の生成〉がある。これらの度合は、たしかに相対的な関係性のうちに回収されていく。しかし、それらは、言い換えると、生成の不可分な度合を示しているのだ。ニーチェは、「言語という表現手段は、生成変化を言い表わすには役に立たない」[31]、と言う。矛盾律を中心とした論理学は、人間の「保存の欲求」と「物信仰」に基づいた人間の無能力と命令の体系である。つまり、矛盾律は、ニーチェに倣うと、人間に無能力と道徳的命令を与えると言われる（「論理学を消尽すること」、参照）。例えば、われわれの感性は、共通感覚のもとで完全に矛盾律に媒介されている。感性は、他の諸能力に媒介され、とりわけ知性によって領土化されているのだ。それ以上に諸能力は、相互に無能力を増大させて、相互に植民地化し合っていると言える——悟性は記憶によって、記憶は想像力によって、感性は悟性によって、想像力は理性によって、理性は言語によって……、おぞましいほど相互に媒介し合うことで、強固な常識（＝共通感覚）の〈全体‐土台〉を形成し、そこにおいてのみ「何をしているのか、何を言っているのか」を位置づけようとする。

ところで、生成変化を定義すること、あるいはそれについての原則を考えること、これらは、一見するとまさに矛盾であり、そもそも不可能ではないのか。というのも、生成変化は、そうした定義や原則といった規定を受けない限りでまさに思考されうるものになるからである。しかしながら、われわれは、生成変化についての観念あるいは共通概念を形成することができるし、またそれらに対応した言説を構成することもできるのではないか。ドゥルーズ＝ガタリは「生成変化に固有の実在性の原則」を記しているが、これを整理するとおよそ次のようになるであろう[32]。（１）生成変化は、単なる夢や幻想ではなく、或る完全な実在性を有する。言い換えると、生成変化は、不完全なあるいは未完成な様態を意味するのではなく、それ自体において変様の完全性を有するものである。（2）生成変化とは、すでに或る〈個物‐項〉として存在するものが同様に言葉や表象の対象として存在する別の〈個物‐項〉に移行し変化することでもなければ、またそうした別の〈個物‐項〉を真似したり模倣したりすることでもない。というのは、生成変化から生じるのは、まさに生成変化だけだからである。（3）したがって、生成変化は単なる〈個物‐項〉として存在するものに関係しない以上、生成変化においてその主体というものは存在しないし、またそれを想定することもできない。生成変化は、物の一性質でもなければ、主体に帰属する特性あるいは偶有性の一つなどでもない。生成変化は、その限りでむしろ〈非‐存在〉として理解されるべきである。（4）生成変化は、生成変化にしか関わらない以上、必ず〈生成変化のブロック〉というものを形成する。したがってこうした遠近法において存在するのは、生成変化のブロックだけである。というのも、或る生成変化は、別の或るものになることではなく、その或るものの生成変化と不可分なものになることだからである。この意味において生成は、変形と転換の系譜学的要素だと言える。生成変化は、それ自体で生成の無垢である。われわれは、こうした生成変化のまさに多数多様なブロックの様態をどのような概念で把握し、いかなる思考で作動させたらよいのか。事例を用いて考えてみよう。

　事例（一）――〈非‐罪人アダム〉について。ライプニッツにおいては、神は、まず第一に〈アダムが罪を犯す世界〉を、次にこの世界のうちに〈罪を犯すアダム〉を創造する。この世界とアダムは、共可能的であると言われる。たしかに〈罪を犯さないアダム〉も可能であるが、しかしこの世界とはたしかに共立不可能になる。さて、この場合の共立不可能性が意味するのは、〈罪を犯さないアダム〉

をこの世界から排除する際の理由である。さて、この事例においては、考えられるべき二つの移行あるいは生成変化がある。一方は〈罪人アダム〉から〈否−罪人アダム〉への形式的な、したがって論理的な移行であるが、他方はこの〈否−罪人アダム〉から〈非−罪人アダム〉への実在的な、しかしながら非論理的な生成変化と非因果的な対応性がある。この非論理性と非因果性こそが、言わば〈否−存在〉を〈非−存在〉にする一つの崇高な技法、問題構成の技法である。[33]この技法は、具体的に言うと、〈罪人アダム〉か〈否−罪人アダム〉かにおける、つまりリンゴの樹の実を食べるアダムか、あるいはそれを食べないアダムかにおける、この後者の単なる否定性のアダムではなく、これをむしろ肯定的な〈非−罪人アダム〉に転換することにある。何故なら、〈副−言〉は、このアダムにおいて「リンゴの樹の実を食べない」という無−生成の出来事を別の多様な生成の出来事で充足する言語活動の力能を有するからである。このときの「食べない」は、意志による否定ではなく、言わば無意識の単なる結果にほかならない（高められた生成の無垢）。ところが、この結果に対するいかなる原因も実は存在しないのだ。つまり、そこにはいかなる原因も想定できないような、単なる対応性の原理が存するだけである。出来事の対応性は、究極的には非論理的で非因果的である。

われわれは、〈副−言〉のもとでこうした非論理性と非因果性を二つの原理にまで押し上げることができるであろうか。〈副−言〉は、〈存在〉と〈否−存在〉との間に生成変化という数えられないものの集合、すなわち〈非−存在〉を現前させるのだ。それは、言葉による表象ではなく、言語活動の奥行きであり、言葉の下位で生成するものの理解の仕方である。〈否−罪人アダム〉は、〈罪人アダム〉を媒介することで成立する。〈否−罪人アダム〉は、どこにも存在しない。というのも、それは、最初から別の可能世界（アダムが罪を犯さない世界）へと排除されているからである。つまり、このリンゴの樹の実を食べない一人の人間の姿は、創世記のなかにも現実のわれわれの日常においても、実際には存在しないのだ。しかし、〈罪人アダム〉を媒介することのない〈非‐罪人アダム〉は、無数の出来事の一つの集合として存在するのだ。この反時代的アダムは、神話的規定、超越論的条件、歴史的で社会的な諸制限に対して、一つの事例としてまさに〈非‐存在〉を構成するような生成変化のもとにある[34]――〈罪人アダム〉と〈否‐罪人アダム〉との間で〈副‐言〉すること、〈存在／否‐存在〉の内部性の形式をつねに部分的に発散させること、すなわち〈非‐存在〉を外部性として現前させること。

　矛盾（＝対言）とは、差異が無限にまで引き延ばされることによって生じた、対立化の仮象的概念である（「論理学を消尽すること」、参照）。例えば、白と黒は単に色の違いであるが、この概念の操作によってそれらは容易に相反する色になる――「白か黒か、決着をつけようではないか」。この類いの事例は、無数にある。これは、われわれがつねに表象的な言葉の、とりわけ〈対言〉化の機能に容易に踊らされていることにある。対言は、弁証法的思考のもとでさらに媒介の論理として育成され強化される。何故なら、〈対言〉は、本質的なものは非本質的なものを本質において含み、等しいものは等しくないものを本質において含むという意味での相互媒介のもとでの展開の総合性を有するからである。つまり、本質的なものあるいは等しいものは、最初から非本質的なものあるいは等しくないものに媒介される限りでそのように「含む」と言われうるのである。これに対して、〈副‐言〉は、矛盾律を前提とした言語や表象が有する全体化の様式をつねに部分的に解除し、分子的な交流と切断とからなる離接的総合において無数の言表として存立しうるであろう。

　われわれは、こうした〈副‐言〉において次のような二つの水準を区別することができるであろう

――（1）諸々の出来事の間の共可能性の論理（諸系列の収束論、オルガニックな表象からオルジックな視点へ）、（2）諸々の出来事の間の共立不可能性の非‐論理（諸系列の発散論、オルジックな視点からオルジアックな遠近法へ）[35]。対言の論理は、弁証法を考えればわかるように、たしかに媒介の論理そのものである。しかし、これに対する限りでの〈副‐言〉は、生成なき事例を媒介とした論理（1）から生成変化の事例におけるその無‐媒介の論理あるいはその非‐論理（2）への移行のなかで理解されなければならない。そして、これにともなう様相がまさに、前者の場合には〈共可能性〉であり、また後者の場合には〈非共可能性〉である。〈副‐言〉のこの第一の水準は出来事の間に生起する非共可能的な関係性への方向を有するが、それはただ示されるだけである。これに反して第二の水準では、非共可能性の様相をともなった諸々の出来事が実現されると同時に、当初の共可能性の諸条件や排除の原理は変形し転換されて、〈非‐存在〉へと発散していく。出来事の非共可能的な部分は、諸身体の表面でたしかに実現されるが、しかしそれと同時に身体の変様のもとで反‐実現されることになる。これに関連して〈副‐言〉は、批判哲学における二つの基本的なトポス――問題の諸条件の規定と問題の解としての諸事例の発生――を書き換え、変形しうるであろう。つまり、それは、言わば問題の諸条件についての絶えざる変換に関わり、それと同時にこうした問題の解を、諸条件によって条件づけられるものよりも大きかったり小さかったりするものへと変形しうるのだ。いずれにしても、〈副‐言〉は、前者においては問題論的諸条件の可塑性についての、また後者においてはこれに対応したその解あるいは条件づけられたものが含むその諸条件を実質的に変形する力能についての基本的な言表でありうる。またこの限りで〈副‐言〉は、表象言語において言表を理解するという固有の言語活動でもある。

生成の無垢、それは、差異の概念から差異の観念への変化そのもののことである。身体の諸変様あるいはその機械状作動配列を含めなければ、概念は、いつまでも観念に生成変化することはないであろう。したがって、ここでの問いは次のようになる——人間身体は、言葉に声を吹き込むことをやめて、言表を言葉の最先端で作動させるような声を有するであろうか。身体の変様を無視したり、それを単に対言の言語に対応させたりするのではなく、その変様を生成変化として〈副－言〉化するような言表作用を評価すること。ドゥルーズは、対言と同様に、〈副－言〉も媒介の論理あるいは表象領域の構成物と考えている。たしかに〈副－言〉の第一の水準は、そこにとどまりうるものである。しかし、その第二の水準には、例えば、戦争の叙事詩から仕事と日々への、強制から必然への、明らかに非共可能的な、しかし肯定的な差異の様相が存立する。〈対言〉は、本質において不等なものを含む限り、絶対に反転しない諸要素の間に成立する論理である（反転は、いかなる意味においても同一化とは異なる）。諸変様の集合としての身体、つまり身体は諸々の機械状作動配列からなる多様体であるが、しかしこれとの並行論をなす人間精神における諸観念の集合的言表作用を最初に表現するのが〈副－言〉である。例えば、前者は「機械状隷属」に、後者は「社会的服従」に抗して、しかしそれらと完全に〈度合の生成〉の関係を有しつつ発生するものでなければならない[36]。〈副－言〉は、第一次的に非本質的なもの、すなわち不等なものからしか出発しない。〈副－言〉は、本質と実存との間の反転の認識論を開くような知覚を事例のうちに見出すことができる。〈副－言〉は、身体の変様あるいはその相対的運動を生成の相のもとで言表化する働きを有するのだ。何故なら、〈副－言〉は、下位の奥行きの言語活動を有するので、生成変化についての〈観念－言表〉を含むことができるからである。

図表論的機能素（Ⅶ）――生成の原理となる〈来るべき民衆〉

〈副‐言〉は、孤独の論理であり、その限りで結びつきの不在によって、いかなる因果性もなしにいくつかの出来事の諸要素が結びつくという言わば〈非‐論理〉を有するものである。このことは、自存化した個物相互の結びつきなどまったく存在しないが、しかし生成変化のなかでは一つのブロックが形成され、結びつきの不在によって結びついて作動する配列が生起するということである。弁証法の〈対言〉の論理は、〈存在〉と〈否‐存在〉との結合のもとでの同一化の論理からなる。言い換えると、これは、言わば成長した自由意志による〈肯定／否定〉の判断からなる言表なき言語ゲーム以外の何ものでもない。これに反して〈副‐言〉は、第一にこうした意味での〈存在／否‐存在〉の内部性の論理に対して、むしろ〈非‐存在〉というまったく異なる位相の有り様を際立たせることができる。それは、否定なき〈非‐存在〉である。そして、この〈非‐存在〉を一義的存在として実質的に存立させるもの、すなわちその発生的要素がまさに生成変化なのである。一義的存在と生成変化との間には、いかなる因果関係もない。そこには、ただ原因性なき対応性の原理が存立するだけである。言い換えると、われわれが〈副‐言〉によって非物体的に実現できること、それは、第一に〈否‐存在〉を〈非‐存在〉に変容させ反転させることであり、第二にこれによって〈存在〉のうちにまさに〈非‐存在〉を刻印することである（ニーチェのエチカ）。ここで言う反転と刻印は、すべて生成変化の論理あるいは非‐論理にかかわる。つまり、生成変化は、それがまったく自己同一的でない以上、〈存在〉の「ある」でも〈否‐存在〉の「ない」でもなく、〈非‐存在〉の「あるではないこと」、言い換えると「なること」と言われるべきものである。〈副‐言〉は、言わば〈非‐存在〉に実在性を与える生成変化と、この非因果的な対応性の〈非－存在〉とを不可分にするような、言語上の意味変形と価値転換の最低限の機能を有する。

さて、シェリングには、「否－存在《ウーク・オン》」（ouk-on）と「非－存在《メー・オン》」（mē-on）に関して次のような考察がある――「〈非－存在《メー・オン》〉とは、単に存在せずにあり、それについてはただ単に現実に存在しているということだけが否定されるような非存在者であり、しかし、そこにおいてはなお存在するという可能性があるものであり、したがって、それはなお存在を可能性としては自己の前にもっているものであるから、たしかに〈存在しないもの〉であるが、しかし、存在するものであることができないようになっているのではない。これに対して、〈否－存在《ウーク・オン》〉とは、まったくいかなる意味においても〈存在しないもの〉であり、すなわち、それについては、単に存在の現実性のみならず、存在ということ一般が、したがってまた、その可能性が否定されるところのものである」［引用者の強調を含む］[37]。しかし、これは、あくまでもシェリングによる〈非－存在《メー・オン》〉の理解、要するに可能性の様相のもとで思考された〈非－存在《メー・オン》〉にほかならない。したがって、〈否－存在《ウーク・オン》〉は、こうした〈非－存在《メー・オン》〉との関係で言えば、こうした可能性の否定である。シェリングにおける神は、多くの哲学者と同様、人間の諸能力や諸性質を媒介にして理解された、つまり擬人化された完全な実体、自由意志をもつ絶対的存在として定立される。それゆえ、例えば、シェリングのスピノザ理解は、他のドイツ観念論の哲学者たちと同様、きわめて表層的なものにとどまる。したがって、ここで言われる〈非－存在〉も、もっぱら可能性の様相のもとで理解された存在概念であり、とりわけ個体の存在の仕方、その存在可能性を単に意味するものである[38]。つまり、たとえ「それ［B＝客観的なもの］は、つねにただ生成するものであって、けっして（真にすぐれた意味で）存在するものではない[39]」、と中途半端な意味で言われたとしても、こうした生成は実際には単なる可能性の様相に依拠した〈非‐存在〉の概念でしかないのだ。要するに、ここにおいて経験論から積極哲学を構成しようとするシェリングにおいては、例えば、三つの原理であれ、非存在の三つの概念であれ、神の三つの姿であれ、それらは、複雑な媒介の論理を駆使しつつも、結局は相互に共可能的なものとしてしか考えられていないのである。つまり、これらは、基本的にすべて共可能性の様相のもとで考えられた諸要素以外の何ものでもないのだ。したがってシェリングは、たしかにライプニッツ主義者であり、またその限りで〈副‐言〉の第一の水準を形成しつつ思考した哲学者である。[40]しかし、このことは、あくまでも系列の発散の可能性を規定するだけであり、言い換えると、収束と発散を振り分けるだけの一つの無力能の表示でしかないのだ。

われわれは、こうしたシェリングの〈A、A_2、A_3〉――神の自由の逆説的転成――の迷走にあえて付き合う必要などまったくない。[41]何故なら、重要なことは、出来事の諸系列の間の収束あるいは発散を予示するだけでなく、むしろ積極的に非共可能的な生成の内在性の超曲面――これが〈非‐存在〉である――を非身体的に十全化することである。シェリングにおいては、やはり絶対的自由の意志を前提とした無からの創造、つまり無前提の気まぐれな創造によって、〈否‐存在〉から、これと共可能的な第二第三の〈非‐存在〉が生起する。しかしながら、〈存在〉あるいは〈否‐存在〉と〈非‐存在〉との間には、そもそも共立不可能性という新たな様相が存立するであろう。[42]われわれは、饒舌な〈対言〉を第二の〈副‐言〉の水準で多孔質化すべく、「言うこと」という動詞をより少なく発揮するようになるであろう。それは、矛盾律を前提とした発話行為そのもの――したがって、そのほとんどは単なる意見である――のうちで、〈よい／わるい〉の非共可能的で強度部分的な生成についての存在、すなわち生成のうちでまさに肯定される〈非‐存在〉を知覚することである。では、そこでは「言うこと」という発話行為に代わって何にどんな機能がより多くの与えられることになるのか。アルトーは、フランス語のあらゆる言葉の形式に単に息を吹き込むだけの〈身体－声〉に対して、こうした諸形式と非共可能的になるような声の実現――〈叫び－気息〉――を身体に課したのだ。それは、アルトーにとっては、口唇（言うことと食べること）の身体運動の問題ではなく、むしろ咽喉（吐き出すことと呑み込むこと）に固有の身体速度の問いである。

来るべき民衆は、たしかに不在であるが、しかし生成についての一義的な〈非－存在〉である。それは、無－媒介的な区別のもとに存立しているからそのように言われるだけである。〈副－言〉には、現在の〈来るべき民衆〉の気息が溢れている。この気息は、言葉の諸形式に非共可能性を吹き込む音声なき言表でさえある。言い換えると、無－媒介的な生成変化の非－論理は、定住民と移民とに、あるいは難民と遊牧民とに共通の〈来るべき民衆〉の強度的地図を描き出すのだ。〈来るべき民衆〉は、まさに共通概念でなければならない。ここでは、定住民と遊牧民、移民と難民をとりわけ知性における意志の度合の問題として区別したい。意志は、知性から自律して自由に肯定あるいは否定の働きを発揮するものではなく、知性のうちでの〈肯定／否定〉の度合を個々に獲得することによって存立するものである。[43]スピノザが知性と意志とを同じものだと考えるのは、それらがともに観念の作用に完全に還元されうるからである。観念とは何か。それは、何かについての理解の様式であると同時に、〈肯定／否定〉の作用をも有する思考の様態である。こうした内在性の哲学に固有のプラグマティックは、一義性の平面を形成する努力と一つであり、また至るところで自律した自由意志を発散させるであろう。人間には〈来るべき民衆〉が多様な存在の仕方あるいは生存の様式として含まれているのだ。すべての民衆は、こうした〈来るべき民衆〉の度合の生成を有するのだ。

　定住民の場合、それは、対応性の原理のもとでの数えられないものについての新たな度合の生成による集合を形成するであろう。それは、論理なき表現の構成でもある。定住者はたしかに位階序列のうちですべてのものの配分を完結させようとするが、しかしながら、それと同時に彼らは、いつでも対応性の原理によって〈非-存在〉を構成しうるのである。それにもかかわらず、定住という生存の様式においては、大地や大気、大地の変質や気象の変動といった外部性の形相がこの〈非-存在〉からまったく排除されている。定住者とは、つねに「これさえしていればいいんだ」といった自由意志の信仰とともに生きる動きすぎる者たちのことである。その限りでここでの〈副-言〉は、直ちに内部性のために公理化されてしまう。意志は、定住という様態とともに知性と最大の差異を形成するようになる。対応性の原理が〈移動の痕跡〉のなかで、つまり観光客の〈痕跡の移動〉のようなものではなく、移動とともに諸規準の変化による触発から言語における〈副-言〉性を意識することができる者たちが存在する。それが移民である。移民は、〈存在／否-存在〉の対言の論理から多様な仕方で排除されるが、それに対応した〈副-言〉による下位の意識により多く穿たれる者たちであろう。たしかに移民の志向性の多くは、別の可能世界のもとでの収束に向かっている。しかし、移民は、自らの知性のうちに多様な度合としての意志が生起することを見出すのだ。新たな可能世界での定住的収束は、実は移動の痕跡のなかでの知性への意志の還元の結果でしかない。難民の場合、来るべき民衆は、同じ原理のもとでの自由意志からもっとも離れた、その限りで無力能の様態となる。知性と意志を同じくする者は、まだ幸いである。知性から個々の意志作用それ自体が焼尽すること、これが難民の発生である。スピノザには、たしかにこの考えがまったくない。これが、至福と分離不可能な仕方で度合の生成をなす残酷の定義である。[44] 知性のうちにいかなる〈肯定／否定〉の作用も有さない者たちこそ、真に残酷性を被る存在である。これは、まさに非共可能性の可視化そのものであり、人間本性の非身体的変形の物質化でもある。ここでの〈非‐存在〉は、レヴィナスの言い方を用いれば、「いかなる受動性よりも受動的な受動性」としての非‐至福を、つまり残酷を発生的要素とするであろう。[45]

遊牧民は、いかなる典型とも標本とも無関係な遊牧的配分をなす者たちのことである。そこでは、非因果的な対応性の原理のもとで、いくつかの動詞においてもっともよく生成変化が表現され、また日々の小さな動詞は〈副‐言〉化されて理解される。〈非‐罪人アダム〉は、楽園に住み続け、けっしてそこから立ち去らない遊牧民である。遊牧民とは、例えば、加速主義からもっとも遠い民衆であり、その限りにおいて〈来るべき民衆〉がより多く無‐媒介的に現前する者たちのことであると言える。何故なら、遊牧民は、運動や移動によって定義されるよりも、むしろ横断や逃走や落下の速度によってよりよく定義される様態だからである。遊牧性とは、非‐加速的な平滑空間を占拠し続けることである。[46] 遊牧民は、こうした意味においてそれ自体でより多く〈来るべき民衆〉である。生成変化なき加速は、単なる未来を改めて目的論化しただけの愚鈍な思考以外の何ものでもない。今日、われわれの遊牧民論は、いったいどのようにありうるのか。遊牧民においては、知性と意志が相互に最大の差異を有することも、意志が知性に還元されることも、知性のうちで意志作用が焼尽することもない。というのも、来るべき民衆は、自由意志の特権を剝奪し、意志の自由と知性の必然とを一致させ、意志なき知性の不可能性を告発する外部性の形相だからである。すべての〈民衆〉、つまり身体を以って存在する限りでの人間は、何よりもマイノリティとして定義されなければならない。すべての人間が身体の生成変化そのものである限り、万人が〈来るべき民衆〉をそれぞれに多様な度合として有することは、もっとも具体的事象である。不等なものとしての万人は、実は〈来るべき民衆〉の欲望をそれぞれの多様な知性において有するのだ。

【Ⅲ：問題実現】観念の非‐言語的力能――身体の一属性として言表を作用させること

機械状作用素（Ⅷ）――対応性の原理（無‐媒介の政治に向けて）

　対応性の原理、それは、たしかに出来事の間に存立する非因果性の観念である。これは、実は古代ギリシアの占星術のもとで考えられ育まれた、出来事についての一つの原理である。キケローの『運命について』では、クリュシッポスによって次のような事柄が述べられている。「もし或る人がシリウスの昇るときに生まれたならば、その人は海で死なないであろう」という仮言命題の結合文は、原因‐結果の関係を示し、また条件の必然と帰結の必然を含意するので、出来事の非因果的な関係を示すには不適格である。したがって、この命題は、「或る人がシリウスの昇るときに生まれ、かつその人が海で死ぬ、ということはない」という連言命題に変形されるか、あるいは選言命題のかたちで表現されるべきである[47]。というのも、諸々の出来事の間に存立するのは、物理的な因果関係でも論理的な相関関係でもなく、もっぱら非因果的な対応性と様相の非論理だからである。〈副‐言〉は、こうした出来事の対応性の原理のうちに共可能性と非共可能性という様相を折り込んでいくと同時に、この原理を一つの総合にまで、すなわち離接的総合としての〈非‐存在〉にまでもたらすであろう。ただし、〈副‐言〉は、それをわれわれに示すだけである。というのも、〈副‐言〉それ自体は、或る出来事の部分の意識化であり、どこまでも共可能性と非共可能性についての反省的認識にほかならないからである。

事例（二）――〈非－戦争〉の日常について。叙事詩は、つねに争いや戦争の叙事詩であった。「幾世紀をも往来するかつての大いなる物語は、もう終わった。今は、一日一日をただ思うのみである。勇壮な戦士や王が主人公の物語ではなく、平和なもののみが主人公の物語。乾燥玉ねぎでもいいし、沼地の渡り木でもいい。誰一人、〈平和の叙事詩〉をまだうまく物語れないでいる」[48]。何故、ひとは〈平和の叙事詩〉を語れないのか。それ以上に、そもそも平和とは何か。平和は、積極的に、つまり直接に語られうるものではないのではないか。この意味において、平和は、意識の対象ではなく、むしろ本質的に無意識の観念なのではないか。そうだとすれば、平和には実際に語るべき物語などまったく存在しない。戦争の叙事詩は、ほぼ対言の論理とこれに基づく〈存在／否－存在〉の絶えざる弁証法的な物語から成り立ち、またその限りでわれわれの意識により鮮明に与えられるものとなる。これに反して平和の叙事詩は、こうした対言の諸言説と弁証法が依拠する〈存在／否－存在〉のストーリーではなく、〈副－言〉の諸言表とこれが形成する〈非－存在〉のドラマからなるであろう。ここには、身体の実在的変様に関する〈強度の地図〉が、その限りではむしろ精神そのものとしての〈無意識の産出〉が存立しているのではないだろうか。対言を基本とする戦争についての知性あるいは戦争への意志は、堕落したギリシア悲劇のように、つまりディオニュソスから分離したアポロンのように、別の物語を単なる〈反対〉のストーリーとして語り、また別の夢として意識することしかできない。出来事の形相的側面、とりわけ言語の動詞的形相によって表現される限りでの出来事は、人間身体を原因とした非物体的なものである。しかし、出来事における〈表現されるもの〉は、動詞的形相によって表現される〈非物体的なもの〉を本性とする。

内部性の形式における平和は、〈戦争〉に対する――つまり〈戦争〉を媒介とした――対言としての諸言説が基本となる以上、たしかに生成なき否定という表象的な仕方での〈否‐戦争〉しか表明しえないであろう。この典型の一つが、例えば、ホッブズが言うような、戦争をしていない〈それ以外の期間〉という平和の定義である。[49] 要するに、平和とは、単に戦争が行われていない期間のことである。しかしながら、平和についてこのような理解しかもちえないとすれば、われわれは、たしかに〈戦争／否‐戦争〉からなる内部性の形式に永久に囚われたままであろう。したがってわれわれは、これとは異なる外部性の形相としての――つまり戦争を媒介しない――平和を必然的に考えなければならない。無‐媒介の平和は、戦争とは非共可能的な、また同様に〈否‐戦争〉を否定ではなく、まったくの肯定で充たすような〈非‐戦争〉の観念とその力能とからなるであろう。こうした平和は、戦争を媒介しないという意味で、積極的平和をはるかに凌ぐ絶対的なものである。言い換えると、ホッブズに抗するように、すでにスピノザが明確に定義していたが、「平和とは、戦争の欠如ではなく、心の強さから生ずる徳のことである」[50]［強調、引用者］。スピノザにおいて平和は、まさに無‐媒介的で肯定的である。ホッブズの平和の定義はたしかにこの「欠如」としての単なる〈否‐存在〉を提起しているだけの名目的なものであり、次の言明からもこのことは理解されうるであろう。「その反対に向かおうとする保証のまったくない見られない間のそれへの明らかな志向が戦争である」、あるいは「何故なら、戦争とは、力づくで争う意志が言葉もしくは行動によって十分に明示されている期間以外の何ものでもないからである」［強調、引用者］。平和は、まさにこうした「志向」や「意志」などを欠いた場合に向かう消極的な方向性であり、また期間なのである。しかし、平和は、単に戦争に反対する言説からのみなるような、つまりそれに対する対言からしか成立しないような〈否‐戦争〉

でも〈欠如－戦争〉でもないし、それらであってはならない。したがって、〈非－存在〉としての平和は、単なる欠如の期間ではなく、言わば生成の絶えざる未来にほかならない。生成の未来とは何か。それは、それぞれに構成された過去一般にあるいは現働性なき表象的現在に対応した人間精神が別の精神に変化していく際の時間形式のことである。たしかに〈否－戦争〉は、特定の感情や意見を満足させうるような道具的手段になりうるかもしれないが、けっして作用原因が産出するような目標とはなりえない。平和は、より正確に〈非－戦争〉と言われるべきである。何故なら、それは、戦争「期間以外」の過程を実在的に日々の過程として、言い換えると、〈戦争／否－戦争〉と非共可能的な生成の〈非－戦争〉として存立させるものだからである。この平和においては、日々の過程における道具の武器への生成変化そのもの——言い換えると、〈線配置〉(linéaments)——が、〈非－戦争〉における作動配列を具体的になすのだ。平和は、こうした闘争からなる限りにおいて一つの〈非－存在〉である。これこそが、まさに無－媒介の政治である。この〈非－存在〉は、たしかに〈存在〉以前の政治のことである。[51]

　こうした〈非－存在〉は、まさに問題構成的なものの存在であり、ドゥルーズが言うように、その限りでたしかに〈?－存在〉であるだろう。気象現象や気候変動を考えてみよ。大気は、大地とともに〈非－存在〉の言表とその作用とを、あるいは生成の無垢とその触発とをわれわれに伝える。気象は本質的に定式化不可能なものであり、したがってこの言表はつねに未知なるものを含んだ決定不可能命題でありうる。われわれの一つの生は、それがいかなるものであろうと、その日常の過程のうちにしか見出しえない多様な線の配置からなる。これらは、非共可能性という様相をともなった実在的過程である。定住民においては、とりわけ日々のなかで固着した実存的領土が支配的であるが、そこでの多様な出来事——例えば、食べる、掃除する、育てる、非難する、助ける、排便する、勉強する、歩く、寝る、旅行する、抵抗する、等々——のうちに、われわれは一つの生を構成するものを見出すであろう。そして、それらの出来事とともに、それらに相関する諸物体に容易に〈存在〉の名を帰するのである。何故なら、人間は、目的論のなかであらゆる出来事に相関する諸物体を自分たちにとっての道具だと容易に考えてしまうからである。[52]対言は、言わば言語の道具化である。これによって出来事も物体も言語的分節を前提としたものとなり続け、それゆえ容易に矛盾律が機能する論理のもとで知性も感性も情動も自らの無能力と道徳的命令を受け入れることになる。ここで成長したのは、ただ自由意志だけである。対言は、自由意志の最大の道具となるのだ。しかしながら、人間の活動力能は、この意味において対言に沿って動くことはない。〈副‐言〉における知覚、つまり被知覚態は、すべて生成変化であり、それゆえ〈非‐存在〉を支持するもの、それを下位から構成するものである。〈非‐存在〉は、〈矛盾‐対立〉の戦争に対する場合、まさに〈非‐戦闘〉としての平和になる。そこでの万人の孤独が有する諸々の動詞は、そのまま闘争という度合を有するであろう。これは、意識の問題ではないし、またそのように対応させて理解しようということでもない。何故なら、それは、意識的に別の意味をもった言葉のもとにその出来事を包摂することではないからである。これは、むしろ無意識を生産することである。正確に言うと、無意識はすでに身体の活動力能とともに発生している以上、この無意識の生産とは、むしろすべての観念をそのまま生成の存在あるいはむしろ肯定の肯定として理解することにある。来るべき民衆の〈非‐存在〉は、まさに〈非‐戦闘〉で充たされた闘争そのものである。[53]これは、〈戦争〉と非共可能的な、しかし実在的な生成変化、すなわちその限りでの〈闘争〉（combat）である。闘争とは、まさに生成変化のことであり、日々を無‐媒介的に構成するもののことである——ホメーロスからヘシオドスへ。それは、相互に共軛関係にある自由意志と言語の体制からつねに逃走する作用素である。それは、反－物質と同じ意味で言われるべき反－思考の〈観念－作用素〉である。無－媒介の民衆とともに思考すること、それは、それ自体が〈反－思考〉であり、この意味で〈反－時代的思考〉そのものである。[54]

機械状作用素（Ⅸ）——〈副－言〉の唯物論の方へ

非－論理とその唯物論からなるもの、それはまさに〈来るべき民衆〉の精神と身体である。唯物論は、身体の実在的変様、つまり身体の機械状作動配列を含んで初めて成立するものである。では、〈副－言〉は、この唯物論のもとに存立しうるであろうか。われわれは、それをいかにして構成することができるのか。イポリットが述べているように、差異から対立への移行が主観性において可能になると同時に、自己のうちに生起したこの対言（＝矛盾）を事物そのものあるいは内容それ自体のうちにもち込むことによって、われわれはあたかもこうした事態が客観的に生起しているかのように考えてしまう。[55]このようにして、内容それ自体として事物のうちにもち込まれた〈対立〉概念に基づいて、まさに〈対言〉における同一化の唯物論が形成されてきたのである。しかし、そんな対言に基づいた大雑把な唯物論的運動、あるいは弁証法の物質的過程など、自然のうちにはけっして存在しないであろう。〈副－言〉は、主観的でも客観的でも、対言でも弁証法でもなく、生成変化と〈非－存在〉とによる差異の唯物論の言表である。この唯物論は、第一に物質主義以前に、諸身体の非十全な実在的連結から、すなわちそれらの間の機械状作動配列からなるが、それと同時に言葉の形相的で物質的な諸要素を非身体的変形の〈声－微粒子〉にするであろう（口唇から咽喉へ、精神の有機的分析から心身の分裂的総合へ)。身体という物体の内包的な〈運動／速度〉論のない唯物論はただの〈もの〉論にすぎないが、同様に諸身体の外部性の機械状作動配列がない言表はただの〈しるし〉論にすぎない(現代の総合されたソーマ・セーマ論)。しかし、身体の強度的変様は、言葉なき声が非身体的変形の言表作用となるような作動配列をなすであろう——〈存在／否－存在〉の内部性の形式に対して〈非－存在〉を外部性の形相として作動させること、対言のつねに意識化された言語使用から無意識における非物体的変形を〈副－言〉によって実現すること。対言の言語から構成された派生的な人間精神は、そのすべてが媒介の論理のもとで形成された意識に依拠している。それにもかかわらず、対言の至るところで非共可能性の様相をともなった〈副－言〉が実際にはその意識の傍らで絶えず発生しているのも事実である。

〈来るべき民衆〉とは、存在するすべての人間の様態のうちに存立する或る無－媒介の位相のことである。例えば、これは、まさに気候変動と同様の無－媒介の内在性をなしている。大気は、大地と同様にすべての個物にとっての無－媒介の絶対的平面である(こうした「無－媒介」とは、スピノザにおける〈最近原因〉という概念から理解されるべき観念でもある)。とりわけ大気の存在あるいは気候変動は、今や条理化された大地とは共立不可能な〈非－存在〉そのものの最大の事例として理解される必要がある。気象現象という多様な生成変化は、まさに気候変動という、大地中心主義のこれまでの人類にとってもっとも外部性の存在を、すなわち対言の意識化が不可能な〈非－存在〉を肯定するものである。〈副－言〉のあの第三の水準の実現は、ライプニッツが言うような、現在のうちに含まれた未来をむしろ裏切ることにある。そして、その様相としての非共可能性は、この今あるいは現在の時点での未来の或る生存の様式を離接的に構成する際の一つの対象性になるであろう。われわれは、果たしてこの水準と様相とを完備した演劇を、ディオニュソスが自由活動するような新たな悲劇として肯定し実現することができるであろうか。いずれにしても、今あるいは現在においてそのように存在するという存在の仕方あるいは生存の様式を、個々の事例のうちに包摂されたものとして、すなわち〈副‐言〉の非論理とノモスにおいて表現されたものとして理解すること、またそれらの非因果的な対応性の原理において現前するものとして知覚すること、これだけで事態は直ちに外部性の諸形相になるであろう。類型化されえない〈来るべき民衆〉は、類型化可能な現存する民衆とたしかに無‐媒介的に区別されうるが、しかし〈度合の生成〉のもとですべての人間において完全に存立する――まさに「普遍的な形象としてのマイノリティ、あるいは万人になること」[56]。来るべき民衆は、〈非‐存在〉を形成するがゆえに効果的に数えられないものの集合、生成の群れをなすのだ。言い換えると、このことは、すべての民衆の日々の過程における差異的で反復的な自由活動がそれぞれの事例のなかで武器になるということである。

〈身体‐物‐道具〉の単なる道具連関に対応しただけの〈身体‐声‐言葉〉の内部性の諸系列は、或る部分の非物体的変形をともなうだけで直ちに発散して、外部性の諸形相に反転するであろう。日常における諸物の表象的道具性は、目的を前提とした〈より有益な〉をもっとも大切な評価基準の一つとする。このことは、実は共可能性の様相を大前提にしていることがわかる。外部性の形相においては、この〈より有益な〉は、まったく非物体的に変形される。それは、単に現働化あるいは表象化に向かう際の基準ではなく、そうした内部性の形式を包囲し発散する規準となる。〈反‐実現〉論は、出来事の意味を非物体的に変形し、いくつかの様相を転換し、内部性の形式を発散させる限りでそれ自体が武器作成法であり、また人間精神における差異と齟齬の唯物論を形成するであろう。潜在的なものの現働化は、表象を結果的に目的とせざるをえないような潜在的なものの〈制限－条件〉づけの原理ではなく、むしろ自らの可塑性の原理を作動させる発生的な諸要素の位相そのもののことである。こうした潜在的なものの現働化に対して、〈反－実現〉の行使は、現働化が陥り易い対言の論理に内部化された表象に対して、その充足理由を折り曲げることにある。〈反－実現〉は、対言化の表象に陥るのではなく、〈副－言〉の奥行きの言語活動を可塑的原理との間で形成するのだ（「アダムが罪を犯す世界」そのものの発散）。そこでの日々、物質的過程として理解された日常は、まさに生成変化とその集合としての〈非－存在〉として認識される。政治は、一般的にはたしかに自由意志を育成する対言によって可能となる現象である。そこにあるのが対言化された意識による身体の相対的運動である限り、一般的政治にはいかなる非身体的変形も含まれてはいない。それは、〈対言〉の意識のもとで加算的に集合するもの、すなわち群衆である。数えられる〈群衆〉は、言い換えると、解放されていない観客とまったく同じである。それは、固定化された対称的な反対命題についての証明のようなものである。〈副－言〉は、こうした反対命題の対称性の楔から解き放たれた、末梢的な生成の言表からなる。それは、非共可能的な「脱固定化された多定立」(polythétisme décalé) そのものである。このようにして〈非－存在〉の群れは、本性的には非－加算的な生成であり、またそれらの言表からなる。したがって〈群れ〉は、〈副－言〉の非共可能的で散逸的なものの積分である限り、けっして政治一般としては成立しないのだ。〈群れ〉はむしろ蜂起の様態の多定立であり、〈副－言〉はそれらの言表の様相となる――命題（＝定理）の証明を言表の問題的知覚にすること。ここでは、定理の証明は、まさに言表の〈被知覚態〉そのものとなる。問題は、普遍的なマイノリティにおける言表として〈副－言〉にその作用を与えることである。人類学者のティム・インゴルドに倣って言えば、生成変化は、言わば「対象なき世界」（world without object）である。インゴルドにおいては、物は、ほとんど生成変化の線、動詞の線として捉えられている。[57] 物は、或る点から別の点をつなぐ無数の線からできているのではなく、すべての点を中継点にするような生成の線からなる。生成とは、そもそも〈間〉の発生である（あの〈誘惑に抵抗するアダム〉を思い起こされたい）。事実の線は、それを少し引き延ばすだけでおそらく生成変化の線へと変形され、また気象学的な線へと上昇して渦状化されるであろう。それらは、文法や論理の只中にもたらされた思考の本性上の偏倚《クリナメン》、すなわちその非－論理である。日々の実質的過程の、その非十全な実在性の、生成の言表の、すなわち〈副－言〉の唯物論は、身体なき物体の唯物論ではなく、身体なしには存立しえない言表作用の唯物論へと至るであろう。それは、出来事における非物体的変形の唯物論であると同時に、〈身体／声／言葉〉の系列を包囲し発散させるような、〈別の身体へ〉－〈叫び－気息〉－〈記号－微粒子〉の言わば機械状唯物論である（「〈身体－戦争機械〉論について」、参照）。

現機械状作用素（X）——身体の言表作用

スピノザは、対言によって表示される個物の本性を完全に否定し、またそのような存在の仕方など絶対に存立しないと明言する。「物は、一方が他方を破壊できる限りにおいて相反する本性を有する。言い換えると、そうした物は、同じ主体のなかにあることができない」[58]。対言は、物の表面に投影された表象の様式である。物が滅びるのは、自己の本性のうちにその物を排除する別の本性が含まれているからではない。物が滅びるのは、つねに外部の原因によってである。言い換えると、死は、つねに外部から来るのである。したがって、次のような言表が成立する——「われわれの身体の存在を排除する観念は、われわれの精神のなかに存することができない。むしろそうした観念は、われわれの精神と相反するものである」[59]。対言（＝矛盾）は、形式的には言語の表象的様式であるが、内容的にはイメージをともなった理解の仕方と自由意志の育成のためのものでしかない。或る物の本性のうちに相互に相反する等しいものと不等なものとが含まれると考えることは、まったくの不条理である。つまり、対言は、まさに「表象の有」の言語使用そのものであり、人間身体の変様にまったく対応しない言語の論理と文法からなり、また人間精神の観念に帰属しないような思考の無能力と道徳的命令をともなった発話行為そのものである。

　ここでの問題意識は、要するに身体を一つのモデルとした場合の言語の存在の仕方に関する哲学上の価値評価である。言語に終始する分析やその哲学は、あたかも画家に対する画材屋とその作品に対する評論家のようである。それは、画家に対してあらゆる意味での画材を提供するだけでなく、すべての絵画に対してその形式的側面から作品を分析し批評するだけのようである。いずれにしても、ここにあるのはそもそも言語そのものを無言の絵のようにして分析する内部性の精神だけである。ところが、キャンバス上の絵画は、単なるイメージの知覚に還元されない（これと同様に観念上の言表は、単なる表象的言語に還元されえない。何故なら、表象言語の意味に対して観念の作用は、絶えざる非身体的変形に存するからである）。言い換えると、それは、事実問題（物）と権利問題（作品）とを分離する力能を有する限り無言の絵などではない。ドゥルーズ＝ガタリは、スピノザにおける人間精神における観念の存在の仕方とその諸作用とをこの問題のもとで再び提起している。観念とは、人間精神の能動性と受動性に関係なく、身体を有するものの絶対的〈被－性〉のまさに表現形相のことである。ここで言う〈被－性〉とは、まずは人間身体の本質である活動力能の変様の位相それ自体のことである。

それゆえこの〈被‐性〉は、つねに人間精神における〈被情動態《アフェクト》〉、〈被概念態《コンセプト》〉、〈被知覚態《ペルセプト》〉――まさにスピノザにおける〈表象知〉、〈理性知〉、〈直観知〉に対応するもの――としてその表現の〈形相‐観念〉を有することになる。

　われわれは、ここで〈副‐言〉の第三の水準そのものに或る変質を加える、あるいはむしろ反転させることになる。これは、言い換えると、〈副‐言〉の道具的使用（ライプニッツ）からその武器的行使（ニーチェ）に至る第三の水準を人間身体の変様の相にもたらすことである。すなわち、〈副‐言〉の離接的総合は、非身体的な出来事の間の非共可能性が身体の相対的運動のうちに浸透あるいは感染して、〈身体‐声‐言葉〉との間にそれらの共立不可能な関係を定立するのである。〈副‐言〉を把握することは、消極的には対言のように差異をすぐに拡大して対立にしないこと、非身体的変形を別の意味による単なる置き換えにしないことである。これに対して〈副‐言〉を非共可能的なものの生成として積極的に理解することは、アルトーのように、たしかに表象言語をただちに溶解して、能動的無意味として身体に浸透させることなのかもしれない。しかし、アルトーの問題は、それだけではなく、骨と血からなる〈非‐存在〉の身体によって、叫びと気息を語の形相に吹き込む口唇ではなく、咽喉に言表作用をもたらすことで身体の叫びと気息に対応した観念を形成することにある。アルトーの声は、〈叫び‐気息〉の原因としての身体のもとで言葉のうちに出来事の発散を吹き込むものである。このようにして、出来事の間の発散は、或る身体の触発を原因とした様相の効果となる。それは、先天的な諸条件のずれから与えられるのではなく、第一に声と言葉との間に非共可能な関係を実現する或る身体があり、第二に声そのものを脱‐口唇化して、咽喉の言表作用として行使する同じ身体がある。この身体の言表作用は、むしろ〈身体の身体〉である。それは、スピノザの人間精神における

〈観念の観念〉に対応した〈身体の身体〉、すなわち身体の非言語活動としての言表作用である。アルトーにとって声は、すでに述べたが、フランス語として成立している形式言語に単に息を吹き込むだけの気息に抵抗するものである。こうした〈声－微粒子〉は、表面を共可能的に発生させる口唇という器官から発せられるのではなく、身体の諸変様を吐き出したり呑み込んだりすることからなる。

われわれは、たしかに第一の身体による声の動的発生と、第二の声から言葉の静的発生とを区別して考えることができる。しかし、この発生論には、物体の表面で展開される言葉の形相を目的とした目的論の匂いが溢れている。人間身体の変様力能は、この有機的な発生の系列の只中にその外部性の表現形相を投射しうる。それは、スピノザやアルトーが言うような、〈別の身体へ〉の生成部分が展開する言表作用である――〈観念の観念〉に対応した〈身体の身体〉。外部の諸力の形相として把握された言表を言語活動の先端で作用させること、これが身体の言表作用である。言語は、身体の声と言葉からなる。言葉は、有機的身体が発生的要素となって存立するものである。では、こうした〈身体－声－言葉〉の系列とは別に、この身体から別の身体へと移行する限りでの身体は、いかなる系列を生み出すのか。このように問うことができる。スピノザの心身並行論は、精神における三つの認識の様式（表象知、理性知、直観知）と、これに対応した身体における三つの変様とからなる。言語は、身体の運動なしに成立しえない以上、延長属性の様態である。言葉は、第一種の非十全な認識に対応した身体の相対的運動である。ところが、スピノザには、第二種と第三種の認識に対応する身体のこうした運動は存在しない。しかしながら、ここでの問題は、各認識に対応した言語行為を身体によって実現することなどではない。身体の変様は、つねに機械状であり、それゆえ〈十全／非十全〉の外部にあると考える。思考しなければならないのは、身体の変様運動の一つとしての言語の先端で、身体の言表作用を行使することである。ただしそれは、〈別の身体へ〉という移行のなかで発揮される作用である。そのときスピノザにおける三つの認識の様式は、相互に不可識別になり、決定不可能な諸定理を含んだ諸観念の一つの多様体になるであろう。

機械状作用素（XI）――〈自然－内在性〉の二つの仕方

内在主義、すなわち内在性の哲学は、単に自然のうちに人間が存在することの評価でも、自然の豊穣さをわれわれが絶賛することでもない。それは、つねに自然のうちにより多く内在し直すこと、差異をより多く肯定すること、同一性の価値評価をより少なくすること、言い換えると、超越主義やニヒリズムの影響をあらゆる意味でより少なくすることである。これらが、まさに内在し直すことである。そのためには、自然に必然的に内在することは、同時に自然に従属し隷属することであるという意義を十全に理解する必要がある。資本主義も国家装置も、すべては自然に従属している。自然に従属することの意識が、逆にニヒリズムによってつねに育まれてきたさまざまな排他的で位階序列的な超越主義をより多く減算することになるであろう。人類の歴史において、自然に対して全体的に対言するような人間社会など絶対に存在したことはない。すべての様態は、まさにそれがいかなる事柄であっても、自然と対立するような事態、対言のもとで把握された事柄のもとで生きることはできない。ところが、人間の意識は、ニーチェに倣って言えば、ほぼ対言のもとでの意識化であり、またさらに復讐の精神として質化されたものである。内在主義は、そうした感情でさえ、自然法則のもとで生起した対象として把握することができる。ガタリの言う新たな「主観性の産出」は、人間の本質である欲望を考える限りにおいて革命にとっての最大の発生的要素の一つになることがわかる。身体を以って自然に内在すること、これがマイノリティの発生的定義である。言い換えると、万人は、マイノリティとして発生することなしに現実に存在することができない。

　この内在と従属の論点をもっとも厳格に考える素材が、同様にスピノザのテクストにある。われわれは、この素材に内在主義の機能を見出すことになる。スピノザは、もっとも難解なテクストのなかで、或る有限様態がその部分となって自然のうちに内在する仕方、つまり自然の一部を占有する仕方、あるいはその従属の仕方について述べている——「この帰結として、人間精神は、神の無限知性の一部であることになる。したがって、〔α〕われわれが、人間精神がこのものあるいはあのものを知覚すると言うとき、それは、神が無限である限りにおいてではなく、神が人間本性によって説明される限りにおいて、あるいは神が人間精神の本質を構成する限りにおいて、神がこのあるいはあの観念をもつと言うことにほかならない。また、〔β〕神が人間精神の本性を構成する限りにおいてだけでなく、神が人間精神と同時に他の物の観念をも有する限りにおいて、神がこのあるいはあの観念をもつと言うとき、それは、われわれが物を部分的にあるいは非十全に知覚すると言う」〔「〔α〕と〔β〕の文字は、引用者が挿入[60]〕。このように有限様態としての人間知性は、二つの仕方で自然の無限様態としての無限知性のうちに位置づけられ、その系列を部分的に占有することになる。神あるいは能産的自然は無限に多くの様態を産出し、またその観念を有するが、われわれの人間精神は自己の身体の変様のもとで外在する諸物体（人間、動物、人工物、その他の多様な自然物、等々）を認識するだけである。人間は、外在する諸物体も自己の身体も、また自己自身も非十全に知覚することしかできない（〔β〕部分）。また人間は、自然の一部を占有するこれらの仕方を自然に従属する仕方としてそのまま理解することもできるであろう。この〔β〕部分は、とくに「機械状隷属」という必然の様式として規定されうる。機械状隷属は、ドゥルーズ＝ガタリによれば、「人間自らが、上位の統一体による管理と指揮のもとで、人間同士で、あるいは他のもの（動物や道具）とともに合成する機械の構成部品になっている場合に現われる」［強調、引用者］。他方で、人間精神は、自己を主体として定立させることで、自らを従属的な所産物として把握することなく、自己自身をむしろ自由であると考える。自然における〔α〕部分を権力形態のうちに転写したものが「社会的服従」である。それは、「上位の統一体が、動物であろうと道具であろうと機械であろうと、外部のものとなった対象に関わる主体として人間を構成するときに現われる」［強調、引用者］[61]。言い換えると、このように服従に転換された〔α〕部分は、まさに前提を欠いた結論のみから構成されるような人間精神になるであろう。

われわれは、自然におけるこうした人間精神の二つの占有の仕方あるいは人間の従属の仕方を人間身体の変様の問題へと転換する必要がある。何故なら、〔α〕部分と〔β〕部分は、ともに人間精神をモデルにした、無限知性における二つの存在の仕方以外の何ものでもないからである。スピノザが能動と受動をどのように区別し、またこれらを何の特徴として理解したのかが、この転換にとっては極めて重要な事柄となる。すでに述べたが、能動と受動は、観念における物の二つの理解の仕方――〈十全〉と〈非十全〉――として把握されなければならない。そして、それらは、人間精神の諸認識が有する特性である。したがって、心身並行論において身体を身体の諸変様として理解する限り、あるいは精神との関係を離れて考察する限り、身体には能動も受動もない。要するに、身体の変様は、〈能動／受動〉あるいは〈十全／非十全〉という特性をもたないのだ。それらは、人間精神の認識あるいは観念の基本特性である。それゆえ人間精神は、これらの区別について差異的である。しかし、人間身体の存在は、精神が有するこうした区別以前のむしろ〈非－十全〉の実在的帯域に関わる様態なのである。この〈非‐十全〉は、言わば〈非‐因果的〉という意味でもあり、より正確に言うと、身体の機械状作動配列の特性である。身体の諸変様あるいはその機械状作動配列は、或る一定の諸物体の物理的な因果系列を包摂するのではなく、むしろ諸力の流れの多定立であり、文字通り因果関係の諸系列の作動配列化である。ここではじめて〈決定不可能なもの〉という言わば〈副‐言〉から発生する言表作用に含まれた〈或るもの〉に遭遇すると言える。そこでは、その主体も計画も存立しえず、また特定の時間・空間も存在しえない。システムから逃れるものは、その内部性から脱出するのではなく、むしろ最初から無‐媒介的なものの特徴である。それは、後にかなり遅れて、〈切断〉と称されるものでもある。「決定不可能なものは、とりわけ革命的決定因の萌芽や場である。（……）こうした機械状隷属には決定不可能な命題や運動が溢れているのだ」[62]。身体の機械状作動配列は、身体の機械状隷属とともに度合の生成のもと存立する。機械状隷属における決定不可能な命題や運動は、身体の機械状作動配列においては決定不可能なものの言表作用となるであろう。すべての人間が生成変化するための武器は、あらゆる道具のうちに無‐媒介的に包容されている。われわれが有する言語上の動詞は、はたして人間身体の変様、あるいはそれ以外の身体のまさに流体的な変化を理解しうる道具となりうるであろうか。携帯やパソコンによって人間の世界は把握可能な領域がより拡大したが、しかし同時にこの世界はより多く識別不可能な仕方で気象化することで、より多く決定不可能なものの〈非‐存在〉となる。人々は、社会や歴史のなかであるいは環境や技術のなかで、また領土化された固定化したなかで機械状隷属の加速化を強いられているように思われるが、しかしそれは、自然においては、〈度合の生成〉の一方にすぎないのだ。

結論に代えて――革命機械としての哲学

哲学とは、つねに別の仕方で思考することである。その限りで哲学という思考は、たしかに未知の決定不可能な或るものを作用素とすることができる。以下のような規準あるいは構成要素も、同様にそのような或る決定不可能なもの、換言すれば、すでに決定された命題とは共立不可能な関係に立つ或るものに直面するなかで規定されたものである。構造主義には七つの規準があり、また機械論には六つの規準があった（「機械論は何故そう呼ばれるのか」、参照）。さらにドゥルーズ＝ガタリは、プラグマティックについてのまったく別の四つの構成要素――コピー、地図、図表、プログラム――を提起した。これは、端的に言えば、記号の体制に対して、実践の対象となるような新たな課題ではなく、言わば存在以前の政治となるようなプラグマティックのことである。それは、「リゾームを作り出す」と言われるように、離接的総合に向けた非共可能的なものの発芽である。この意味において〈副‐言〉は、この特異な様相を以って記号の体制に対する四つの要素を無‐媒介の戦略につなげるであろう。本論文では、三つの発生的要素、四つの図表論的機能素、四つの機械状作用素という仕方で、こうした無‐媒介の政治、存在以前の、つまり〈非‐存在〉の政治を肯定してきた。革命は、大いなる出来事ではない。それは、むしろ対言のなかで意識化された歴史や社会とは関係のないところで、つまりその直接の成果とは程遠いところで生起し発芽する変形、転換、反転の実在のことであり、その具体的な作動の総体のことである。では、ここまで論究してきた要素や機能素や作用素は、実際にいかなるものの実在的定義の構成要素であるのか。われわれは、ここでの発生的要素が何の発生に関するものなのかをこれまで明確には述べてこなかった、あるいは述べることができなかったのかもしれない。何故なら、その最大の理由は、決定不可能な諸命題の発生を問題にしていたからである。しかも、ここでは、同時にこうした命題が依拠する決定不可能な言表の構成要素がむしろ問われていたからである。「すべて決定不可能命題を通過せず、また公理系の活用（conjugaison）に反して革命的結合（connexion）を構成しないような戦いは存在しない」[63]。こうした〈活用〉に対する〈結合〉は、一般化して理解しても何もならないであろう。これらは、むしろ言葉や論理や意識の事柄として把握すべきである。それゆえ、ここでは、対言の言語体制に対する〈副－言〉の非－対言的論理とその諸様相について論及してきたのだ。活用は命題的理解とその肥大化した人間精神のことであり、これに抗する革命的結合は言表そのものの多様な機械状作動配列、すなわち身体の言表作用である。言表の主体が存在しないのと同様、革命の主体ももはや存在しない。主体の特性によって言表も革命も構成されることはない。哲学こそが、来るべき民衆の革命機械そのものである。

　われわれは、〈副－言〉の調和的な道具的使用からその脱コード化された武器的使用の水準に達した。これは、単なるスタイルの問題ではなく、意味と価値をともなった奥行きの言語活動の問題である。何故なら、それは、至るところでマイノリティの生成をともなって初めて未知の武器となるものだからである。それは、対言による道具の既知の武器使用ともおよそ異なるものである。決定不可能なものは、つねに身体における強度の地図と不可分であり、したがって未知の武器に、機械状作動配列により多く関わることになる。決定不可能命題は、単に命題が目標になっているのではなく、絶えず命題を乗り超えるような、決定不可能なもののうちでの言表作用を有するであろう。その非‐論理的な結合、つまりいかなる結びつきの理由も原因もなしに相互に結びついて、無‐媒介的に結合しつつ作動する機械状様態をなすこと、これが非共可能性の様相を生み出す作用素そのものである。身体における強度の地図は、巨大回路としての人間精神に対してつねにこうした作用素を内含したマイノリティの無意識を生み出すのである。マイノリティの問題は、そのすべてが部分的な生成変化の非‐論理的な総合にあると言える。言い換えると、この外部性の形相としての三つの要素――〈マイノリティ〉、〈副‐言〉、〈生成変化〉――からなるこうした三角回路は、まさに〈非‐起源《アナーキー》〉の力能として構成されることになるであろう（「最小の三角回路について」、参照）。この三角回路を形成する特異点は、凝縮したり延長したりする三つの辺を特異線として有する。つまり、それは、言わば生成変化の三つの特異線であり、幾何学的変様でさえある。[64]〈副‐言〉は、このようにして、ライプニッツの使用法から遠く離れて、この最小の三角回路という無名性の切片にまで至った。

これは、〈来るべき民衆〉なしには存立しえない無数の言表を発散させる最小回路である。これは、肥大化し全体化した表面を覆う巨大な三角回路に対して、それらの至るところで発芽し、その諸部分を非共可能的に発散させる強度的部分子である――（1）〈マジョリティ‐同一性〉による強固な位階序列的な内部性の形式が意志を支配するとしても、対言の論理に対して外部性の形相を言表として現前させうるのが〈副‐言〉である。この固有の言語活動は非共可能性という様相を必然的にともなうが、それとともにここでは非因果的な対応性の総合原理が機能し続ける。（2）〈対言‐マジョリティ〉の共軛関係において反動的意識の形成と自由意志の育成がたとえ歴史的社会的にあるいは生物学的に加速的に進展していくにしても、人間が身体を有する仕方での変様の存在様式、つまり生成変化は或る〈非‐加速〉の平面で肯定され続ける。それは、まさに普遍的な形象としてのマイノリティの強度を表現し続けるのだ。（3）〈同一性‐対言〉による反対のものの同一化によって全体性の仮構が強固になされ、また数の問題とともにマジョリティの優越的意識が肥大化するにしても、〈別の身体へ〉という変様のなかに絶えずマイノリティは存続する。このようにして、マイノリティは〈反‐マジョリティ〉であり、生成変化は〈脱‐同一性〉であり、〈副‐言〉は言わば〈非‐対言〉の論理である。[65]この非局所的な最小回路の総体こそが、第一に差異の肯定、生成の存在、肯定の肯定、不等なものの対等性である。すなわち、これらは、来るべき民衆の孤独で充たされた〈非‐存在〉のことである。いずれにしても、諸身体の機械状作動配列なしに〈革命‐生成〉の外部性の形相――無‐媒介の戦争機械――を構成し作動させることは、けっしてできないであろう。哲学は、今日の人文科学と称されるものの一分野に絶対に収まる思考ではない。哲学は、一つの科学でも学問でもない。哲学は、同じ意味において絶対に形而上学ではない。哲学は、つねに価値転換と意味変形を使命としたむしろ〈反‐思考〉それ自体である。その限り哲学は、つねに革命的思考を、すなわち非‐加速的な系譜学的逆行を選択するであろう。哲学は、たしかに概念の形成を使命とするが、それ以上に概念を武器にするのである。哲学は、絶えず〈来るべき民衆〉が万人に放つ矢である。

注

1 この「物の自然における」（in rerum naturâ）という言い方は、スピノザに倣ったものである（バルーフ・デ・スピノザ『エチカ』畠中尚志訳、岩波文庫、一九七五年、第一部、定理五、参照）。

2 スピノザ『エチカ』、第四部、序言、参照。

3 スピノザ『エチカ』、第三部、定理二、備考、参照。

4 ドゥルーズ＝ガタリが言う「決定不可能命題」（proposition indécidable）とは、どんなシステムでも有しうる「結果の不確実性」のことなどではない。それは、要するに、システムによって「接合されるもの」とシステムから「逃げていくもの」とが同時に存在し、またこの両者をけっして分離できないということである（Cf. Gilles Deleuze et Félix Guattari, *Mille Plateaux*, Minuit, 1980, pp.590-591［以下、*MP* と略記］（ドゥルーズ＝ガタリ『千のプラトー』宇野邦一・他訳、河出文庫、二〇一〇年、下・二四四－二四五頁））。これは、度合の生成における、媒介の接合度合と無－媒介の逃走強度との間の分離不可能性を、つまり内在性の存在の仕方を意味している。言い換えると、決定不可能命題はまさにマイノリティの認識根拠であり、その言表作用はマイノリティの生成の存在根拠であると言わなければならないだろう。さらにドゥルーズは、スピノザの『エチカ』の第三種の認識、すなわち直観知に関して「決定不可能なもの」（indécidable）を主張している――「第五部を読めば読むほど、人は、これらの特徴が、方法の実施における不完全さでも省略でもなく、論証性と演繹のあらゆる秩序を超える限りにおいて、諸本質に完全に適合していると考えるのだ」、「第五部の幾何学的方法は或る発明の方法であり、それは、間隔と跳躍、断絶と収縮によって、すなわち論述する一人の理性的人間というよりもむしろ探しまわる一匹の犬の仕方で事を進めていく。おそらくその方法は、それが「決定不可能なもの」のうちで事を操作する限り、あらゆる証明を超えてしまうだろう」［強調、引用者］（Gilles Deleuze, *Critique et Clinique*, Minuit, 1993, p.185（ドゥルーズ「スピノザと三つの『エチカ』」守中高明訳、『批評と臨床』所収、河出文庫、二〇一〇年、三〇六頁））。こうした「決定不可能なもの」

がないとすれば、この「三つのエチカ」は、単に三つの認識の位相を改めて美しく形容しているだけの論考になってしまうだろう。つまり、それは、影、色彩、光という形容詞的なもののもとで、三つの認識が改めて規定されているだけの論考になってしまう。基本的に三つの認識の段階論的な規定、こうした三つの認識の実践的移行は、媒介の論理を前提としている。しかし、第三種の認識の方法は、こうした媒介の手続きをまったく無効にするような或る決定不可能なものを含む限り、実践的方法を超えたまさに無‐媒介的な現前の戦略的思考になるのだ（拙著『スピノザ『エチカ』講義――批判と創造の思考のために』、法政大学出版局、二〇一九年、二〇九‐二〇一、三六二‐三六五頁、参照）。ドゥルーズは、この論文のなかで「決定不可能なもの」という仕方で第三種の認識を実践的段階論や移行論から区別して、その脱領土性の意義を強調しようとしている（「〈身体‐戦争機械〉論について」、参照）。

5　スピノザ『エチカ』、第一部、定義六。

6　「ニーチェは、ニヒリズムとその諸形態の総体を〈復讐の精神〉と名づける。（……）復讐の精神は心理学的特徴であるどころか、われわれの心理学が依存する原理である。怨恨《ルサンチマン》が心理学に属しているというのではなく、われわれのあらゆる心理学が、それとは知らずに怨恨《ルサンチマン》の心理学なのである」Gilles Deleuze, *Nietzsche et la philosophie*, PUF, 1962, p.39［以下、*NP* と略記］（『ニーチェと哲学』江川隆男訳、河出文庫、二〇〇八年、八一頁）。

7　*MP*, p.184（上・三〇三頁）。

8　「力能の意志は解釈する。何らかの器官が形成されるときには解釈がある。力能の意志は他との違いを定め、度合を、力能の差を規定する。単に力能の差が存在しているだけでは、力能の差として感じられることはない。そのためには自ら増大しようとする何ものかが存在し、それが同じく増大しようとしている他のどんなものについても、解釈によってその価値を見定めようとするようにならなければならない。その点で同じなのは――真実のところ解釈とはあるものを支配するための手段そのものである（有機体の生命過程は絶えざる解釈を前提としている」（『ニーチェ全集第九巻（第Ⅱ期）遺された断想（一八八五年秋‐八七年秋）』三島憲一訳、白水社、一九八四年、2

〔一四八〕、一八七頁）。

9 「相異（diversité）から対立への、また対立から矛盾〔対言〕への変形」、「相異はそれが二元性に還元されるのに応じて対立に還元され、二元性における各項は本質的にその他のものと結ばれ、また差異（différence）はそれら両者の差異となる」（Jean Hyppolite, *Logique et Existence, Essai sur la logique de Hegel*, PUF, 1952, pp.146, 149〔以下、*LE* と略記〕（ジャン・イポリット『論理と実存――ヘーゲル論理学試論』渡辺義雄訳、朝日出版社、一九七五年、一八〇、一八三－一八四頁））。要するに、イポリットが的確に指摘しているように、差異は、この対言化という操作によって単に〈対立の差異〉としてしか思考されないようになる――種差あるいは個体差から対立差へ。

10 こうした〈副－言〉に対してむしろ現代における〈対言〉の思考の可能性を肯定しようとする論考として、松本潤一郎「矛盾は失効したのか――ドゥルーズ、バディウらによるヘーゲル変奏」（『ドゥルーズとマルクス』所収、みすず書房、二〇一九年、七三－一〇五頁）がある。

11 Cf. Gilles Deleuze, *Différence et répétition*, PUF, 1968, pp.64-66〔以下、*DR* と略記〕（ドゥルーズ『差異と反復』財津理訳、河出文庫、二〇〇七年、上・一三一－一三六頁）。

12 Gilles Deleuze, *L'île déserte et autres textes, textes et entretiens 1953-1974*, Minuit, 2002, pp.133-134（「ドラマ化の方法」財津理訳、『無人島　１９５３－１９６８』所収、前田英樹監修、河出書房新社、二〇〇三年、一九九－二〇〇頁）。ここでのドゥルーズの〈副－言〉についての説明は他の個所での言及に比べてきわめて明確であり、また〈副－言〉の意義がまさに非本質的なものの言わば経験主義にあることがわかる。この非本質的なものの部分性――この部分にともなう様相が、共可能性と非共可能性である――こそが、反対にまさに本質的なものを含めたすべてのものの母胎となるのである。

13 *DR*, p.66（上・一三五頁）。「ストア派とライプニッツは、アリストテレスの、またはデカルトの本質主義に対抗する〈様式主義《マニエリスム》〉を発明したのだ」（Gilles Deleuze, *Le pli, Leibniz et le baroque*, Minuit, 1988, p.72〔以下、*Pli* と略記〕（『襞――ライプニッツとバロック』宇野邦一訳、河出書房新社、一九九八年、九三頁））。また、初期ストア派がど

14　のようにアリストテレスのカテゴリーについての考え方を変更したのかについては、エミール・ブレイエ『初期ストア哲学における非物体的なものの理論』江川隆男訳、月曜社、二〇〇六年、七一－七二頁、を参照されたい。

15　フリードリヒ・ニーチェ『悲劇の誕生』浅井真男訳、『ニーチェ全集第一巻（第Ⅰ期）』所収、白水社、一九七九年、六九頁。

16　*DR*, p.74（上・一五二頁）。

17　ゴットフリート・ヴィルヘルム・ライプニッツ「二四の命題」酒井潔訳、『ライプニッツ著作集8　前期哲学』所収、下村寅太郎・他監修、西谷裕作・他訳、工作舎、一九九〇年、四五－六二頁。同様に、『ハイデッガー全集第6－2巻　ニーチェⅡ』圓増治之・他訳、創文社、二〇〇四年、四三四－四三九頁、も参照せよ。

18　*Pli*, p.84（一一〇頁）。

19　Cf. *DR*, pp.338-340（下・二四九－二五二頁）。ここでドゥルーズは、ライプニッツの思考の極限を、否定的な制限としてではなく、むしろ脱中心化するという意味での発散を含むものとして解釈している。つまり、〈副－言〉というライプニッツの手法においてわれわれは、ここで三つの水準を区別しなければならないであろう。

20　*Pli*, p.84（一一〇頁）。

21　*Pli*, p.111（一四三頁）。

22　存在の一義性に関するこうした名目的定義から実在的定義への実質的な移行については、拙論「存在の一義性の〈実在的定義〉――ドゥルーズにおける一義性の哲学の問題構制について」（『哲学』第五〇号所収、日本哲学会編、一九九九年、二八四－二九三頁）を参照されたい。

23　*DR*, p.60（上・一二三－一二四頁）。

Cf. *NP*, pp.27-28, 54-55（六一－六三、一〇四－一〇六頁）。ドゥルーズは、このテクストでヘラクレイトスにおける〈生成〉と〈生成の存在〉との分離不可能な思考を抽出し、そこから生成と回帰からなる存在の一義性を永遠回帰として展開している。ただし、この『ニーチェと哲学』では、「一義性」という言葉は一度も用いられない。

24 *DR*, p.66（上・一三五頁）。

25 スピノザ『エチカ』、第二部、定理四三、備考。

26 スピノザのこうした身体論的転回に関するもっとも重要な哲学上の意義については、拙著『スピノザ『エチカ』講義――批判と創造の思考のために』（法政大学出版局、二〇一九年）のとりわけ「第一講義」と「第二講義」を参照されたい。

27 Daniel Heller-Roazen, *Echolalias, On the Forgetting of Language*, Zone Books, 2005, p.18（ダニエル・ヘラー＝ローゼン『エコラリアス――言語の忘却について』関口涼子訳、みすず書房、二〇一八年、一九頁）。この考え方は、感嘆詞と言語は相互に包含し合う関係にあるというダンテの見解から導き出されている。

28 「谺する言語《エコラリアス》、それは、自らが消滅することで言語の出現を可能にするような、判明でもなければ記憶にもない喃語の痕跡＝記憶《メモリー》である」（Heller-Roazen, *Echolalias*, p.12（一二頁））。

29 Gilles Deleuze et Félix Guattari, *Kafka: pour une littérature mineure*, Minuit, 1975, pp.40-41（『カフカ――マイナー文学のために』宇野邦一訳、法政大学出版局、二〇一七年、四一頁）。

30 ここでの方位性を肯定する言明をドゥルーズ自身も述べている――「ベーコンの絵が構成するのは、形相的適合ではなく、人間と動物との間の、或る識別不可能性の、決定不可能性の帯域である。人間は動物に生成変化するが、しかし、同時に動物が精神に生成変化し、人間の精神、エウメニデスあるいは運命の神として鏡のなかに現われる人間の物質的精神に生成変化しなければ、人間は動物に生成変化しない」（Gilles Deleuze, *Francis Bacon, Logique de la sensation*, Éditions de la Différence, 1981, pp.19-20（『フランシス・ベーコン――感覚の論理学』宇野邦一訳、河出書房新社、二〇一六年、三六－三七頁））。

31 『ニーチェ全集第一〇巻（第二期）遺された断想（一八八七年秋－八八年三月）』清水本裕・西江秀三訳、白水社、一九八五年、11［七三］、三四一－三四二頁。

32 *MP*, pp.290-292（中・一五六－一六一頁）。また、生成変化の原則論については、拙著『アンチ・モラリア――〈器官なき身体〉の哲学』、河出書房新社、二〇一四年、一〇〇－一〇三頁、も参照されたい。

33　「〈存在〉は、なるほど〈非－存在〉でもあるが、しかし〈非－存在〉は否定的なものの存在ではなく、それは問題的なものの〈存在〉、問題と問いとの〈存在〉である」、「対言〔矛盾〕の彼岸には差異が――〈否－存在〉の彼方には〈(非)－存在〉が、否定的なものの彼岸には問題と問いがある」（*DR*, p.89（上・一八三、一八四頁））。

34　ここから帰結する〈非－罪人アダム〉の反時代性、その視点から遠近法への移行、等々については、『アンチ・モラリア』、六七－七六頁、参照。

35　ドゥルーズが用いる「オルガニック」（organique）、「オルジック」（orgique）、「オルジアック」（orgiaque）に関して言うと、ドゥルーズは、アリストテレスにおける差異に関する表象（類的差異、種的差異）を「オルガニック」と呼び、これに対して、こうした領域を超えて無限の二つの方向に展開する差異の思考を「オルジック」と言う。これは、ディオニュソスの酒祭の意味をもつ「オルジアック」からの造語であり、「オルジアック」に至る過程あるいは中継点を示している（Cf. *DR*, pp.61-64（上・一二五－一三二頁））。

36　〈従属〉の二つの類型については、*MP*, pp.570-575（下・二一五－二二二頁）を参照せよ。これに関しては、さらに『スピノザ『エチカ』講義』、三七〇－三七二、三九四（注（11））頁、を参照されたい。また、この二つの類型に対する度合の生成として、ガタリの次の発言を理解することができる――「労働の世界の歴史から生じる（また、それゆえ単にマルクス主義の理論家の分析を通したものではない）社会闘争の諸現象は、主観的標定の系譜学のなかに刻印される諸々の過程であるように私には思えます。したがって、社会闘争の諸現象は、客観的な力関係と主観性の産出の企てとを地続きに構成するのです」（Félix Guattari, *Qu'est-ce que l'écosophie?*, Textes présentés et agencés par Stéphane Nadaud, Ligne/Imec, 2013, p.205（『エコゾフィーとは何か――ガタリが遺したもの』杉村昌昭訳、青土社、二〇一五年、一八六頁））。

37　シェリング『哲学的経験論の叙述――哲学入門より』岩崎武雄訳、『世界の名著・第四三巻　フィヒテ／シェリング』所収、中央公論社、一九八〇年、五六九頁。

38 「第一の意味においては、すなわち〈非‐存在〉という表現によっては、ただの存在の定立、存在を現実に定立することが否定されるのみであって、それについての存在の現実的な定立が否定されるべきものは、やはり或る仕方で存在するものでなければならない。もう一つの意味においては、すなわち〈否‐存在〉という表現によっては、存在の否定ということが肯定され、それ自身定立されるのである」（シェリング『哲学的経験論の叙述』、五六九‐五七〇頁）。〈非‐存在〉とは、例えば、次のような意味になる――「私が「これをするな」と言うとき、このことは、ただそのことをその行為の定立に委ねるなということを意味するのである。したがって私は相手の心に向かってただ行為の定立・現実性を否定するのであって、その行為の可能性は前提しているのである。何故なら、そうでなければ、私は相手にその行為を禁止しないであろうからである」（同書、五七〇頁）。

39 シェリング『哲学的経験論の叙述』、五二二頁。

40 ドゥルーズは、シェリングをまさにライプニッツ主義者であると明言している（Cf. *DR*, pp.246-247（下・六七‐六八頁））。シェリングにおける共可能的な三つの原理、神の三つの姿、三つの非存在の概念については、『哲学的経験論の叙述』、五二〇‐五三〇、五五二‐五五六、五七一‐五七二頁、をそれぞれ参照せよ。また、シェリングにおける〈否‐存在《ウーク・オン》〉と〈非‐存在《メー・オン》〉についての包括的な論考としては、山本清幸『非存在の哲学』（日本学術振興会、一九五四年）がある。

41 「A、A_2、A_3は、脱潜勢化と純粋な潜勢性とのゲームを形成しており、シェリング哲学のなかに弁証法にかなった微分法の現前を証言しているのである」（*DR*, p.247（下・六七頁））。

42 この〈否‐存在〉から〈非‐存在〉が第二あるいは第三の「無」として分岐していくという点に関しては、山本清幸『非存在の哲学』、一三二頁、を参照せよ。シェリングにおけるこの両者の間の分岐はどこまでも共可能的分岐であるが、しかしながら、〈非‐存在〉における分岐はまさに非共可能的な発散でなければならない。

43 「知性と意志とは、個々の〔特異な〕意志作用と観念そのものにほかならない」（スピノザ『エチカ』、第二部、定理四九、系、証明）。

44　こうした至福と残酷に関しては、拙著『死の哲学』、河出書房新社、二〇〇五年、を参照されたい。この著作は、とりわけ難民を人間本性の変形しか欲望することのできない、しかしその限りでもっとも高次の〈来るべき民衆〉として論究している。

45　Cf. Emmanuel Lévinas, *Autrement qu'être ou au-delà de l'essence*, La Haya, M. Niihoff, 1974, pp.17-19（『存在の彼方へ』合田正人訳、講談社学術文庫、一九九九年、四九－五一頁）。

46　平滑空間の占拠、非動体的な様態、不毛地帯での生存の様式、等々、こうした遊牧民の存在の仕方が有する反－加速主義的な諸特性については、*MP*, p.472（下・七一頁）を参照されたい。現代の加速主義は、言わば反動的ニヒリズムと能動的ニヒリズムのまったくの融合体であり、文字通り互いを、つまり反動を能動で、また能動を反動で加速させ合うような、メディアのイメージに溢れた混合体でしかない。加速主義のプログラムを構成するこうした二つのニヒリズムに対して、これらを脱臼させるような新たな受動的ニヒリズムのもとで、つまり遊牧的な「動きすぎない」という位相において書かれた、千葉雅也『動きすぎてはいけない――ジル・ドゥルーズと生成変化の哲学』（河出書房新社、二〇一三年）は、この観点から改めて再読されるべき著作であるだろう。

47　キケロー『運命について』五之治昌比呂訳、『キケロー選集 11』所収、岩波書店、二〇〇〇年、［八］、二九二－二九三頁。

48　これは、ヴィム・ヴェンダース監督の映画作品、『ベルリン・天使の詩』（一九八七年）に登場するホメーロスらしき老人の内声の言葉である。この「平和の叙事詩」については、拙論「出来事と自然哲学――非歴史性のストア主義について」（エミール・ブレイエ『初期ストア哲学における非物体的なものの理論』所収、江川隆男訳、月曜社、二〇〇六年、一二一－一二三〇頁）のなかのとりわけ「序論　自然哲学と平和の叙事詩」も参照されたい。

49　トマス・ホッブズ『市民論』本田裕志訳、京都大学学術出版会、二〇〇八年、四四頁、あるいは『リヴァイアサン』永井道雄・宗片邦義訳、『世界の名著28　ホッブズ』所収、中央公論社、一九七九年、一五六－一五七頁、参照。

50 スピノザ『国家論』畠中尚志訳、岩波文庫、一九七六年、五九頁。

51 「欲望の分析、すなわち〈分裂‐分析〉は、問題になるのが、個人であろうと、集団であろうと、社会であろうと、無媒介的に実践的であり、無媒介的に政治的である。というのも、存在以前に政治があるからである」［強調、引用者］（*MP*, p.249（中・八八頁））。ここでドゥルーズ゠ガタリが言う「無媒介的」と「存在以前」は、同じ意味で言われている。

52 スピノザ『エチカ』、第一部、付録、参照。

53 「しかし、ゲリラが明白に〈非‐戦闘〉（non-bataille）を任務とするのに対して、（フォッシュとともに頂点に達する戦争観によれば）本来の戦争はまさに戦闘を目標にしているように思われる」（*MP*, p.518（下・一三八頁））。さらにドゥルーズは、こうした〈非‐戦闘〉をライプニッツの革命の意義――原理の増殖、この増殖による戯れ（これは、ニーチェの原理なき偶然による戯れとは異なる）――に関係づけて次のように述べている――「結局これは、〈非‐戦闘〉であって、全面戦争よりはゲリラ戦に近く、チェスやチェッカーよりも碁に近い。敵を我がものにして無にするのではなく、敵の現前を取り囲んで敵を中和し、敵を非共可能的にし、敵に発散を強いるのである」［強調、引用者］（*Pli*, p.92（一一九頁））。

54 「つまり、〈反‐思考〉が絶対的孤独を証言しているにしても、それは、砂漠自体がそうであるように、きわめて多くの民衆によって住まわれる孤独であり、来るべき民衆とすでにつながりをもち、その民衆を待望しかつ呼んでいる孤独、たとえまだその民衆が欠けているにしても、その民衆なしでは存在しえないような孤独であるからだ……」（*MP*, p.467（下・六三頁））。

55 「外的反省は、相違から対立への推移に注目することで、もはや単に主観的にではなく、客観的に内容それ自体のうちで自己の矛盾に至るのである。主観的には不等性における対等性の反省は、またその逆もそうであるが、自己と自己との対立である。しかし、この対立は、直ちに事物における対立でもある。（……）事物は相互に反省し合い、またこの反省はそれらの事物の対立である」（J. Hyppolite, *LE*, pp.152-153（一八七頁））。

56　Cf. *MP*, p.588（下・二四〇頁）。あるいは「効果を多様化させ、無限の運動を追求する機械状の力として反復の力能を解き放つこと、それは、脱固定化、非中心化によって、あるいは少なくとも末梢的な運動によって作用する自由活動の特性である。すなわち、対称的な反定立ではなく、脱固定化の多定立」（*MP*, pp.621-622（下・二九四頁））。

57　こうした意味でのいくつかの事実の線から多様な線の思考を展開した、以下の著作を参照されたい。Tim Ingold, *The Life of Lines*, Routledge, 2015（ティム・インゴルド『ライフ・オブ・ラインズ――線の生態人類学』筧菜奈子・他訳、フィルムアート社、二〇一八年）。「線の学者」（linealogist）は基本的には新たな気象学者であり（cf. *ibid*, pp.53, 69-78（一〇八、一三六－一五五頁））、それによって世界はまさに「対象なき世界」というカオスモスになる（cf. *ibid*, pp.13-17（三六－四五頁））。この対象なき世界は、結び目から存立する言わば非結合的な付加的総合になると言えるだろう――「全体は対応であって、集合体ではない。その全体の要素は、「連結している」（joined up）のではなく、「連接している」（joined with）のだ。集合体の凝集的な付着が「と…と…と」（and…and…and）であるのに対して、調和の差異的な共鳴は「とともに…とともに…とともに」（with … with … with）である」（*ibid*, p.23（五七頁））。さて、ドゥルーズ＝ガタリの受動的総合の一つである「結合的総合」に対してインゴルドは、たしかにきわめて興味深い新たな一つの総合をここで示している。しかしながら、それは、或る種の実存主義的な〈とともに〉（avec）を感じさせるであろう。というのも、そこには、非共可能的な存在の仕方、言わば本質的なものに対する抵抗の様式がまったく示されていないように思われるからである。気象は、あるいは〈諸々の線としての生〉は、すべて相互に共可能的なものの理解を促すものでしかないであろう（〈大気＝雰囲気《アトモスフィア》〉の把握の仕方）。ニーチェは、次のように述べていた――「非歴史的なものは物を被う大気《アトモスフェーレ》に似ているが、この大気のなかでのみ生は自らを産み出し、その大気が否定されると、生もまた消滅する」（『ニーチェ全集4　反時代的考察』小倉志祥訳、ちくま学芸文庫、一九九三年、一二七－一二八頁）。

58　スピノザ『エチカ』、第三部、定理五。

59　スピノザ『エチカ』、第三部、定理一〇。

60 スピノザ『エチカ』、第二部、定理一一、系。これについての詳細な分析は、拙著『スピノザ『エチカ』講義』、三一九－三二六、三七一－三七二、三九〇（注（5））、三九四（注（6））頁、を参照されたい。

61 *MP*, p.570（下・二二五頁）。

62 *MP*, pp.590-591（下・二四四頁）。

63 *MP*, p.591（下・二四五頁）。

64 「その〔一種の崇高な三角形の〕頂点は光の諸形象（私、〈世界〉、そして神）であり、また距離としてのその辺は今度は最大のものとして明示される絶対的速度で踏破される」〔強調、引用者〕（Gilles Dleuze, *Critique et Clinique*, PUF, 1993, p.187（ドゥルーズ「スピノザと三つの『エチカ』」、『批評と臨床』所収、守中高明・他訳、河出文庫、二〇一年、三〇九頁））。

65 〈脱〉、〈非〉、〈超〉、そして〈反〉といった否定の接頭辞を用いた表現の差異について、カントの「無限判断」の論究から明らかにした、石川求『カントと無限判断の世界』（法政大学出版局、二〇一八年）を参照せよ。「「反」という否定は肯定と同様に認識を「拡張」する。対象たる主語について述定する構えをくずさないから、「反」の「ない」は「ある」に移行可能なのである。論理的に——ということは、けっきょく日常的にも、ということなのだが——すべての命題は「反」によって否定的に表現できる。ところが、非の〈ない〉は対象に向かうのではなく、肯定的にであれ否定（＝反）的にであれ対象の認識を「拡張」しようと意気ごむ当の主観それ自身に向けられ、拡張してはならぬと警告をする。ここにおいて拡張欲求と警告行為は、あの（指示される）「月」と（指示する）「指」がそうであったように活動の次元を異にする点に注意しよう」（同書、xi頁）。「否定が具体化するためには媒介が、あるいは共通の類が必要である。しかし、無限判断の主語と述語はそれをもたない。もたないがゆえに、無限判断の不定性は、数えきれない否定の集積すなわち汎通的否定となる」〔強調、引用者〕（同書、六二頁）。汎通的否定、それは、対象についての否定ではなく、主観性それ自体に向けられた否定性である。無限判断の歴史は、必ずしも欠如の形而上学ではなく、むしろ〈ない〉性の形而上学的動物を描きだす〈非－判断〉の歴史であると言えるだろう。ところが、スピノザは、こうした〈非〉について次のように述べていた――「このこと〔言葉を表象のうちにある通りの物の記号にすること〕は、人々が、知性のうちにのみあり、表象のうちにないもののすべてにしばしば〈非物体的〉(incorporeum)、〈非有限な〉(infinitum)、等々の否定的名称を与えた事実から、また実際には肯定されている多くのものを〈非創造の〉(increatum)、〈非依存の〉(independens)、〈非有限な〉、〈非死の〉(immortale)、等々のように否定的に――そして逆に、否定されているものを肯定的に――表現する事実から明らかである。それは、たしかにその反対の場合がはるかに表象しやすく、したがって、それがまず最初の人間たちの頭に浮んで積極的な名称を獲得したことによる。肯定や否定は、事物の本性がではなく、言葉の本性がそれを許すために為されていることが多い」(スピノザ『知性改善論』畠中尚志訳、岩波文庫、一九六八年、〔八八－九〇〕、七一－七二頁)。この考え方は、まさに本論文で述べてきた無媒介的に区別されるものの一方(言葉の本性)と他方(物の本性)との間の〈度合の生成〉を表現したものとして解することができる。

Ⅱ　哲学あるいは革命

ニーチェの批判哲学
――時間零度のエクリチュール

Ⅰ　午後と真夜中

灰色の長い午後を批判すること

灰色の長い午後、これは西洋の歴史における普遍化したニヒリズムの終わりなき時代を表わす言葉である。さて、ドゥルーズのニーチェ論の最大の特徴とは何であろうか。一般的によく言われるのは、例えば、本書（『ニーチェと哲学』*〔河出文庫〕、以下「本書」はこれを示し、章・節数も同書のもの）によってニーチェの哲学は体系的に再構築された、あるいは、本書によってニーチェの作品は、カントの批判哲学を新たな仕方でやり直す哲学として、つまり真の批判を実現する意志の哲学として再構成された、といったような事柄である。しかし、これは単なる結果や帰結ではないだろうか。こうした事柄の理由となるもの、本書の最大の特徴は、ニーチェを、つまり生成変化するニーチェを信じきったこと、さらに生成するニーチェを肯定し、この肯定を対象とする肯定の肯定、つまり生成の存在をドゥルーズが表現し再構成しきったことにあるのではないか。言い換えると、生成するニーチェの思想

（第一の肯定）に、存在の刻印、存在の意味、存在の一義的意味、すなわち存在の一義性としての永遠回帰を与えようとする試み（第二の肯定）だということである。その限りで、少なくとも一人の哲学者の生成と哲学者としての一つの生成――もちろんそれは、本書の著者であるドゥルーズであり、同時に本書が対象とするニーチェのことである――が賭けられている点にある。これが本書ニーチェ論の還元不可能な特徴である。では、生成の時、価値変質の時、〈真夜中〉あるいは〈正午〉をもつ時間形式とは一体どのようなものであるか、あるいは〈大いなる正午〉とはいかなる時間であるのか。

ニーチェ、あらゆる道徳的形態の告発者であり、あらゆる道徳的思考の批判者。意味と価値を以って哲学するとはいかなることであるかという問題をわれわれに真に突きつける哲学者。問答法、弁証論、弁証法（否定性の優位）から思考を解き放つ私的思想家。実践哲学を道徳的精神から解放しようとするもっとも倫理的な反道徳主義者。没落を覚悟して、能動的な自己破壊の矢を射ようとするリレイヤー。人間本質の変形、人間感情の変容を軽やかに晴れやかに目論むエチカの思考者。真夜中と正午の思考者。やはりニーチェほど哲学者らしい哲学者はいないだろう。哲学という名をもつ思考を真に――つまり批判的に――見出したのはニーチェであり、また形而上学や道徳の外部で思考することを実質的に――つまりエチカとして――問題化できたのも、スピノザを除けばニーチェ以外に誰がいるだろうか（この意味では、哲学の歴史はまだ一〇〇年ほどであり、スピノザを含めても、まだ三五〇年ほどである）。誰が哲学を意志しているのか、それは〈ニーチェ－ディオニュソス〉だと言わなければならない。ドゥルーズが本書で一貫して言っているのは、道徳批判は価値創造であり、創造の価値はつねに肯定の倫理だということである。

さて、哲学について人々がよく口にする素朴な疑いがある。つまり、哲学は何の役に立つのか、と。

この問いに対してドゥルーズは、ニーチェに倣って次のように答えている。「答えは攻撃的でなければならない。何故なら、この問いは、皮肉で辛辣であることが望まれているからだ。哲学は、別の関心事をもつ国家や宗教の役には立たない。それは、いかなる既成の力能［権力］の役にも立たない。哲学は悲しませるのに役立つのだ。誰も悲しませず、誰も妨げない哲学など、哲学ではない。哲学は愚劣を防ぐのに役立ち、愚劣を或る恥ずべきものにする。それは、思考の下劣さをそのあらゆる形態のもとで告発すること以外の使用をもたない」（第三章、15[1]）。他の諸学がけっして為すことのない出来事（文化の目的と国家の目的を批判的に区別して、既成の諸価値の価値変質を企てること、等々）、他の諸科学がけっして考えることのできない事柄（歴史的真理と永遠真理よりも持続性のある反時代的真理、等々）を、哲学はまさに問題にするのである。何故なら、哲学こそが何よりもこうした愚劣な思考批判に関わり、思考をまさに攻撃的で、能動的で、肯定的なものにするからである。要するに、哲学は、「悲しみへの情熱《パッション》」という本来的に転倒し倒錯した人間本性それ自体を悲しませ、また悲しみを積極的に用いる者たち自身を悲しませるのに役立つということである。それゆえ、この悲しませる（転倒の転倒）のに役立つ哲学は、スピノザのような悲しみの批判と矛盾しない——「その源泉と目的がいかなるものであれ、あらゆる欺瞞を批判しようとする学問が、哲学以外にあるだろうか」。ドゥルーズは、ニーチェの批判哲学をまさに脱欺瞞化《デミスティフィカシオン》の企てだと明言している。哲学である限りの哲学は、それ自身が〈力能の意志〉なのである。というのも、こうした意味での哲学は、自らに固有の問題を規定し再生産すると同時に、それ自体でその特異な問題によってのみ規定され触発される力能をもつからである。脱欺瞞化としての哲学は、それ自身のうちに人間本性を変形するこうした可塑性の原理〈力能の意志〉を含むのである。

正午なしに到来する午後を受容している感性を破壊すること

しかし、既成の諸権力や既成の諸価値を考慮するや否や、哲学はこうした批判的思考を失い始める。まさにカントがそうだ。ニーチェは言う。「カントの批判哲学は単に神学者の成功にすぎない」、と。それは結局、諸事物、諸現象、諸事実を奪取しているような、現行の意味と既成の価値とを再生産し続ける営みでしかない。カントに対するニーチェの位置は、ドゥルーズの次の言明に尽きる。「カント主義の根源的変形、カントが構想したと同時に背きもした批判の再考案、新たな基底に立ち新たな概念をともなった批判的企ての再開、これこそニーチェが探求した（「永遠回帰」と「力能の意志」のうちに見出した）と思われる事柄である」（第二章、6）。力能の意志は、諸力の系譜学的要素、諸力の差異的要素である（第二章、7）。力能の意志とは、例えば、人々が実際に何らかの力について語る際の、その力にもっとも近い原因、つまりその最近原因であり、その力の内的な発生的要素だということである。ここではとくに時間の観点から力能の意志を考えたいが、それは、新たな批判哲学が「別の仕方で感じること」、「別の感性」、「超人」を最大の問題とするからである（第三章、10）。この別の感覚の仕方としての感性の純粋形式は、もはや道徳的人間の感性における「無限定な時間」ではなく、超人における真夜中と正午をもつ時間様態、価値変質の時をもつ時間形式である。これが超人の感性における時間形式であり、時間様態である。時間形式である限りで、超人の感性は価値転換に依拠した永遠回帰の産物であるが（ツァラトゥストラの発生的系列）、時間様態である限りで、それは価値転換が逆に依拠する永遠回帰の無条件的原理に関わるのである（ディオニュソスの発生的系列）――超人はこの「二つの不等な発生的系列」の交叉点に存在する（第五章、13）。超人は人間の本質ではない。

超人の感性とは人間の感性とは別のものである（超人を人間の本質と混同することは、神の本質と人間の本質を混同するぐらい愚かなことである。例えば、超人を人間の本質と考えたハイデガーをドゥルーズが厳しく批判する理由がここにあるが、またハイデガーが存在の一義性としての永遠回帰を捉え損ねた原因もここにある）。ドゥルーズは、まさに力能の意志は「力の感性」であると言う。したがって、これだけで問題は、現象に関する受容能力として硬直化した反動的感性ではなく、力に関する触発能力、変様能力としての〈別の感性〉へと移行することになる。つまり、総合は諸現象の総合ではなく、諸力の総合だということである。というのは、力能の意志こそが諸力の総合の内的な発生的原理だからである。この力の感性は、自らの外部に総合の原理としての理性や悟性をもつことはない。それは自らのうちにそれ自身の総合の原理を有している能力である。だからこそ、つねに〈別の感性〉なのである。そして、この総合はあらゆる価値の価値転換、価値変質と別の事柄ではない、という点におそらく最大限の注意が払われなければならないだろう。

「道徳的事実や道徳的現象があるのではなく、諸現象の道徳的解釈があるということ。認識の錯覚があるのではなく、認識そのものが一つの錯覚であるということ」（第三章、8）。ニーチェにとっては、解釈は認識主体（弱者、奴隷）の余技でもなければ、認識規範一般の外部でもない。解釈は認識の余白でも余暇でもなく、逆に一つの解釈が固定化し反動化したものを人々は認識と呼んでいるだけである。したがって逆に、この硬直化し表象化した認識、死せる解釈のなかで、あるいは被害者と犯人との共謀のもとで、初めて道徳的事実や現象は問題化されうるのである。こうした意味での解釈（遠近法）は、認識の対象の外的な条件づけの原理に関わるのではなく、その内的な発生の原理に、その力能の意志に直接関わっている。解釈は、事物における単なる個別性の解釈ではなく、むしろその特異性の認識、あるいはその事物を奪取している力に応じた意味の発見である。しかしながら、解釈が意味に関わるように、評価は価値に関わり、さらに価値は諸力の序列に依存しているのだ。意味から価値への移行は、つねにこの序列に関する系譜学の問題として構成されるのである。まさに経験において、形式的で名目的な認識に実質的な移行や転換の遠近法を与えるもの、それが解釈と評価である。解釈する力能の意志は、力の差異的要素あるいは発生的要素であるが、しかしまた諸価値において表現される力の序列を規定するという意味では、とりわけ力の系譜学的原理だと言われるべきである。そして解釈と評価は、根拠の変質としてドゥルーズが規定するような、力能の意志の「認識根拠」から「存在根拠」への、つまり否定を根拠とすることから肯定を根拠とすることへの実質的転換——真夜中——を必然的にともなっているのである。例えば、痛みから歯の存在を否定的に意識するのではなく、「噛み切る」ことから歯の存在を肯定すること——「彼は変化し、光り輝き、笑っていた！彼のように笑った人間は、この地上でいまだかつていなかった」[2]。

批判哲学の最大の功労者はカントであるが、しかしそのカントの批判哲学も実は神学者の成功にすぎなかった。それはニヒリズムの形態と適合した、有り余るほどの道徳性のなかでの成功（奴隷の勝利）にすぎなかったのだ。カント的な批判哲学には、怨恨《ルサンチマン》、疚しい良心、禁欲主義的理想が溢れている。そこには「復讐の精神」が溢れているのだ。言い換えると、喜びや悲しみという人間の基本的な感情でさえも、この復讐の精神を自らの超越論的原理にしてしまっているということである。しかし、そうではなく、自殺さえも含めて、「自分の為しうることの果てまで進んでいく」という事態が、さらにこれを肯定するという事態がある。これらは、あらゆる価値の価値変質（非物体的変形、裏返しになった初期ストア哲学）を実現するもっとも実践的な事柄である。正午なしに到来した午後を批判することなしに、生成の肯定を散乱させる真夜中に上昇することはできない。力能の意志は別の感性として、必然的にこの真夜中を他の諸々の時間様態の零度としてもつのである。われわれは、あらゆる時間の個体化あるいは此性を時間強度と捉えることによって、その時間強度がまったくの零度となるような時間を価値変質の瞬間として考えるのである。価値転換、「それは諸価値の変化ではなく、諸価値の価値が生じてくる要素の変化である。過小評価ではなく価値評価、力能の意志としての肯定、肯定的意志としての意志」（第五章、９）。ニーチェの作品は、価値変質のこうした絶対的な発生的要素をめぐる〈時間零度のエクリチュール〉の総体である。

Ⅱ　深い真夜中

存在の一義性——人類におけるニヒリズムの極限形式

〈真夜中〉、それはニヒリズムが成就する時点であると同時に、既成の諸価値が完全に失効する時間零度の瞬間である。さて、本書に登場する重要な概念の一つに、「脱本性化」（dénaturation）あるいは「脱本性化させること」（dénaturer）というのがある。ここでのその意味は、単なる「変質化」や「変質させること」ではなく、つまりある事物の性質λが別の性質μに変質するというような、一方の現実的性質から他方の現実的性質への移行を示すものではなく、その本性を変えることなしにはその事物が実現も展開もされえないような〈潜在性〉という概念をわれわれに与えるものである。ニーチェにおいて、その本性を変えることによってしか実現も展開もされえないと考えられているもの、それは文化である。文化は、歴史という現実的なものの観点から言えば、まさに一つの潜在的なものとして捉えられる。文化を脱本性化することなしに歴史は展開も現実化もされないが、逆に言えば、われわれは文化を歴史としてしかもちえないということでもある。文化とはどのようなものであるか。それは人間の「類的能動性」であり、人類の潜在的能動性である。言い換えると、それはつねに歴史以前であり、歴史以後のものである。したがって、潜在性としての文化が現働的に、つまり脱本性的に実現されるのは、必然的に歴史においてであり、国家、宗教、階級、民族といった反動的生成の組織体においてである。要するに、こうした現働化は、つねに人間のあるいは文化の類的能動性を脱本性化する運動と、つまりニヒリズムの展開と一つだということである（第四章、11－13）。では、誰がとりわけこの現働化を主宰するのか。

　ニーチェは言う。「人間の歴史は、無力能者たちが吹き込んだ精神がなければ、実を言うとかなり間の抜けたものになるだろう」[3]、と。無力能者たちの精神、それは怨恨《ルサンチマン》や疚しい良心というニヒリズムの諸形態として構造化され、またそれら諸形態の継起は弱者や奴隷が勝利するこの歴史を具体的にかたちづくる。つまり、この点から言うと、無力能者とは実際には歴史における有能者のことである。人間の歴史や社会は、こうした無力能者たちが吹き込むニヒリズムの絶対精神と不可分なのである。ところで、弱者とは、「その力がどんなものであろうと、自分の為しうることから分離されている者」のことである。そして、この分離する反動的諸力を用いて、歴史において弱者や奴隷の勝利を生み出すのは、否定する力能である。しかし、人間はそもそも何らかのかたちで自分の実存と自分の為しうることとが分離された存在者ではないのか。むしろこのことはすべての実存するものにとっての常態ではないのか。これは、スピノザが言う無力能者と同じ意味のもとにある人間である。「無力能《インポテンチア》とは、人間が自己の外部のものによって導かれるがままになり、また外部のものの一般的状態が要求すること――それ自身だけで考えられた自己自身の本性が要求することではなく――を為すように外部の事物から決定されるということからのみ成り立っている」[4]。〈無力能〉（impuissance）と〈無能力〉（impouvoir）とを混同してはならない。本書に登場するのは、すべて「無力能」である。それは文字通り力能を、あるいはむしろ肯定を自らの質とする力能の意志を欠いていると同時に、反対に歴史において勝利し続けてきた者たちの力であり、その限りでこのニヒリズムの歴史においてあらゆる有能さ（能力）を示してきたものである。しかし、脱本性化ではない道、反動的諸力の永遠回帰を脱輪させる回路を創造するディオニュソス的能力、これについての有能性（力能）をもつ者は、無力能者ではなく、無能力者である。無力能者は『ツァラトゥストラ』における「最後の人間」であり、反動的生成の最後の産物であるが、これに対して無能力者は、おそらく最後の人間を経るが、しかしそこにとどまることのない「滅びることを意志する人間」に接木される者である。価値変質の最大のドラマ化の観点がこの区別にある。

さて、永遠回帰は「ニヒリズムの極限形式」である。この場合に、永遠回帰は反動的諸力の永遠回帰であり、本質的に反動的な人間の条件としての永遠回帰である（第二章、12）。永遠回帰は、後のドゥルーズによれば、存在の一義性の極限思想でもある。本書において「一義性」（univocité）という言葉は見出されないが、ドゥルーズの全哲学は存在の一義性の思考によって貫かれていると言ってよい。〈存在〉とは、単なる存在者の存在ではなく、実存の肯定であるが、しかしながら実存はそれ自体で肯定されている以上、肯定の肯定である。この二重の肯定は、永遠回帰を実在的に定義するためには不可欠である[5]。しかし、ここでの問題は、とくにニヒリズムの極限形式としての永遠回帰であり、その限りでニヒリズムと結びつけられた存在の一義性である。こうした一義性の実現としてのニヒリズムという問題構制は、具体的には大地の皮膚病（人間の本質）が引き起こす極限形態となるであろう。われわれはここで〈神の死〉を通じて、反動的、否定的、受動的な、あるいはユダヤ教的、キリスト教的、仏教的なニヒリズム的諸形態を越えた、さらなるより普遍的な（あるいは人類史的な）ニヒリズムの実在的諸形態を考えることができるのだ。

〈神の死〉と〈自然の死〉の総合

〈存在〉は、もはや意味を産出するような無意味ではなく、意味と価値をあらゆる事物から等しく奪取するような「不条理なもの」、無の存在の様式化、砂漠化である。「意味も目的もないが、しかし無に至ることもなしに避け難く回帰しつつあるところの、あるがままの実存、すなわち〈永遠回帰〉。これがニヒリズムの極限形式である。永遠の（「不条理なもの」）無だ！」[6]。ここでは、存在はこうした回帰によって構成されるのである。したがって、永遠回帰は限りなく同一物の永遠回帰として理解されることになる。ここでは、回帰それ自体が存在の無意味、無価値を回帰するものに刻印することによって、当の回帰するものは同じものや〈一〉として理解されるのである。さて、「神は死んだ」、これはもっともドラマ的な命題である。そして、ドラマ的命題は総合命題であり、したがって複数の意味をもつ、とドゥルーズは言う。このドラマ的命題をドラマ化する方法は、「誰が」、「どのように」、「いつ」、「どこで」……、と問うことであった――「誰が神を殺したのか」。後に『差異と反復』において現働化論あるいは個体化論として全面的に展開される〈ドラマ化の方法〉は、とりわけニヒリズムのうちでの悲劇的な〈存在の仕方〉を肯定する方法として提起されたものである。そこで、われわれは次のように考えてみよう。ニーチェの有名な「神の死」は、ここでスピノザの「神即自然」の観念と総合される、と。ユダヤ・キリスト教に関する神の死は、神即自然としての、実体としての自然の死と不可分なものとなる。ここにおいて神の死は、この観念を巧みに利用することによってかつてキリスト教が手に入れた世界的で普遍的な歴史上の神（第五章、３）を越えて、現在の人類にとっての大自然の問題として表現されうるであろう。すなわち〈神の死〉即〈自然の死〉、あるいは一義的な〈神の死〉。神の死は、自然の死と総合される限りでのみ一義的な死となるのだ。ニーチェにおける「神の死」は神それ自身に帰せられた多義性が原因であるが、その死の意味がもつ複数性は、ニヒリズムの観点を展開することによって、どこまでも否定的であるが、しかし自然の一義性を、つまり自然の一義的な死を新たに実現することになる。つまり、大地の皮膚病は砂漠と海洋の一義性として規定されうるということである（放牧や焼畑などによる大地の砂漠化と、氷河の溶解などによる海面上昇という大地の海洋化）。あるいはこの病においては、大地は砂漠化と海洋化とに共通の形相、共通の表面だと言えるだろう。前世紀後半から現出し始めた気候変動の原因がたとえ人間の活動であったとしても、人間それ自体が今度はこの変動を除去しうる同じ原因になりうることはできない。何故なら、この二つの原因は無意識と意識の差異に等しいからである。むしろ次のように再び問うべきだろう。誰が神をあるいは自然を殺したのか、この一義的な死は必然的ではないのか……。

このようにして存在の一義性は、ニヒリズムの一つの極限形態として現われるのである。一義的存在の実在化、永遠回帰の実現は、ニヒリズムの諸形態のうちでしか現われえないのだ。われわれに必要なのは、気象科学とそれに基づく政治的判断ではない。そうではなく、二つの哲学である。すなわち、気象、大気、気候、海洋、流砂……についての気象哲学、そして存在以前にあるべき価値変質の政治哲学。〈存在〉以前にあるのが政治だとすれば、それは人間の本性について言われるのではなく、まさにその本性の変形を言わんとしているのである。[7] この限りで、まさに存在よりも以前に政治があるのだ。政治とは人間本性の変質のことであり、ニーチェが言う「大いなる政治」とはこうしたこと以外の何ものでもない。永遠回帰の第二の選択の重要性がここにある（第二章、14）。まさに力能の意志の時間様態が問われる次第である。

Ⅲ 大いなる正午——ディオニュソスの意志

ニーチェの象徴主義的な語法を用いて、価値転換の時という特異な時間形態を、つまり力能の意志という革命的な感性における時間的総合を最後に述べることにする。ドゥルーズは、力能の意志を「力の感性」あるいは「差異的感性」として定義している——「力能の意志は力の感性として自らを表明し、諸力の差異的要素はそれら諸力の差異的感性として自らを表明する」（第二章、11）。さてニーチェは、一日のうちのごく日常的ないくつかの時間帯を個体化あるいは此性として、つまり瞬間と時間様態（過去、現在、未来）との総合として強烈に意識していた。それは、部分的な時間と無限定な時間、あるいはクロノス（運動の数としての時間）とアイオーン（出来事の時間）とはまったく別の時間的総合の観念であり、価値変質の瞬間としての真夜中と正午、あるいは「大いなる正午」という時を含んだ一つの観念である。それは時間についての強度あるいは度合であり、〈時間‐強度〉という新たな考え方である。この時間的総合は価値変質の原理であり、その限りで脱本性化（転倒あるいは欺瞞）の時間であると同時に、脱欺瞞化（転倒の転倒）の時間でもある。これは次の二つの側面から定義される。第一に、「午前十時」、「午後五時」といった時間表現だけでなく、「日の出前」、「日の出」、「午前」、「午後」、「夕暮」、等々はすべて、時間のそれぞれの個体化あるいは様態化であり、それにともなって或る度合としての時間様態を表現している。第二に、こうした時間様態を、既存の意味や価値と分離しえない内的な時間意識からではなく、あらゆる価値の価値転換から規定するのは、それ自身は〈強度＝0〉であるような時間、すなわち〈真夜中〉と〈正午〉である。

〈真夜中〉とは何の時か。〈正午〉とはいかなる時か。時間の流れあるいは時間様態を考慮せずにその外的規定（時点、転換点）からだけ言うと、真夜中と正午は同一の世界の二つの時であり、骰子の一擲の二重の賭博台である。言い換えると、真夜中は「偶然の海」、生成の肯定であり、正午は「必然の天空」、生成の存在の肯定である。真夜中とはまさに偶然の肯定として骰子が投じられる時であり、正午とは落下する骰子が運命の一つの組合せを作り出す時である。つまり、「正午が真夜中の散乱したあらゆる分肢を集めるように、偶然のあらゆる断片を結びつける唯一の運命の数が存在するのである」（第一章、11）。すべては偶然を否定するか肯定するかであるが、真夜中が前日の灰色の午後という否定的なもののなかでなお悶え苦しむとしても、[8] 日の出前としての深い真夜中はそうした苦痛のなかにあっても語るだろう。「世界は深い、昼が考えたより深い。世界の苦痛は深い――、喜びは心の悩みよりもさらに深い。苦痛は言う、過ぎ去れ！　と。しかし、すべての喜びは永遠を意志する――、深い、深い永遠を意志する！」[9]、と。深い真夜中は、前日の偶然の否定ではなく、まさに偶然が肯定され、無垢の偶然が認識される時である。骰子は今まさにそのように投じられるのだ――真夜中という深い時間零度のなかで。

　このように投じられた骰子は落下する、低いところへと。それは没落ではないのか。たしかに没落への一歩が踏み出されたことは間違いない。もはや後戻りはできない。しかし、それはツァラトゥストラが自らの為しうることの果てまで進んでいくことであり、これを肯定することである。つまり、自己の実存と肯定する力能とを接近させること。〈日の出〉とは、〈日の出前〉にまさに偶然が肯定され、無垢の生成が認識されている限りにおいて踏み出される没落の時である。それは「最後の人間」を越えて、「滅びることを意志する人間」にまで、つまりニヒリズムの徹底化と、その極限にある価値変質の地点にまでつながっていくのだ——単なる没落から自己の能動的破壊への転換。この「午前の哲学」を支配しているのは自由思想家ではなく、それに抗する人間の自由精神であり、序列である。[10]クロノス、それは既存の意味と価値が付着した時間であり、それゆえ、こうしたクロノスが「運動の数」として定義される際のその「運動」とは、まさに既成の意味と価値が成立する限りで認識されるようなものである。

正午は、人間の能動性（漂泊者）としての「影」が消滅する時である。こうした影の条件、影のより高次の条件は光であるが、しかしその光は影を多様に変化させるだけでなく、その消滅の条件である。影がもっとも短くなるのが正午であり、完全に消滅するのも正午である。こうした影とともにすべての「高次の人間」と縁を切るならば、その正午は新たな未来から照らされた正午、すなわち大いなる正午になると言いたくなる。たしかに大いなる正午は正午にしかないが、正午が大いなる正午であるとは限らない。しかし、これだけでは十分ではないだろう。以下のように考える必要があるのだ。真夜中は正午の逆であり、同じように時間の零度であるが、しかし生成の存在の時である。真夜中に投じられた正午、それは生成の存在を肯定する〈肯定の肯定〉の時である。日の出前、日の出、午前は、真夜中の一定の度合であり、これらの度合が次第に消滅するならば、それは正午においてである。正午はそれら度合の、時間上の零度だからである。その限りでこの落下は、生成の存在への漸近的落下であり、第二の肯定の対象となること、時間の〈強度＝0〉との関係においてのみその意味と価値をもつことである。真夜中はツァラトゥストラを条件づけの原理とした永遠回帰における総合であるが、生成という第一の肯定がその存在にもっとも接近するのは、言い換えるとそれが第二の肯定の対象になるのは、まさに正午である。この場合に永遠回帰は、真夜中という価値変質の時に依存したかたちで超人を産物としてもつが、しかし、この正午がディオニュソスに関わるときこそ、それは大いなる正午の永遠回帰になるのである。大いなる正午、それは瞬間の能動性をもった正午のことである。それは絶対的な自己触発の能動性、受動性をまったく前提としない能動性であり、真夜中と正午をあらゆる時間様態のなかに生み出すという意味でのリトゥルネロ（習慣のなかでの時間様態ではなく）である。「およそ人間存在のどの円環にも、まず一人の人に、次いで多くの人に、そしてやがてすべての人に、もっとも強力な思想、すべての事物の永遠回帰の思想が立ち現われる時がつねにある——それがその都度の人類にとっての正午の時である」[11]。

二つの時間零度——真夜中から正午へ、あるいは正午から真夜中へ。すなわち、リトゥルネロ。すなわち、ツァラトゥストラの時間零度とディオニュソスの時間零度との価値の差異。そこではこうした差異が生産され、それと同時に大いなる正午が反復されるのだ。永遠回帰が一つの総合であり、またアイオーンという純粋な時間形式をもつとしても、その原理である力能の意志は「力の感性」としての別の時間形式を、つまり絶対的な自己触発の時間をその内部性の形式として有している。その時間形式は、もはや単なる内的経験に関わるのではなく、内部化した意味の変形と価値の変質に関わるのである。ドゥルーズは明確に述べている。力能とは、意志が意志しているものではなく、つまり意志によって意志されているもの（対象化されたもの）ではなく、意志において意志しているもの（ディオニュソスその人）のことである、と。力能は、発生的要素から生じるものだけを意志する。では発生的要素から生じるものは何か。それこそが、意志されるものではなく、意志するものという自己触発の要素、瞬間の能動性である。こうした意味において力能の意志は、まさに触発される能力、変様能力なのである。しかしながら、いかにしてこの能力をより多くの能動的諸力で充たすのか、どのようにして回帰によって触発される感性を形成するのかということが、つねに実践の問題であることに変わりはない――触発される能力、力の感性、他のすべての感情が生じる「原始的な情動形態」。ドゥルーズは、ニーチェにおける「最後の人間」と「滅びることを意志する人間」を区別し、ツァラトゥストラの原理とディオニュソスの原理を明確に区別するが、それと同様にわれわれは「正午」と「大いなる正午」を区別しなければならない[12]。ディオニュソスが永遠回帰の無条件的原理として考えられるとしても、それはディオニュソス的行為以外のものでもないだろう（第五章、13）。

永遠回帰は、ドゥルーズ自身の〈出来事の哲学〉において頂点をなすものである。しかし、何かが思考されていないのではないか。そう、鏡の破壊である。思考のなかに、頭部のなかに、脳のなかにつねに鏡が存在しているのだ。ニーチェにおいてさえそうである。ニーチェの哲学のなかに破壊的な鏡が、「婚礼の鏡」が、すなわち〈肯定〉と〈肯定の肯定〉との乱反射があることはわかっている。しかし真の問題は、破壊的な鏡ではなく、むしろこうした鏡それ自体を破壊することであり、それを破壊するものである。ツァラトゥストラは、超人は、ディオニュソスは、あるいは永遠回帰でさえ、自らの身体をもたないのだろうか。ニーチェの哲学には、つねに鏡があることを忘れてはならない。誰がこの鏡を破壊するのか。どのようにしてその鏡を破壊できるのか。どのようにして鏡の思考を乗り越えたらよいのか。或る身体が必要なのではないか。鏡を破壊するものとしての身体、永遠回帰の身体、力能の意志の身体、これが考えられなければならないのだ。鏡を破壊できる身体、それが器官なき身体と呼ばれるものである。

注

1 『反時代的考察』、第三篇「教育者としてのショーペンハウアー」、八、参照。

2 『ツァラトゥストラ』、第三部、「幻影と謎について」。

3 『道徳の系譜』、第一論文、七。

4 スピノザ、『エチカ』第四部、定理三七、備考一。

5 本書における次のような言説はすべて「存在の一義性」という理説につながる主張である。存在は生成について言われ、〈一〉は〈多〉について言われ、必然は偶然について言われる。生成は存在であり、〈多〉は〈一〉であり、偶然は必然である。生成の肯定は存在の肯定である。生成、〈多〉、偶然は、第一の肯定であるが、しかしこれは、この第一の肯定が第二の肯定の対象と見なされ、また第一の肯定が第二の肯定のうちに反映される限りにおいてである、等々。また、後にドゥルーズが明確に定義する存在の一義性とは次のようなものである。「存在は存在が〔在ると〕言われるすべてのものについて唯一同一の意味において言われるが、存在が〔在ると〕言われるものの方は異なっている。すなわち、存在は差異そのものについて言われるのである」（『差異と反復』、第一章、財津理訳、河出文庫、参照）。永遠回帰においては、存在は選択的存在として「回帰すること」によって構成されるが、回帰それ自体は生成、〈多〉、偶然についてしか言われない——「永遠回帰においては、回帰するのは同じものや〈一〉ではなく、回帰がそれ自体、多種多様なものと異なるものとについてのみ言われる〈一〉なのである」〔強調、引用者〕（第二章、4）。端的に言うと、ドゥルーズは本書においてすでに存在の一義性の実在的定義に到達していたのである。しかしながら、ここでとくに注意しなければならないのは、スコトゥス、スピノザ、ニーチェという一つの系列は、存在の一義性の名目的定義から実在的定義への過程であるが、これに対して、〈一義的存在〉＝〈永遠回帰〉＝〈ニヒリズムの極限形式〉という等式が成立するのは、ニヒリズムの歴史的展開のなかで実現される「神の死」の多義性からその一義性への移行においてだということである。

6 『力能の意志』、第三書、八（『権力への意志』上、原佑訳、『ニーチェ全集12』所収、ちくま学芸文庫、一九九三年、〔五五〕）、参照。

7 ドゥルーズ＝ガタリ『千のプラトー』、「8 一八七四年――ヌーヴェル三篇、あるいは「何が起きたのか？」」、宇野邦一・他訳、河出文庫、下、参照。

8 その真夜中が苦しむのは、ヘーゲルのあの梟《ふくろう》が飛び立つような、灰色の低レヴェルの状態に強度や情動を留めようとする午後の時を経た真夜中だからである。ジャン＝フランソワ・リオタール「回帰と資本についてのノート」、本間邦雄訳（『ニーチェは、今日？』所収、ちくま学芸文庫、二〇〇二年）、一二八－一二九頁、参照。

9 『ツァラトゥストラ』、第四部、「酔歌」。

10 本書、第二章、「10 序列」、また『人間的、あまりに人間的』第九章、六三八、を参照せよ。

11 『力能の意志』、第二書、三三三（『生成の無垢』下、原佑・吉沢伝三郎訳、『ニーチェ全集別巻4』所収、ちくま学芸文庫、一九九四年、〔一三三二〕）。

12 例えば、氷上英廣「ニーチェにおける「大いなる正午」」、『大いなる正午――ニーチェ論考』所収、筑摩書房、一九七九年、を参照せよ。ただし、氷上氏は「大いなる正午」についてアイオーンという永遠の時間の複数性（ゾロアスター教的な時間の像《イマージュ》）――きわめて興味深いテーマである――をとりわけ考えているようであるが、しかし問題はそうではなく、むしろアイオーンを越えた時間の度合という概念であり、その時間の零度としての「真夜中」と「大いなる正午」である。この点についての考察、言い換えると、「一二の鐘」あるいは「聴き落とされる一二番目の鐘」に関する今日的な意義を有する考察としては、村井則夫『ニーチェ――ツァラトゥストラの謎』、中公新書、二〇〇八年、をぜひ参照されたい。「もちろんここで言う時間とは、客観的な基準や純粋でア・プリオリな直観形式などではなく、むしろ世界の生成の別名なのである」（同書、二七三－二七四頁）。

＊ジル・ドゥルーズ『ニーチェと哲学』江川隆男訳、河出文庫、二〇〇八年。

機械論《マシニスム》は何故そう呼ばれるのか
――フェリックス・ガタリ『アンチ・オイディプス草稿』

I

稲妻と避雷針――ただし、この稲妻は「どんなものでも引きずっていく分裂症の流れ」である

ドゥルーズ＝ガタリの『アンチ・オイディプス』は一九七二年三月にフランスのミニュイ社から出版された。六八年の五月革命から四年を待たずに出版されたこの書物は、フーコーの有名な言葉を用いるならば、新たな「倫理学の書」であり、また「非ファシスト的生活法」の書である。それは、反道徳主義に貫かれた倫理学の書であり、欲望の内在的使用に基づく生活法の書である。こうした意味で、『アンチ・オイディプス』はまさに哲学書以外の何ものでもない。それは「実在の一義性」あるいは「一種の無意識のスピノザ主義」を主題とした書物である。そして、スピノザ以降、哲学のうちに身体と欲望を本格的に導入したのはまさにドゥルーズ＝ガタリだけである。

この新たな〈エチカ－哲学〉は、よく用いられる「……的転回」といった表現ではけっして特徴化されえない。何故なら、それは、単なる〈転回《ターン》〉ではなく、むしろ〈革命《レボリューション》〉であり、また〈進化《エボリューション》〉ではなく、むしろ〈逆化《インボリューション》〉だからである。それは言わば〈欲望の革命内在論〉である。欲望が革命を欲するということではなく、欲望は本性上革命的だということである。何故なら、

欲望にはつねに産出がともなうからである。[1] 転回あるいは進化は視点あるいは習慣の転換であるが、革命あるいは逆化は生活法の産出であり、特性と構成に先立つ産出を産出することである。言い換えると、欲望はすべての転回を革命にすることができる。つまり、それはただ産出することである。欲望は、例えば、言語論的転回をではなく、むしろ記号論的革命を可能とし、あるいはコペルニクス的転回をではなく、別の認識の様式を産出する。因果性でも自由意志でもなく、欲望をあらゆるものの産出の原理にすること。人間に関するあらゆる活動力能を、例えば、言語や認識をただその特性と構成の観点から理解するのではなく、言表行為や主体集団（従属集団ではなく）を産出することから理解すること、またそれによって、たとえ部分的であれ、その習慣上のあるいは地層内の相対的活動を絶対的な分裂的生活法――例えば、ガタリが言う「不定詞化の倫理－実践」――に転換することである（『アンチ・オイディプス草稿』*［以下、『草稿』と略記］、一三〇、四一一頁）。自然、社会、人間、あらゆる物の本質は欲望あるいは機械である。しかし、欲望を自然の根底に置いたからといって、ドゥルーズ＝ガタリが直ちに自然の擬人化という古くからある過ちを犯したなどと考えてはならない。彼らの〈エチカ－哲学〉の思考は、スピノザと同様、すでに脱擬人化の意識とともに展開されている。それゆえ、スピノザの無限実体は器官なき身体（あるいは共立平面）に、その自己原因は欲望の絶対的内在性に取って代わるのである――「実体に取って代わるもの、それは共立性だ」（『草稿』、三五六頁）。

　さて、児童精神科医のステファン・ナドーによって編集された本書『アンチ・オイディプス草稿』は、こうした『アンチ・オイディプス』という書物の形成過程が明らかになるような、ガタリ自身の草稿を集約したものであり、それらは、主に一九六九年から一九七二年までの三年間の間にガタリがドゥルーズに宛てて書いたテクスト（手紙、ノート、日記）である。読者がこれらテクストのうちに見出すのは、ガタリによって荒削りのまま提起された恐るべき概念の抽象的嵐であり、それと同時にこれらのテクストから出発して一冊の特異な書物を仕上げていった彼らのエクリチュールの力能であろう。

　本書は、「I『アンチ・オイディプス』のためのテクスト」、「II 中間休止『アンチ・オイディプス』の訂正」、「III 精神分析と分裂分析」、「IV 政治活動の影響範囲」、「V プラグマティックな言語学」、「VI 共立平面」という六つの部分からなる。[2] これらのテクストは、編者によれば、言わば「ガタリの詩」である。というのも、手紙やメモ類である以上、その多くは箇条書きで書かれた、論証抜きの断言・断想でもあるからだ。しかしながら、これらの詩は、実はルクレティウスの詩を想起させるような、まさに天空を縦横無尽に引き裂くような「稲妻」である。ドゥルーズはその無数の稲妻を真っ向から受け止める「避雷針」であり、これによってこの稲妻は大地に投げ込まれたのである。[3] この〈ガタリ－稲妻〉は「どんなものでも引きずっていく分裂症の流れ」であるが、〈ドゥルーズ－避雷針〉はそれらを一つの閉じた卵にする（最後に草稿を仕上げたのはつねにドゥルーズであった（『草稿』、一九頁「編者序」））。この草稿に書き込まれているもの、それは〈生成変化のブロック〉である。ガタリはドゥルーズに送るテクストを書くために生成変化しなければならなかったし、ドゥルーズもまたそのテクストを総合するために生成変化する必要があった。ドゥルーズは、それ以前の著作で過去の哲学者のテクストを前にしたのと同様、今回はガタリのこうしたテクストを前にすることになった。ドゥルーズ＝ガタリはこの生成変化のブロックの名である。言い換えると、「集団性」とはまさに生成変化のブロックである。ここでは、特異性は普遍性にではなく、むしろこうした「集団性」に関わる（『草稿』、二七五頁「編者のノート」）。しかし、「集団的《コレクティフ》」と「団体的《グルパル》」を同一視してはならない、とガタリは言う。「集団的とは、一方で人間的間主観性の要素を包摂しながらも、もう一方では人格以前の感覚と認識のモジュールを包摂し、さらにはミクロ社会の諸過程や社会的想像の諸要素まで包摂した形容語である」[4]。集団性は「異質的多様体」の特性であり、ドゥルーズ＝ガタリこそ、この集団性を産出に結びつけるような実践、分裂分析をおこなったのである。

こうした集団性、つまりいかにして二人で、あるいはむしろ複数――エクリチュールのなかでつねに生成変化し続ける複数性――で書いたかをナドーは「編者序――スズメバチと蘭の愛」のなかで詳しく述べている。この点に関して興味のある読者には、昨年、邦訳が出版されたフランソワ・ドスの『ドゥルーズとガタリ――交差的評伝』（杉村昌昭訳、河出書房新社、二〇〇九年）のなかのとくに「プロローグ《二人でいっしょに》あるいは《二人のあいだで》」を併読されることを勧めたい。これによって、この〈別の仕方で書くこと〉を実現したドゥルーズ＝ガタリというエクリチュール機械のほぼ全容が明らかになるであろう（また、ナドー自身の著作である『アンチ・オイディプスの使用マニュアル』（信友建志訳、水声社、二〇一〇年）も出版されたので、こちらもぜひ参考にされたい）。

本書の訳に関して触れておく。ドゥルーズ＝ガタリがその著作のなかで用いた重要な術語類に関して、訳者のお二人が採用した訳語はほぼ的確であると思われる。また、そもそも公表されることを前提としていないテクストの翻訳作業ゆえに、さまざまな点で困難がともなったと推察されるが、これ以上ないほどの平明な訳文によって本書の翻訳を完成させた、お二人の訳業を讃えたいと思う。

『アンチ・オイディプス』は、「資本主義と分裂症」という副題をもち、一般的に言うと、マルクスの経済学とフロイトの精神分析学とを批判的に継承しつつ、現代の資本主義社会における欲望の内在性と無意識の機械性を論じている。資本主義と分裂症は、極限をめぐって相互に分岐するが、それでも一つの生成変化のブロックをなしていると考えられる。何故なら、資本主義社会の成立は、その初期においてもその系譜においても、他の異なる社会から脱領土化した諸々の分裂症的な漏出＝逃走する線と不可分だからである。あらゆる社会体の極限である資本主義は、このシステムに抵抗し対抗する流れさえも自らの公理系に付加していく。いや、それ以上に資本主義社会は、一方でむしろこうした流れを自らの手で産出し、他方でそれを再び回収するような機械である。しかし、こうした資本主義の〈公理系〉に対しては、分裂症の〈備考群〉が存在すると言えるだろう。資本主義の公理系、すなわち資本の身体は、脱コード化の流れを自らの内在的で相対的な極限として再生産し続ける。しかし、分裂症は流れの絶対的な脱コード化、絶対的な極限であり、それは脱社会化した、すなわち非地層的な器官なき身体の上に移行することである。ドゥルーズ＝ガタリは、資本主義と分裂症をめぐって単なる二項対立的な思考を展開しているわけではない。資本主義は、まさに分裂症の流れを流通させる。したがって、資本主義の道徳的かつ不道徳な倫理に取って代わるべき分裂症の反道徳的倫理は、いかにしてその流通を絶対的極限に向けた過程にするのか、いかにしてその流れを切断－結合しつつ外部性の諸形態——戦争機械、等々——をアレンジメントするのか、どのようにしてその流れを絶対的な外の身体——器官なき充実身体——の特性とするような生活法を確立するのか、といった一連の問いをもつことになる。これが、資本主義の公理系の歴史的構成に対する分裂症の備考群の日々の産出である。

さて、ガタリのこの『草稿』は二つの側面のもとに展開される。（1）一方は、当然ドゥルーズ＝ガタリの哲学へと結晶化していく側面であり、（2）他方は、それとは別にガタリ自身の思考へと展開されていく側面である。まず先に、第二の側面に簡単に触れておく。ガタリの哲学は「機械状記号論《セミオティック・マシニック》」にある。とりわけそれは、上述したような〈流れ－分裂〉の方法論上の問題に関わってくる。デンマーク人のルイ・イェルムスレウの言語学をドゥルーズ＝ガタリの思考に導入したのは、明らかにガタリである（彼の記号論では、さらにチャールズ・サンダース・パースとミハイル・バフチンが重要となる）。分裂分析家ガタリの言語学者イェルムスレウに対する関係は、精神分析家ラカンの言語学者ソシュールに対する関係と同じである。しかし、この類比によって理解されるべき点は、ラカンとガタリがいかに近いかではなく、むしろ彼らがどれほど離れているかということである。イェルムスレウにおいては、シニフィアンに代わって「表現」が、シニフィエに代わって「内容」が用いられ、また表現と内容のそれぞれに「形式」と「実質」が考えられた。これによって表現と内容は並行論のもとで考えられ、また相互に反転可能となるが、この特性をガタリは脱領土化という概念のもとで捉えていく――「これらの項は絶対的に反転可能だ」（『草稿』、二八二頁）。シニフィアンは意味するものに固定され、シニフィエは意味されるものに固定されている。この擬古的な固定は、そこに超越性の影が存在することの証しである。しかし、本質的に内在的であろうとするイェルムスレウの言語理論においては、内容と表現は、もはや一方が意味を担う記号素の単位に、他方が意味を担わない音素の単位に縛りつけられておく必要はまったくない。こうした二つの機能域の相互前提や反転可能性から、ガタリはさらにそれらの流動的で脱機能域的な〈記号－微粒子〉の記号論へと向かっていくのである。

その集大成が『分裂分析的地図作成法』（一九八九年）である。そこで提起されたのは、機械の系統流（Φ）、流れ（F）、実存的領土（T）、非物体的宇宙（U）という四つの存在論的カテゴリー（あるいは機能素）であり、イェルムスレウの〈内容／表現〉の二重分節論の発想を基にガタリが独自に展開したものである。ガタリは次のように言う。これら四つのカテゴリーが「それなりの意味をもつとしたら、その理由はカテゴリーが四つ組み合わさって働くことで、最後には必ず二元論に切り詰められる三項叙述から自由になる可能性をもたらす点をおいてほかにありません。第四項はn番目の項に相当します。つまり、多様体に向けた解放です」[5]。つまり、それは、〈脱〉化の運動によってのみ形成される多様体である。この四つのカテゴリーは、多数多様な諸様態（存在者）の背後に想定される不動の存在論的土台でもなければ、そのための概念的な網状組織などでもなく、それら諸様態に絶対的に近接する流動的な共立平面の機能域である。それらは、絶対的な〈脱〉化の運動を絶えずその真っ只中で捉えるためのものである。これによって何が変わるのか。例えば、〈シニフィアン－シニフィエ〉の体制のなかで記号－形象としての物の知覚に代わって、つまりシニフィアンの効果として現象する物の固定化した諸形象に代わって、内容と表現の脱領土化の流れを新たに切断－結合することによって知覚される〈分裂－形象〉が与えられるであろう。

Ⅱ

〈機械論《マシニスム》〉の基本的な諸規準――『アンチ・オイディプス』のために

すでに述べたように、『アンチ・オイディプス』は二〇世紀に改めて書かれた〈エチカ〉の書であり、そこでは、実体ではなく共立平面（あるいは器官なき身体）が、原因ではなく欲望が、言語化された潜在的構造ではなく欲望の実在的機械が、構造における局所や位置ではなく器官なき身体における絶対的流れが、資本主義の公理系ではなく分裂症の絶対的脱領土化が、ソシュールの構造言語学ではなくイェルムスレウの流れの言語学が、習慣と異なる生活法をさまざまな仕方で描き出している。

この『草稿』がもつ最大の意義、先に述べた第一の側面をより明確にするために、ここで評者はドゥルーズ＝ガタリが実現した機械論の諸規準を構造論の諸基準との関係から述べることにする。[6] これによって、むしろ非ファシスト的な内在的生活法、すなわち欲望する機械の生活法——分裂分析の課題——が示され、また本書のなかの一つ一つのテクストがもつ内的方向性が少しでも明らかになればと思う。

機械論《マシニスム》の第一規準：欲望。結びつきの不在による結合。欲望は快楽でも欲求でもない。欲望とは相互にいかなる関係ももたないような物を結合することである。しかし、世界には関係が溢れている。構造主義は、言わば関係の科学的思想であったが、しかし哲学的に観ると、単に非物体的な諸関係のア・プリオリな過剰を示していただけではないのか。資本主義社会は、絶えざる欲望の過剰傾向のもとで生産するのではなく、その公理系によってむしろ過剰な関係を、つまり欲求や快楽を産出し、欲望をそれらに絶えず変換する機械である。しかし、ドゥルーズ＝ガタリは、こうした〈欠如－充足〉に対する〈不在－結合〉を人間や社会の存在根拠として定立する。欲望は、単に望まれた対象を追求する働きではない。シニフィアンとは何の関係ももたず、また欲望の対象という考えを脱領土化する「対象ａ」（部分対象）——ドゥルーズ＝ガタリがラカンから採用した唯一のもの——という考えは、絶えず構造を逸脱するような分子状の欲望する諸機械、あるいは精神分析の領域を一変させるような分裂症の流れであった。「分裂分析にはひとつの目的がある。それは欲望の脱領土化、分裂症化だ」（『草稿』、四五頁）。欲望はスピノザの原因に取って代わり、また欲望の内在性はその真理の内在性に取って代わる。その意味は、あらゆる媒介的特性を物の諸形象から除去することにある。

第二規準：流れの実在性。この実在性は、実在的区別の理論と不可分である。というのも、この実在性は、その流れの実在的区別による切断と、これによって同時に成立する実在的に区別されるものの結合からなるからである。結びつきの不在とは、欠如ではなく、そこに実在的区別が存在することを示している。不在と欠如は異なる（『草稿』、三五九頁）。機械とは、その諸部品が結びつきの不在によって結びついて作動し産出するものの総体のことである。それゆえ、自己原因に取って代わるような欲望はこうした機械の絶対的特性であり、また機械は欲望の力能を実在的区別の〈切断－結合〉として構成するのである。要するに、この実在的区別の概念によって「欲望する諸機械」という概念が存立するということである。言い換えると、欲望する諸機械は、関係という非物体的なものを変形する限りで、実在的に区別されるものを、すなわち自らの部品を備給することができるのだ。こうした意味において、機械は、まさに構造に対置されなければならない。こうして、象徴的なもの（構造主義の第一の規準）の差異的体系は実在的なものの〈記号－点〉あるいは〈分裂－形象〉に、また構造における場所あるいは位置（第二の規準）は流れの速度と方向に移行する。その結果として、機械は、系列的（第五の規準）ではなく、むしろ分裂的様態としてのリゾーム状であることになる。「欲望する諸機械」という概念は単に欲望を称揚するために提起されたものではない。何故なら、それは、欲望の無際限な増大（要するに、欲求の増大）をではなく、実在的区別の増大を肯定する概念だからである。

第三規準：表現と内容の相互前提あるいは反転可能性。これは本質的に方法論的側面に強く関わるが、それ以上に脱地層化の先端として一つのアレンジメントを形成するまでに至る。それは、表現と内容という二つの流動的切片から、すなわち言表作用の集団的アレンジメントと身体の機械状アレンジメントからなる。「イェルムスレウの記号だけが言説の法を逃れることができる」（『草稿』、七〇頁）。つまり、この記号論は、言語の法の基礎にも、この法の経験あるいは具体的なものの適用にも関わらないということである。言語の法は、言語の機能素の法だからである。重要なことは、〈シニフィアン－シニフィエ〉の相互反転の不可能性から〈表現－内容〉の相互反転の実在性への移行である。これによって、構造における場所あるいは位置は特権化されず、ただ流れの問題だけが浮上してくる。つまり、異なる機能域を横断する脱領土化の流れ、その流れの切断－結合、諸機能域の間の「横断変換」、これらを器官なき身体上でアレンジメントするのが、集団性の言表作用であり、諸身体の機械状の混合である。アレンジメントとは、要するに部品の調達とそれらの結合の技術である。ここでは、〈構造－発生〉論における潜在的な微分と特異（第三の規準）は内容面に、そしてその内容の形式と実質のもとで考えられ、また現働的な分化するものと分化作用（第四の規準）は表現面に、そしてその表現の形式と実質のもとで捉えられる。ここでの潜在的なものと現働的なものは、相互に反転可能となる（これはドゥルーズ『シネマ2』における「結晶イマージュ」の原型ともなる）。したがって、潜在性から現働性への現働化は、脱本性的ではなく、脱領土的であり、逆の潜在化も同様に脱領土的である。あるいは構造主義における静的発生は意味を失い、またその諸条件そのものの動的発生もその固有性を完全に失う。何故なら、それらは、反転可能だからである。ところで注意されたい。たしかに、一方を内容と呼び、他方を表現と呼ぶのは習慣にすぎないが[7]、しかし、問題は、言葉の習慣ではなく、相互反転の可能性を生活のうちに取り入れる生活法の方である。

第四規準：内在的。この第三の規準によって十全な内在性概念が準備され、いかなる超越性やその影とも関係なしに、無意識の内在平面が、創造されるのではなく、創建されることになる。無意識は、差異的であるよりも、むしろ強度的であり、構造的であるよりも、むしろ機械的である。このようにして、言語化された構造論的無意識に対して提起されるのが機械状無意識である――「無意識というのは構造も言語も気にしない」（『草稿』、二五六頁）。例えば、アントニオ・ネグリが言うマルチチュードの表現形式は言表作用の集団的アレンジメントであり、その表現実質はまさにこうした機械状無意識である。さらに言うと、スピノザの『エチカ』を形成する身体と精神の並行論は、脱実体化（＝脱属性化）の流れを実現しうる器官なき身体と機械状無意識との完全な内在論へと至る（『草稿』、三四九－三五一頁）。欲望するもの（欲求）と欲望されるもの（欲求の対象）は、ただ〈欲望の内在性〉によってのみ可能となるのである。ここでは、いかなる媒介項も、また欠如に由来する〈大文字の他者〉も、意味を産出する非－意味としての空白の桝目（第六の規準）も完全に拒絶される。これに対して肯定されるのが無意識の機械性や欲望の内在性であり、その意義は審級の超越性ではなく、諸規準の内在性を分析することにある。スピノザに由来するこの実在的区別（対立なき区別）の遠近法だけが、その内在論のもとでファシズムの内部性の諸形態やその内部主義を拒否できるのではないのか。

　第五規準：位層学的時間。これは、共時的でも通時的でもない時間である。〈コード化－超コード化－脱コード化〉、あるいは〈領土化－脱領土化－再領土化〉、あるいは〈物理的化学的地層化－有機的地層化－人間的地層化〉。これらは、歴史的時間や持続的時間のうちに位置づけられるものでもなければ、これらの時間から理念型として取り出されたものでもない。反理念的な質料としての過程とは、こうした位層学的推移の時間のことである。マルクス主義についてドゥルーズ＝ガタリは、それがつねに「欲求」から出発するだけであって、けっして「欲望」を考察することがないと批判する。欲求はクロノスの時間に属し、この時間それ自体は労働とともに現われる。それは言わば分節の時間であり、それゆえ地層化の時間であるが、この限りでアイオーンはクロノスに絶えず変換され続けるであろう（『草稿』、八六頁）。何故なら、アイオーンは、欲望する諸機械の時間であり、その「力能記号」だからである。無意識は、すでに述べたように、言語化あるいは構造化されたものではなく、また歴史化されたものでも記憶の貯蔵庫でもない。欲望する諸機械が上部構造に結びつけられて権力の組織化の言表として解釈されるにしても、反対に下部構造に結びつけられて欲求の諸力として捉えられるにしても、位層学的時間は、このことを地層化のもとで明らかにするであろう。アイオーンは、非分節的時間であり、それゆえ忘却の力能がもつ時間である。したがって、機械論の方法は、マルクス主義的な生産力の集積（記憶の堆積）への意志とはまったく異なるものとなるのだ。

第六規準：非有機的な身体性、すなわち器官なき身体。これは、あらゆる特性と構成を背後に追いやる産出の第一次性に不可欠な非有機的身体である。しかし、器官なき身体それ自体は、何ものによっても産出されず、自らが産出する強度によってのみ備給される反生産の身体である。『アンチ・オイディプス』においては、生産の生産、登録の生産、消費の生産という三つの総合が提起されるが、これは、単なる生産至上主義を唱えているのではなく、〈特性－質〉と〈構成－量〉に先立つ〈産出－強度〉の分裂症的な流れがつねに三つの総合に含まれていることを示している。[8] この身体上においてのみ、超越論的で潜在的な〈構造－発生〉から脱立法論的で内在的な〈機械－欲望〉への移行が可能となる。ドゥルーズが示唆しているように、構造主義のそれ以外の規準に比べて、「主体から実践へ」（第七の規準）には「未来の規準」がある。つまり、そこには、主体から分離された、その限りで脱領土化された実践への配慮がある。ガタリは、これをさらに引き延ばして、単に人々のモル的な集まりではない集団性アレンジメントの構成を、あるいは「第三次分節」や反転や転移による「剰余価値」――つまり内容と表現の二重分節それ自体を脱領土化するもの――を主張する。非有機的自然としての器官なき身体は、ドゥルーズ＝ガタリにおいてのみ絶対的な脱地層化の原理として考えられている。これに対して、ドゥルーズにおいては器官なき身体はむしろ様態の非有機的身体という水準で、またガタリにおいては記号の機能域のうちでもっぱら捉えられているように思われる。

本書『草稿』がもつ二つの側面のうち、評者が述べた第二の側面はドゥルーズ＝ガタリを通したガタリの実験であり、第一の側面はドゥルーズによるガタリを通したドゥルーズ＝ガタリの実験である。本書の刊行によって、この二つの実験の等価性と差異性、そしてそれらの意義や価値が明らかになっていくことを期待したい。本書に収められたガタリの諸々の草稿には、まさにこうした構造から機械への実質的な移行過程を生きた一人の思想家の多声性が渦巻いている。それは、まさに乱流である。この多声性が一つでも読む者の身体に介入してくるならば、本書は、編者が望むような生きた道具箱となるであろう。

注

1　ジル・ドゥルーズ「資本主義と分裂症」杉村昌昭訳、『無人島　１９６９－１９７４』所収、河出書房新社、二〇〇三年、一八七－二〇六頁、参照。

2　ただし、「VI　共立平面」のなかの「共立平面《プラン・ド・コンシスタンス》」（一九七二年四月）は、すでに発表されたテクスト（Félix Guattari, *La révolution moléculaire*, Recherches, 1977, pp.314-328（「一貫性の平面《ル・プラン・ド・コンシスタンス》（覚書）」、『精神と記号』所収、杉村昌昭訳、法政大学出版局、一九九六年、九四－一一〇頁）のオリジナル・ヴァージョンである。

3　ジル・ドゥルーズ「宇野への手紙——いかに複数で書いたか」宇野邦一訳、『狂人の二つの体制　１９８３－１９９

5』所収、河出書房新社、二〇〇四年、六〇頁。避雷針としてのドゥルーズとは、ガタリというチャンスを、つまり或る人間の潜勢力を解放し表現するチャンスをつかみ取るドゥルーズのことでもある（フェリックス・ガタリ『カフカの夢分析』ステファヌ・ナドー編註、杉村昌昭訳、水声社、二〇〇八年、「日本語版への序文」、参照）。

4　フェリックス・ガタリ『カオスモーズ』宮林寛・小沢秋広訳、河出書房新社、二〇〇四年、一一四頁。これは、晩年の主著となったきわめて難解な『分裂分析的地図作成法』に関する、ガタリ自身による解説書として読むこともできるので、関心のある読者にはまず『カオスモーズ』から読むことを勧めたい。

5　ガタリ『カオスモーズ』、五四頁。ここでガタリが述べている「三項叙述」とは、おそらくイェルムスレウの〈質料－実質－形式〉のことであろう。

6　ジル・ドゥルーズ「何を構造主義として認めるか」小泉義之訳、『無人島　1969－1974』所収、河出書房新社、二〇〇三年、五九－一〇二頁、参照。ここでは、構造主義を形式的に規定しうる七つの規準が挙げられている――〈第一規準：象徴的なもの〉、〈第二規準：場所あるいは位置〉、〈第三規準：微分と特異〉、〈第四規準：分化するものと分化作用〉、〈第五規準：系列的なもの〉、〈第六規準：空白の桝目〉、〈第七規準：主体から実践へ〉。同様に、ガタリのもっとも重要な論文の一つである「機械と構造」（『精神分析と横断性――制度分析の試み』所収、杉村昌昭・毬藻充訳、法政大学出版局、一九九四年、三七八－三九〇頁）も参照されたい。

7　ルイ・イェルムスレウ『言語理論の確立をめぐって』竹内孝次訳、岩波書店、一九八五年、七二頁、参照。

8　ドゥルーズはガタリへの手紙（一九六九年七月二九日）のなかで次のように述べている。「あらゆる機械と同様に、分裂症的機械はまず生産型機械と密接不可分の関係にある分裂症的生産を行なうものとして定義しなければならない」（ドス『ドゥルーズとガタリ――交差的評伝』杉村昌昭訳、河出書房新社、二〇〇九年、xxxvi頁）。

＊フェリックス・ガタリ『アンチ・オイディプス草稿』、ステファン・ナドー編、國分功一郎・千葉雅也訳、みすず書房、二〇一〇年。

脱領土性並行論について
——ガタリと哲学

問いの力能と問題の構成

記号は、それが記号である限り、これによって或る特異な過程——脱領土化の運動——を組成したり、その作用を考えたりすることはけっしてできないであろう。こうした徴候学的な一般記号学と、反固定性の流態の運動過程に関する地図作成法とは、いかにして異なっているのか。記号は、それがどれほど積極的に理解されようとも、言い換えると、外部の他の身体によって残された自己の身体の変様を超えて、すなわちその単なる痕跡や結果を超えて、或る積極的なものを人間の諸能力のうちに生み出す原因として理解されようとも、こうした有機的な諸身体のうえに或る別の身体、すなわち器官なき身体を描き出すことはできないであろう。言い換えると、記号学が非シニフィアン的記号論を経て地図作成法へと転換することなしに、あるいは、ガタリの言葉を用いれば、「機械状記号論」を含む「分裂分析的地図作成法」[1]が成立することなしに、脱領土化の過程についての特異な思考を可能にすることはできないであろう。地図は、大地の複写でも領土の表象でもない。こうした意味での地図は、つねに自らの地図作成法から分離されることなく、その脱領土化の過程そのものとなるのだ。

しかしながら、私はここで、ガタリの哲学的思考をもっとも潜在的かつ独創的に表現していると考えられる、こうした地図作成法とその四つの存在論的機能素とを批判的に考察したいと思っている。そのために、（1）まずここ数年来、私自身が取り組んでいる器官なき身体の哲学について言及し、（2）次にここからガタリにおける存立平面とこの平面を構成する脱領土化の諸機能素について批判的に考察し、（3）最後に〈脱領土性並行論〉という考え方を提起したいと思っている。ガタリの分裂分析的地図作成法において、一つの存立平面が問いの力能を有するとすれば、その平面上の機能素は、問題構成的な――脱領土性の――属性でなければならないであろう。

ところで、ジジェクは次のように述べている。「生産的〈生成〉の場としての潜在的なものと、不毛な〈意味‐出来事〉の場としての潜在的なものとのこうした対立は、同時に、「器官なき身体」と「身体なき器官」との対立ではないのか。一方の器官なき身体は、純粋な〈生成〉の生産的流れであり、いまだ機能的諸器官として構造化されていない、あるいは規定されていない身体ではないのか。他方の身体なき器官は、『不思議の国のアリス』でチェシャ猫の身体がもはや現前しないにもかかわらず、依然として存続している例の微笑みのように、或る身体に埋め込まれたものから抽出された純粋な触発《アフェクト》＝情動ではないのか[2]」。ジジェクに倣って言えば、『意味の論理学』を頂点とする「身体なき器官」の哲学者ドゥルーズは、この著作の直後にガタリのもとに走り、ドゥルーズ＝ガタリとして「器官なき身体」の哲学を全面的に展開するに至ったということになるだろう。ところが、ドゥルーズ＝ガタリの思想そのものを形成するような〈器官なき身体〉という概念をもち込んだのは、必ずしもガタリではない。ガタリにとってもっとも重要な概念の一つは「存立平面」（plan de consistance）であり、また彼の単著において「器官なき身体」についてのまとまった考察はほとんどない。ガタリの哲学においては、「非地層的なもの」としての器官なき身体についての実質的な論究は皆無であるばかりか、器官なき身体は実は存立平面上の一つの存在論的な機能素としての「実存的領土」のうちに位置づけられているように思われる。ガタリは、あくまでも存立平面のうちで器官なき身体を捉えようとする。それは、何故であろうか。端的に言うと、ガタリの哲学は、身体の哲学にではなく、精神の物理学にあるからである。

I

器官なき身体における三つの位相

さて、ドゥルーズ゠ガタリにおける器官なき身体を哲学的に思考可能にしようとするならば、スピノザにおける〈実体－属性－様態〉と〈特性－構成－産出〉という二つの概念的系列を考慮することは、単に有効であるという以上に、この身体についての観念を形成するために、あるいはその思考のイマージュを創建するために不可欠な思考の様式となるだろう。「結局、器官なき身体に関する偉大な書物は、『エチカ』ではないだろうか。属性とは、器官なき身体のタイプあるいは種類であり、実体、力能、生産的母胎としての強度〈零〉である。様態とは、生起するすべてのもの、すなわち波と振動、移動、閾と勾配、一定の実体的タイプのもとで、或る母胎から産出される強度である」[3]。しかし、ここには注意しなければならない点がある。それは、スピノザの哲学からの類推《アナロジー》によって器官なき身体の哲学が得られるということをこの言説が意味しているのではないという点である。むしろスピノザの『エチカ』を超えて、〈エチカ〉の哲学を問題構成することによってのみ、あるいはそれ以上に『エチカ』を分裂症化することによってのみ、われわれは器官なき身体の哲学を得ることができるのではないだろうか。ここで深く関わることはできないが、しかし、器官なき身体における本質

表1　器官なき身体の三つの位相

実在的区別の変質	**地層化の位相** 〈実在的－形相的〉→〈実在的－実在的〉→〈実在的－本質的〉	**組織あるいは発展の平面** 記号の諸体制、感情の諸体制、感情の幾何学、身体なき器官
実在的区別の増大	**脱地層化の位相** 実在的に区別されるものの一つの平面への折り込み（脱属性化の様態）	**構成あるいは組成の平面** 観念における言表作用の集団的作動配列《アジャンスマン》と身体における機械状作動配列《アジャンスマン》
実在的区別以前の〈自然〉	**脱地層化の原理** 無限に多くの強度の差異によって存在する〈質料＝素材《マチエール》〉	**器官なき身体** あらゆる平面の構成や特性に先立つ**産出の原理**（〈**強度＝0**〉）

的な三つの位相を簡潔に提起することで、この点について最低限触れておきたいと思う。

唯一の器官なき身体（産出）は、存立平面（構成）であり、無限身体（特性）である。存立平面とはスピノザにおける無限に多くの属性が分裂的に（あるいは機械状に）折り込まれた脱属性化の平面であり、無限身体とは分裂症化した無限知性と完全に並行論を形成する身体である。しかしながら、器官なき身体と存立平面とは、とくに区別されなければならない。何故なら、器官なき身体は何よりも〈産出の原理〉（強度＝0）であり、これが存立平面になるのはこの平面が構成の平面あるいは組成の平面として実在的区別によって構成されるときだからである。また、これによって器官なき身体は、無限身体という特性をこの平面上で獲得することになる。器官なき身体それ自体はけっして構成も組成もされないが、しかし、これが構成されたり地層化されたりするのはつねに諸平面においてである。こうした唯一の器官なき身体をスピノザにおける唯一の絶対に無限な実体から考察することを通して、とくに器官なき身体についての三つの位相——より正確に言えば、二つの構成的平面と一つの前－構成的位相——が明らかになるであろう（表1参照——ただし、ここでの図は、すべて分裂分析的地図作成法における地図であることを理解していただきたい）。構成に関する限り、それらの位相差は、必ず実在的区別を起点として成立するものである。しかし、スピノザのように、属性による実体の本性の構成が特性（原因性、永遠、無限、必然、等々）と切り離されず、また様態の産出とけっして分離されえないのと同様、器官なき身体においても産出・構成・特性は分離されえない。

器官なき身体における三つの位相――（1）器官なき身体の地層化のなかで変質していく実在的区別の位相、あるいはこの地層化において生起する人間身体の変様が帰属する平面。器官なき身体という非地層的なものが形式化も形質化もされないような〈質料《マチエール》＝素材〉として絶対的に存在するが、それと同様にその地層化への前進や進化――実在的区別の変質化――も必然的に存在すると考えられる。この場合、器官なき身体は、スピノザ的な無限に多くの属性によって形質化された無限実体として理解される。地層とは、一方では、器官なき身体という非地層的なものの空虚化、あるいは器官なき身体の有機的形成とその癌化であり、またその結果としての世界のニヒリズム化でもあるが、他方では、いくつもの地層が積み重なっていくだけの平面の稠密化あるいは厚みを形成するだけのものでもある。あらゆる属性が地層化の端緒として存在するのがこの位相である（「組織あるいは発展の平面」）。この平面における人間身体について言うと、ここに帰せられる身体の変様は、身体の作用・被作用の受動性のうちにあり、したがって一つの身体はつねに複数の身体の混合状態あるいはそれらの網状組織を示していることになる。これを一つの〈内容の形式〉と考えるならば、これに対する〈表現の形式〉がこの身体の変様の観念として精神において成立するであろう。身体の変様とその活動力能の諸変化（情動）は、つねに外部の物体によって引き起こされる結果、痕跡であり、それゆえつねに記号性を帯びたものである。欲望（あるいは衝動）は存在するが、それは依然として因果関係のうちでの働きや決定にとどまっている。つまり、ここでの欲望は、原因と結果の関係＝比を変形し切断するまでの特性ではない。むしろ欲望は、感情系を調整し支持するような欲求や快楽という、「主体の公理系」における一つの作用素になっている。[4] ここでは、様態の本質としての強度が、あるいは様態の本質の存在としての強度の差異が、形式化され形質化された自然における量や質として捉えられるのと同様、情動としての強度は、情感や情念として表象的で可換的な幾何学のもとで捉えられ、また諸感情の因果関係のもとでその強さ、方向性、関係性が決定されるのに応じて、身体の活動力能の実質的な諸変化として把握されるのである。

（2）器官なき身体上の一つの存立平面のうちに折り込まれる無限に多くの実在的区別の位相、あるいは実在的に区別されるものの結合の増大のなかで生起する人間身体の変様が帰属する平面。器官なき身体の絶対的な特性である欲望によって、原因と結果の秩序あるいはその連結が切断され実在的に区別されると同時に、あらゆる関係の不在、あらゆる結びつきの不在のなかでそれら実在的に区別されるものが結合されることになる。自己原因と作用原因との原因の一義性に基づく物の連結に代わって、欲望の作動配列《アジャンスマン》がこの平面を組成することになる。すなわち、自己原因は、この平面においては欲望というまったく異なった特性に取って代わられることになる。属性に代わる内在平面――〈実体‐属性〉ではなく、〈器官なき身体‐存立平面〉――がここで明確になるであろう。この平面において器官なき身体の脱地層化の様態的変様の流れは、先に述べた第一の平面に対する脱属性化の流れとして器官なき身体そのものの存在になる。存立平面は、器官なき身体を〈強度＝0〉としての絶対的な産出の原理としてではなく、器官なき身体を脱地層化の原理として考える限りにおいてこの身体と一つのものである。何故なら、この存立平面のもとで器官なき身体は、構成あるいは組成されるものとして存在し、またそのように考えられるからである。地層化が器官なき身体の内部性の形相を含む平面（組織あるいは発展の平面）であるとすれば、脱地層化は器官なき身体という絶対的な〈外〉を含む外部性の形相の平面（存立あるいは組成の平面）である。[5] 言い換えると、存立平面における器官なき身体は、地層という内部性の形相に対して、無限に多くの属性をむしろ脱属性的な流れという外部性の形相として肯定する限りで存在するのである。ここでの人間身体の変様は、第一の平面における指標、図像、象徴といった記号性を有していたり、あるいはそれに先立ついくつかの「記号の体制」[6] のうちに存したりするような変様からの、あるいは先に述べた感情の幾何学からの脱地層化の諸過程を含んでいる。つまり、欲望を器官なき身体の特性とするこの平面に内在する人間本性は、諸感情の幾何学的関係を〈切断‐結合〉し、喜びの増大に代わって実在的に区別されるものの増大のもとで、それらを機械状に結合した作動配列《アジャンスマン》を与えるのである。このように、第一と第二の位相はそれぞれ異なった平面を成すが、それだけでなく、それらは対立すると同時に、つねに交叉するのである。

（３）器官なき身体という〈強度＝０〉の産出の原理、あるいは絶対的な脱地層化（脱属性化）の原理。これは、構成的あるいは組成的平面に現前する産出の絶対的内在性の位相である。したがって、この位相それ自体は、つねに前‐構成的である。つまり、それは前‐実在的区別であり、ここには実在的な強度の差異があるだけである。それは、特性と構成に先立つ産出の位相である。ここにはいかなる地層も属性も存在しない。それゆえ、属性は発生の対象となり、より後のものとなる。これがスピノザの能産的自然（神）と反自然的な大自然（器官なき身体）との最大の差異である。器官なき身体とは何か。それは、いかなる属性によっても形質化されず、したがって属性によって構成される能産的自然〈以前〉の、言い換えると脱属性的な産出的自然、すなわち反自然的な〈大自然〉である。

〈強度＝0〉が産出するのは、強度である。無限に多くの強度は、〈強度＝0〉とけっして分離されえず、器官なき身体へと落下することでこの身体そのものを成している。器官なき身体は、強度からなる絶対的に非地層的なものである。したがって、存立平面上の脱領土化の流態や脱地層化の運動態は、すべての強度が〈強度＝0〉へと落下することなしにはけっして成立しえないような様態である。器官なき身体は必然的に地層化するが、しかしながら存立平面の位相はつねにこの地層化の平面に現前するのである。さて、ガタリは言う。「分裂分析には一つの目的がある。それは欲望の脱領土化、分裂症化である」[7]、と。存立平面のもとで器官なき身体の特性としてこうした欲望の脱領土化あるいは分裂症化を考えることによって、実在的区別についての新たな定義とその理解が可能となる。すなわち、実在的区別は、一方のものが他方のものの助けなしに考えられ、また他のものの助けなしに存在するものの間の区別であり、さらに結びつきの不在によって結びついているものの間の区別である。結びつきの不在による結合――これを機械状作動配列《アジャンスマン》と呼ぶ――は、こうした欲望のもとでのみ存立可能な状態である。存立平面が器官なき身体の平面である限り、そこでの構成はこうした実在的区別を用いた限りでの構成であるが、器官なき身体そのものは前構成的－脱地層的な産出の原理である（それゆえ、スピノザの属性は、産出されるものの強度的な流れの傾向性を抽象化して形成された〈形相〉概念である）。しかし、属性が実体についての視点であるのと同様、ガタリにおいては、器官なき身体はつねに存立平面において記号論を含む地図作成法の問題のもとで構成されるのである。

Ⅱ

存立平面上の〈器官なき身体〉と〈身体なき器官〉

まず、ガタリの根本的な思考のイマージュの一つである「存立平面」について触れておこう。ガタ

表2　ガタリにおける非並行論的な四つの存在論的機能素の作動配列《アジャンスマン》

	表現 現働的 （言説的）	**内容** 潜在的な言表行為の源泉 （非言説的）
可能的 無限的	**Φ＝機械状の言説性** （現働的で可能的なものの系統流）	**U＝非物体的複合性** （潜在的で可能的なものの領界）
実在的 有限的	**F＝エネルギー的で時空的な言説性** （現働的で実在的なものの流れ）	**T＝カオスモーズ的受肉** （潜在的で実在的なものの領土）

リは、四つの存在論的カテゴリーあるいは四つの脱領土化の機能素――（1）「機械状の系統流（Φ）」（Phylum machiniques）、（2）「物質的で信号的な流れ（F）」（Flux matériels et signalétiques）、（3）「実存的領土（T）」（Territoires existentiels）、（4）「非身体的領界（U）」（Univers incorporels）――を提起し、それらの間の多様な横断性の様相を地図作成していく。「多様な存在者の背後にあるのは、一義的な存在論的土台などではなく、諸々の機械状の界面《アンテルファース》からなる一つの平面である。存在は、現働化した言説的な構成要素（物質的で信号的な〈流れ〉、機械状の〈系統流〉）を、非言説的な潜在的構成要素（非身体的〈領界〉と実存的〈領土〉）に結びつけるような、無数の言表作用的作動配列《アジャンスマン》を通して結晶化する」[8]。二つの潜在的な領野（UとT）と二つの現働的な領野（ΦとF）は、それぞれが現働化（言説化）の関係――U→Φ、T→F――にあるが（表2参照）、しかし、こうした潜在的なものを現働的なものに対する超越論的領域であるとか、あるいは根源的領野であるなどと考えてはならない。というのも、それらは、むしろイェルムスレウにおける〈内容〉と〈表現〉との間に成立する相互前提の関係、反転可能な対等性の関係にあるからである。これに反して、優劣関係を含むより強い不等性の関係は、むしろ物質的で信号的な流れ（F）に対する機械状の

系統流（Φ）の領野に、また実存的領土（T）に対する非身体的領界（U）の領野にあるとガタリは考えている――客観的脱領土化（F→Φ）と主観的脱領土化（T→U）。「客観的で主観的な脱領土化の座標に従って記載される、間‐存在者性の前提関係は、実在的なものの〈流れ〉や〈領土〉と、可能的なものの〈系統流〉や〈領界〉とをまったく対等に保持しないであろう。後者は前者を包含し包摂しており、その結果、可能的なものの実在的なものは、実在的なものの可能的なものに対してつねに優越している」[9]。つまり、二つの脱領土化の過程は、こうした機能素の間の不等性を前提にしているのである。

　さて、器官なき身体についての問題をガタリに即して、先に述べた特性と構成という二つの側面から手短に考えてみることにする。ガタリが考える「器官なき身体」（corps sans organe）とは何か[10]。それは、第一に「自己準拠」（autoréférence）を本質的な特性とし、第二に「実存的領土」から抽出された〈身体なき器官〉を排除することを欠かないような身体のことである。まず準拠からみてみよう。ガタリは次のように言う。「欲望する諸機械の接続があるや否や、最小限の準拠物が、器官なき身体がある。それが存立平面の第一の形態である」[11]。「自己準拠の声は、厳密な意味では普遍的ではなく、潜在性の領界においてもっとも豊かであり、過程性の諸々の線においてもっとも強烈である。（……）図もなければ地もないような、自己準拠の器官なき身体は、それとしては創造性のあらゆる形式の連続的な噴出点として考えられる過程性のまったく異なる地平をわれわれに切り開くのである」。器官なき身体は、まさに「純粋な自己準拠的肯定」である[12]。ガタリによれば、器官なき身体上に存立平面が構成的に成立するのではなく、反対に存立平面の第一の形態が器官なき身体なのである。器官なき身体はあくまでもこの平面の実体として考えられ、それゆえこの実体はすでに構成された

〈質料＝素材《マチエール》〉であることになる。さらに進んで、器官なき身体についてガタリは、それがもっとも豊かであるのは、脱領土化した「潜在性の領界」、つまり非身体的領界においてであると考えている。すなわち、あらゆる身体がもっとも充実しているのは、〈非身体的領界（U）〉においてである。この領界は、不毛な〈意味－出来事〉を含む〈価値－準拠〉の潜在的領野である（つまり、これは、身体なき器官、ファルス、対象aの系譜となるような、意味と価値の源泉でもある）。自己準拠の領野は本質的にこの価値的領界に設定されており、また諸々の器官なき身体の有限な実存的領土に対してこの無限な非身体的領界は完全に優越しているのである。

　しかしながら、器官なき身体は、自己原因に代わって自己準拠をその根本的な固有の特性とするのではない。器官なき身体そのものの特性は欲望であり、これが自己原因に取って代わるものである。欲望は器官なき身体において実在的区別を増大するとともに、それらの間の結合をなす特性であるが、自己原因は実体の本性を構成的に表現する諸属性の特性である。つまり、欲望は本質的に脱属性化の特性を有しているのだ。器官なき身体が存立平面へと還元される限り、絶対的特性としての欲望は、この平面の特定の機能素の特性である自己準拠となるであろう。しかしながら、「自己準拠」という考え方は、明らかに「他者準拠」の類推《アナロジー》ではないのか。器官なき身体は、スピノザ的な絶対に無限な唯一の実体以前の、つまり属性以前の〈自然〉であり、すでに述べたように、その最大の特性は欲望であって、けっして自己原因でも自己準拠でもない。「自己準拠」の論理では、器官なき身体という産出の原理の第一次性を示すことはけっしてできないであろう。自己準拠は、むしろ器官なき身体を囲い込む一つの領野（実存的領土）の潜在的な特性である。ガタリは言う。「私は、この〔自己準拠の〕論理を、同様に器官なき身体の論理あるいは実存的〈領土〉の論理と呼ぶであろう（……）」[13]、と。

器官なき身体は、このようにして一つの領野に位置づけられることになる。しかし、それ以上に重要な批判されるべき論点は、ガタリにおいては、器官なき身体（CsO）と非身体的領界（U）との間に脱領土化や再領土化の関係は成立するが、相互前提の脱領土的並行論はけっして成立しないことにある（器官なき身体と非身体的なものとの間の不等性は、ガタリの哲学におけるもっとも本質的な差異であり、地図作成法の系譜学的要素である）。その理由の一つは、ガタリの思想においては、言表行為の集団的作動配列《アジャンスマン》の水準のみが強調されて、諸身体の機械状作動配列《アジャンスマン》についての問題構成がほぼなされていないことにある。これは、ここまで述べてきたような、器官なき身体についてのガタリの理解に必然的につながっている。

Ⅲ

脱領土性並行論について

ガタリの四つの存在論的機能素は、脱領土化と言説化（現働化）によって存立平面を横断的に組成するが、実はそれ以上に、〈身体なき器官〉と〈器官なき身体〉に深く対応している。ガタリは次のように述べている。「たしかにラカンには、「対象a」の理論とともに、欲望の対象という概念に関して脱領土化をおこなった功績がある。（……）ラカンは、欲望の対象を、ポスト・フロイト派の人々がそれに割り振っていた制限された領野――母親の乳房、お尻、ペニスといった領野――から引き離し、声や視線に関係づけた。しかしラカンは、（……）「欲望する諸機械」を――彼はこの理論に着手したにもかかわらず――適切に非身体的な潜在性の圏域に位置づけなかった」［強調、引用者］[14]。つまり、非身体的領界（U）は、〈意味‐出来事〉の場としての潜在的なものである〈身体なき器官〉を超えたものとしての機能素の意義を有しているということである。これに対して実存的領土（T）は、

〈器官なき諸身体〉の水準を確保することになっているが、しかし、そこではこの〈身体なき器官〉を超えたものとしての非身体的領界――言わば、非〈身体なき器官〉の領界――との並行論を形成するような〈器官なき身体〉が考えられていない。「実際に存在するのは、それ自体多数多様で錯綜した実存的〈領土〉の脱領土化から生じる、多様化した意識化の諸過程だけである[15]」。実存的領土（T）から非身体的領界（U）への主観的脱領土化に対する逆の運動は再領土化である。言い換えると、これは、身体に対して「意識化の過程」あるいは「意識の世界」にその優越性が置かれているからである。ガタリの思考には、つねにこのような結論に至る傾向がある。

ここでわれわれは、脱領土化の問題を並行論という考え方のもとで考えてみよう。器官なき身体上で成立する存立平面は、諸機能素の対等性のもとで、一方では脱領土化と脱領界化との脱領土性並行論から組成され、また他方では内容としての潜在的領野と表現としての現働的領野との間の言わば結晶性並行論から構成されるような平面である。つまり、身体と精神との間の〈脱領土性並行論〉と、主観性と客観性との間の〈結晶性並行論〉とがこの平面において同時に成立するのである。しかし、ガタリにおいては、器官なき身体はもっぱら実存的領土にとどめられていた。そこでは、器官なき身体の無限性はけっして考えられておらず、つねに有限で実在的な身体しか考えられていない。無限に多くの属性によってその本性が構成される実体から出発して、それらの属性を脱属性化するような産出の原理を第一次性とする非地層的なものを見出すことがなければ、脱領土化はつねに相対的なものでしかないであろう。何よりも脱領土化の絶対的な閾が概念形成されなければならないのだ（ガタリにおいては、諸機能素の間の不等性が脱領土化の横断性の前提となっている以上、そこに根源的な並行論は存在しない。反対に、スピノザにおいては諸属性の間の対等性と神の二つの力能の対等性がいくつかの本質

表3　スピノザにおける非−脱領土化的な存在論的・認識論的機能素の作動配列《アジャンスマン》

	所産的自然	能産的自然
思惟属性という一属性	神の観念から想念的に生起する無限に多くの観念	**神の観念** （神の思惟力能に対応する想念的原理）
思惟属性を含む無限数属性	神の本性から形相的に生起する無限に多くの様態	**神＝唯一の絶対に無限な実体** （神の存在力能に対応する形相的原理＝属性）

←――産出――

的な並行論を形成しているが、そこに脱領土化の運動はまったく存在しない（表3参照）。ガタリの哲学においては、イェルムスレウの〈表現〉と〈内容〉との間の相互反転を、二次的ではあるが、脱領土化として捉えるその概念把握は見事であり、またこのことによって概念形成されるべき並行論のもとで、非身体的領界（U）に対応する身体がいかなる身体であるのかが、われわれに根本的に問題提起されることになる。あらゆる機能素の間の不等性は、器官なき身体（CsO）と非身体的領界（U）との間の或る特異な差異を系譜学的要素としているのである。

このように考えると、ガタリの分裂分析的地図作成法は、〈身体なき器官〉を破壊するが、しかしそれは、必ずしも器官なき身体そのものへと向かうためではなく、非身体的な諸圏域についての思考（あるいは主観性）を産出するため、言い換えると、〈身体なき器官〉を排除するような諸身体がどのようにして非身体的領界への脱領土化の過程を地図作成しうるのかを提起するためである。こうしたガタリの思考から析出できる身体と精神の脱領土性並行論は、単にそれらの間の並行関係やそれらの一致のもとにあるだけでなく、それ以上に相互に多様な脱領土化の諸過程の総合、あるいは脱属性化の諸様態の分裂的総合のもとで考えられるべきものであろう。

注

1　「〈表現〉の諸形態の形式が〈内容〉の諸形態の形式と同一であることを提起するに至ったイェルムスレウの分析からあらゆる帰結を引き出さなければならない。〈内容〉と〈表現〉とが交叉するところ（記号論的な機能素としてこの両者のつねに可能な反転性と相関的な）で脱領土化された同じ機械論の存在を肯定することは、あらゆる構造主義的な二元論を決定的に無効にすることになる」（Félix Guattari, *Cartographies schizoanalytiques*, Galilée, 1989, p.116［以下、CSと略記］（『分裂分析的地図作成法』宇波彰・吉沢順訳、紀伊國屋書店、一九九八年、一四一頁））。

2　Slavoj Žižek, *Organs without Bodies, Deleuze and Consequences*, Routledge, 2004, p.30（『身体なき器官』長原豊訳、河出書房新社、二〇〇四年、六六－六七頁）。

3　Gilles Deleuze, Félix Guattari, *Mille plateaux—capitalisme et schizophrénie*, Minuit, 1980, p.190［以下、*MP*と略記］（『千のプラトー――資本主義と分裂症』宇野邦一・他訳、河出文庫、二〇一〇年、上・三一五頁）。

4　この「主体の公理系」（axiomatique subjectale）という言葉は、デリダから借りた（Cf. Jacques Derrida, *Force de loi*, Galilée, 1994, p.55（『法の力』堅田研一訳、法政大学出版局、一九九八年、六二頁））。また、ここで述べた器官なき身体の空虚化、癌化、地層化は、それ自体では誤謬でも悪でもない。問題は、これを排除する思考を欠いている場合である。しかし、この排除は、それが別の可能性を想定することと異なる仕方でなされない限り、意味をもたないであろう。

5　Cf. G. Deleuze, F. Guattari, *MP*, pp.325-333（中・二一八－二三二頁）。ここで特に興味深いのは、この存立平面が「固定平面」（plan fixe）と言い換えられる点である。「それ［存立平面］は、もはや心的図面にではなく、抽象的素描に関わるような、幾何学的平面である。それは、生起するものとともに、その次元数が増大し続けるが、しかしながらその平面性を何も失わないような平面である。（……）それは、一つの固定平面、すなわち音や視覚や文字などの固定平面である。〈固定〉は、ここでは不動を意味しない。固定は、そこにおいてただあらゆる相対的な速さと遅さだけが描かれるような、静止の絶対的状態であるのと同様に、運動の絶対的状態でもある」（*MP*, p.326（中・二二二頁））。

6　ドゥルーズ＝ガタリのこうした「記号の体制」の分類にも深く関わるような、ガタリの記号論についての本格的な論文、山森裕毅「フェリックス・ガタリにおける記号論の構築（1）——『分子革命』の三つの記号系」、『年報人間科学』、第32号、大阪大学大学院人間科学研究科、二〇一一年、一五三－一七一頁、を参照されたい。

7　そして、その最大の課題が、いかなる〈擬人化〉（personnification）にも陥ることなく、いかにして無限知性を分裂症化するかである。哲学における人間の有限精神の分裂症化の問題のすべては、この精神が帰属する無限知性を分裂症化することと、無限実体の原因から器官なき身体の欲望へとその特性を変質させることとにあるだろう。拙論「器官なき身体とは何か——実在的区別の観点から」、『ドゥルーズ／ガタリの現在』所収、小泉・鈴木・檜垣編、平凡社、二〇〇八年、一五七－一七五頁、参照。

8　F. Guattari, *Chaosmose*, Galilée, 1992, p.86［以下、Cと略記］（『カオスモーズ』宮林寛・小沢秋広訳、河出書房新社、二〇〇四年、九六頁）。また、同書所収の「四つの存在論的機能素の作動配列」という表も参照されたい（Cf. F. Guattari, C. p.88（九八頁））。

9　F. Guattari, CS, p.41（五一頁）。

10　ガタリが、『アンチ・オイディプス草稿』から後年の『分裂分析的地図作成法』に至るまで、ほぼ「器官なき身体」（corps sans organe）と記していること、つまり「器官」をつねに単数organeで用いていることに注意されたい。これは、身体なき器官、対象a、ファルス、シニフィアン等々が排除される——つまり、器官なき——ならば、人間身体は、複数であれ単数であれ、そのまま器官なき身体になりうるという考え方である。ガタリにおける器官なき身体の観念には、スピノザ、アルトー、ドゥルーズが共通して考えるような、現に在る有機的身体から別の身体への実在的移行の問題はほとんど含まれていない。ドゥルーズは、ガタリとの共同作業を語るなかで次のように述べていた。「ときには同じ概念について書いていながら、それをまったく別の仕方で把握しているのに気づいたこともある。「器官なき身体」がそうだ」(G. Deleuze, C. Parnet, *Dialogues*, Flammarion, 1996, p.24(『ディアローグ――ドゥルーズの思想』江川隆男・増田靖彦訳、河出文庫、二〇一一年、三五頁))。

11 F. Guattari, *Ecrits pour L'anti-œdipe*, Textes agencés par Stéphane Nadaud, Lignes & Manifestes, 2004, p.407(『アンチ・オイディプス草稿』國分功一郎・千葉雅也訳、みすず書房、二〇一〇年、三七九頁)。

12 F. Guattari, CS, pp.14, 219-220(一五、二七四頁)。

13 F. Guattari, CS, p.58(六九–七〇頁)。

14 F. Guattari, C, p.132(一五一頁)。

15 F. Guattari, CS, p.39(四八頁)。

〈脱-様相〉のアナーキズムについて

ここでは、アナーキズムの哲学にとってきわめて重要な二つの事柄について考えてみたい。それは、〈アルケー〉（archê）と〈様相〉（modality）である。この両者は、つねに深い関係性のなかにあった。というのも、アルケーは、つねに様相を含む〈特性〉一般のもとで思考されるのがつねだからである。言い換えると、アルケーは、つねに様相化され続けたのである。しかし、アルケーは、それが様相から解放されるとともに、徐々に〈アナルケー〉（anarchê）へと生成していく。アナルケーとは、〈無-起源〉――言わばアルケーなきアルケー――のことである。ただし、この〈アルケーなきアルケー〉という場合の、最初のアルケーと第二のアルケーとをけっして混同してはならないだろう。何故なら、最初のアルケーは、様相や特性一般とともに思考されたアルケーを意味しており、したがってこうしたアルケーを否定するのが第二のアルケーだからである。スピノザの〈神あるいは自然〉は、こうした意味において完全な〈アナルケー〉である。というのも、スピノザの神は、直接には様相化も特性化もされないからである。つまり、この人間の神ではない〈神-自然〉は、必然性という様相によって直接には外装化されえない。ここで言うアナーキーとは、第一に何よりも〈アルケー〉と〈様相〉との間の古典的な実体性の関係から〈アナルケー〉と〈脱-様相〉あるいは〈無-様相〉との分裂的総合への経路を作り出すことに存する（ここで私が言う〈無-様相〉とは、例えば、アリストテレスにおける事実命題の無様相性とはまったく関係ない)。したがって、それは、たとえ様相を用いるにしても、特定の様相をあるいは様相それ自体を、構成や産出以上に、つまり平面や身体以上に特権化してことさら使用することはない。

〈アルケー〉とは、「起源」、「端緒」、「原理」、等々の意味をもつ古代ギリシア語の一つである。一般的にもよく知られているように、古代ギリシアの時代から、哲学は、何よりも世界の第一原理としてこうしたアルケーを探求することにあるともっぱら考えられてきた。ソクラテス以前の哲学者たちはとくに自然哲学者と称されたが、例えば、自然哲学の開祖と言われるタレースは、万物の〈アルケー〉を「水」と定めた。さて、ここでただちに問題になることが一つある。それは、アルケーが何であれ、こうしたアルケーの探求は、実はつねに複写術(オリジナルとコピーという類似に関する優劣性の関係を作り出すこと)のなかで考えられているという点である。つまり、タレースのように、〈万物の原理は、水である〉と言った場合、まずそこにはアルケーとしての根源的な〈水〉と、飲んだり身体を濡らしたりする経験の対象となる〈水〉との二重性が、〈水〉について生じていることがわかるだろう。言い換えると、前者のアルケーとしての〈水〉は、たしかに経験不可能な〈水〉であるかもしれないが、しかし明らかに後者の経験可能な〈水〉から複写されて原理にまで据えられた、経験的な〈水〉の類似物ではないのか。哲学における〈アルケー〉には、実はこうした人間の経験可能な事物性が有り余っている場合がほとんどである(神と人間との関係も、これとまったく同じである)。要するに、人間の経験の対象から複写されたアルケーは、単にその対象の形相に類似しているだけでなく、様相や特性をも含めて転写されたものなのである。このことは、いくつかの例外的思考を除いて、つまり反道徳主義的〈自然学＝倫理学〉の哲学を除いて、現代においてもあらゆる領域に有り余るほど見出すことができる。

　さて、古代ギリシア語の〈アルケー〉という言葉は、こうした自然哲学の領域を越えて、その後の人間の政治的で社会的な諸形態や精神構造の諸様式のうちにまできわめて深く浸透していった。その原因は、人間本性がもつニヒリズム以外にはありえない。このようにして、むしろニヒリズムの受け皿となった〈アルケー〉からもっとも重要な一つの概念が形成されることになった。それが〈位階序列〉(hier*archy*)である。これは、反動的否定性の程度の差異から構成された地層物である。この語の接頭辞（hier）は、「聖なる」という意味をもつ。つまり位階序列は、第一に〈聖なるアルケー〉を意味し、第二にここからこのアルケーの優越性の価値評価が反映された、つまり否定性を媒介とした価値秩序そのものの存在論化の意義をもつようになったのだ。言い換えると、それは、まさにアルケーの理想化や目的論化のもとで、否定性、卓越性、類似性、同一性といった概念とともに構造化されたものである――すべてを多様に否定するために唯一肯定される〈聖なるアルケー〉。さらに言うと、〈君主制〉(mon*archy*)、〈少数独裁制〉(olig*archy*)、等々についても、事態は同様である（接頭辞〈mono〉は「一つの」を、接頭辞〈oligo〉は「少数の」を意味する）。これらは、ニヒリズムにおける同一物の永遠回帰である。つまり、聖なるアルケーという同一物が、否定性の位階序列のもとに永遠に回帰することである。ここでの回帰、すなわち存在は、差異や生成についてではなく、まさに聖なるアルケーと位階序列のなかの同一物――否定や欠如から把握された個物――について言われているだけである。このようにして、アルケーは、差異を否定し続ける聖なる位階序列を形成する法則となるのだ。これは、人間のニヒリズムの潜在的構造そのものと合致する。しかし、こうした人間本性や、これによって形成される社会や歴史に対して、或る価値転換の系譜学的要素がこうしたアルケーを変形し解体することになる。それは、無-仮説の系譜学的原理、つまり〈無-起源〉(*anarchy*)である。ここにおいてアルケーの〈回帰-存在〉は、差異や生成それ自体がもつ質としての肯定性を肯定するアナルケーとなる。それは、まさにドゥルーズの言うような、〈生成の存在〉あるいは〈偶然の必然〉である。しかし、この偶然性も必然性も、実は特定の様相の特権化などではなく、様相そのものへの抵抗にむしろ依拠しているのである。

〈様相〉という言葉は、哲学ではとりわけ、可能性、現実性、偶然性、必然性、蓋然性、等々に関する総称として用いられている。例えば、われわれにとっての認識の対象としての事物は、或る特定の様相をつねにともなって現われる。つまり、われわれの認識や判断は、様相なしには成立しえない(カントは、様相をまさに純粋悟性概念に数えあげていた)。しかしながら、様相は、けっして物の存在やその本性を構成したり、それらを直接に産出したりするものではない。また、様相は、人間の認識の様式を直接に構成するものでもない。様相は、それ自体としてはけっして実在しない。様相は、実在するものの一つの特性である。それにもかかわらず、人間の認識あるいは人間の精神は、様相によってあまりに内装化されすぎている。したがって、恐るべきことに、様相から構成や産出を考えるということが平然とおこなわれることになる。人間は、様相のもとでまさに「人間的、あまりに人間的」になるのかもしれない。様相の数を増やすことは、人間自身のうちにさらなる自由の観念を生み出し、その感覚をより確かなものとしていくことになる。そして最後に、これらによって人間は、自分たちのうちに自由意志の存在を決定的に確信することになる。こうした意味でも〈様相〉は、アルケーと同様、実はきわめてニヒリズム的な概念である。人間の歴史の一つにニヒリズムの系列があるのではなく、ニヒリズムこそが、人間そのものをあるいは人間社会やその歴史そのものを生み出す源泉なのである。

＊　＊　＊

アナーキーは、民主主義の諸様相に還元されえないような、民衆政治の〈脱－様相化〉の平面に存在している。〈様相〉概念は、日常的にも深くわれわれの心のうちに浸透している。それは、きわめてニヒリズム的な概念であり、また観念の形相がもつ一つの特性である。ここで私が言う〈観念〉とは、言表作用そのもののことである（これは、例えば、フーコーの「言表」をあらゆる記号論の先端で作用させることである）。アナーキーは、第一にこうしたニヒリズムのアルケーを解体するという意味でニヒリズムを徹底化することにある。第二に、それは、脱－欺瞞化、脱－根拠化、脱－地層化、等々の一連の〈脱〉化の運動を反復することにある。自然が放った矢のような哲学者たちは、すべて脱－様相的なアナーキーの思考を有している。スピノザは〈必然性〉を、ニーチェは〈偶然性〉を、ドゥルーズは〈潜在性〉を、正当にもそれらの使用を様相の次元に制限しつつも、それぞれに固有の内在性の平面の根本特性として規定していた（潜在性も現働性も、実はともに様相的な〈特性〉概念であることに注意されたい）。

スピノザにおける〈必然性〉様相は、実体の本性を構成するものの一性質、すなわち属性の一特性にすぎない。したがって、属性の間の実在的区別による実体の本性（力能）の構成は、まったくの〈無－様相〉である。すなわち、必然性は、それ自体としては実在しない（様相の実在化の否定）。そうではなく、構成された実体であれ産出された様態であれ、身体であれ観念であれ、実在するものの様相は、ただ必然性だけである（様相の一義性の肯定）。ニーチェの〈偶然性〉様相は、生成の無垢がもつ唯一の様相である。この生成に存在の性質を刻印することが、〈偶然の必然〉あるいは〈肯定の肯定〉と言われる。この必然あるいは第二の肯定は、生成のまったくの偶然性を実は無‐様相化することを意味している。というのも、生成の偶然性は〈脱‐様相的〉であり、これを〈無‐様相〉にまでむしろ純化する様相が必然性だからである。つまり、偶然の必然は、〈脱‐様相〉の〈無‐様相〉を意味しているのだ。ドゥルーズの〈潜在性〉様相は、事象の〈現働性〉様相に対応する実在性それ自体が様相化されたものである。言い換えると、可能性から批判的に区別される潜在性は、現働的なものの実在性が一切の可能性なしに様相化された様相である。それは、〈力能〉（potentia）の〈力能性〉（potentialité）そのものである。つまり、潜在性は、こうした意味において力能性との間に反転関係がある限りで、可能性とは明確に区別されることになる（ここではとくに触れないが、ガタリは、潜在性と力能性とのこうした関係を地図作成法のうちで捉えていた）。これによって潜在性は、自らの力能性のもとで現働化──別の様相としての現働性への脱‐様相化──するからである。さらに言うと、こうした脱‐様相化の系列にカントの〈可能性〉概念を付け加えることもできるのではないだろうか。それは、「一つの可能的経験」と称される〈有限で‐無際限〉な領域としての非‐存在のことである。それは、無際限判断に現われる〈non‐P〉の可能主義化である。カントは、これによってまさに現象の一義性の領域を開いたことは間違いない。カント哲学は、けっして単なる超越論的主観主義などではない。経験の諸条件や認識の構成も、すべてはこの「一つの可能的経験」という平面上にあって、はじめて機能するのである。規定的であれ反省的であれ、われわれの判断がつねに触れているもの、それは、可能的なものの規定可能性ではなく、こうした可能性からはけっして類推しえないような、

「一つの可能的経験」の非‐汎通的規定性である。

アルケーではなくアナルケーこそが、意識ではなく無意識を、受動科学ではなく能動科学を、構造ではなく機械を、事象ではなく力を、様相ではなく構成を、特性ではなく産出を、二元論ではなく多様体をつくり上げるのである。アナーキズムは、プラグマティックな〈脱‐様相〉主義であり、同時に自然主義的な〈無‐様相〉主義である。それは、単なる反道徳主義的な精神の一つの性質ではなく、その〈思考‐運動〉の実在的な産出である。それはまた、身体なしには思考しえない精神の発露である。身体なしに意識だけで思考する者は、非身体的変形の精神を有してはいない。身体を無視する思想、言い換えると、有機的身体における精神は、様相を重視し、特性を特化する傾向にある。こうした有機的身体から〈別の身体〉への実質的移行は、同時に諸様相の特性そのものから強度的圏域への脱‐様相化として構成される。そのときに、自らが観念から構成されていることを意識する精神は、個々の観念が反‐様相としての実在性を含んだ言表作用であることを理解するのである。〈無‐起源〉の機械状記号論が成立するとすれば、そこに様相はまったく必要ない。〈無‐起源〉は、様相を含めたあらゆる特性を減算しようとする。アナーキズムは、自己の身体を根拠や端緒なしの〈無‐底〉の大地（非有機的な器官なき身体）として規定しようとし、また自己の精神を目的論なしの〈脱‐根拠〉の大気（外の思考）として見出そうとする試みである。地球は、一つの分子であり、まさにこうした大地と大気との並行論的な総合態である。アナーキーの遠近法が再発見するのは、すべての個物がこうした意味での身体と精神との総合に存しているということである。この巨大分子は、それ自体がまったくの〈アルケーなき自然〉である。アナーキズムとは、こうした自然における無数のアナーキーの線を増幅するための結合・切断するものの総称でなければならない。それは、まさに永久の脱‐様相的運動である。

機械における切断と結合は、可能性も偶然性も、必然性も不可能性も、潜在性も現働性も、いかなる様相も有していない。これは、機械がまさに構造やシステムとまったく異なっている点でもある。ドゥルーズ＝ガタリにおける欲望機械は、様相とは無関係な作動の仕方を具体化している。〈機械状〉とは、〈様相なき〉ということでもある。それゆえ欲望機械は、〈結びつきの不在のもとで結合しているもの〉の総体であると言われるのだ。欲望とは、〈結びつきの不在〉の反－実現と〈この不在における結びつき〉の実現との同一性、あるいは潜在化と現働化との同一性、あるいはこれらの実在的反転性のことである。この〈不在〉には、いかなる否定性も含まれていないことに注意されたい。ここでの切断と結合から、古典的な〈区別〉概念としての実在的区別が非物体的に変形されることになる。それによってわれわれは、差異の倫理あるいは多様体の論理を与えられるのである。実在的区別は、単なる無関係性の概念などではない。それは、まったくの様相なき〈切断－結合〉概念である。欲望そのものを成す結びつきの不在による結合と切断は、差異の倫理を、つまり実在的区別の論理を推進することで実在性をまさに機械状にするのである。アナーキーの情動は、「様相」なき情動である。それは、〈希望／恐怖〉の感情の体制の外部での触発である。〈様相〉概念は、まったくの批判の対象でしかない。〈様相〉そのものを特化して思考してきた哲学は、ニヒリズムに溢れている。それは、特定のニヒリズムから動かないこと、つまり反動的ニヒリズムそのものである。様相を特化して思考する者は、まさに「人間的、あまりに人間的」である。そして、それが悲劇から程遠いのは、ニヒリズムの徹底化がおよそ意識されていないことにある。いかなる様相も特性もなしに〈実在性－力〉についての諸観念から精神を構成すること、そうした諸観念の一つ一つが言葉や文法や命題とは別の判断や理解や系列を産出する特異な諸言表作用をもつこと、こうした観念形成には身体の実在的変様がその発生的要素として存在していること、様相をけっしてともなわない情動があるということ。生成の未来は、現在にしかない。しかし、それは、どのような現在であるのか。それは、現在から、あるいはあらゆる現在するものから、様相を排除する時間様態のことである。つまり、生成の未来とは、様相なき現在のことである。この時間様態は、また観念としての言表作用がもつ実在性でもある。それゆえこれは、生成の産出の仕方である。言い換えると、これは、様相なき現在をディアグラムの記号過程にすることである。

脱－様相と無－様相
——様相中心主義批判

様相は、特性の一種である。特性は、構成や産出とは異なっている。というのも、特性によって何かを構成したり、あるいは産出したりすることは、けっしてできないからである。したがって、様相のもとで構成や産出についてさえも言及しようとすることは、或る転倒した思弁性——批判哲学の欠乏——のなかで思考が展開されることになる。人間の思弁的精神は、それ自体では悪ではない。問題は、その思弁がつねにスコラ的な特性についての議論に終始したり、あるいは特性のもとに構成や産出を含めて思考したりしてしまうことにある。それは、素朴で思弁的な、言わば特性実在論を形成することになる。形而上学という道徳的で受動的な哲学を形成してきたのは、間違いなく「哲学の労働者」たちである。彼らはまた、「科学的人間」でもある。しかし、こうした「科学的人間」と「哲学者」とは、実はまったく異なるものである。哲学とは、ニーチェによれば、認識を創造行為にすることである。それはまさに立法的であり、これが哲学を真の〈総合〉にするのである。[1] 新たな思弁的教示が単なる〈思弁〉に終わるならば、あるいは単に〈思弁的〉でしかないとするならば、その理由は、おそらくそれに対応する実践的教示が、とくに精神と身体との総合がその思弁のうちに含まれていないからである。同様に、新たな実践的教示が結局は人間の〈自由意志〉の問題に還元されてしまうとすれば、あるいは単に既知の価値の諸価値の置き換えにすぎないならば、その理由は、それに対応する思弁的教示が、とりわけ無仮説的原理がその実践のうちに含まれていないからである。前者の静的発生と後者の動的発生は、相互に前提し合うだけでなく、一つの内在性を組成するように反転し合うのである。思弁的な諸々の実在論は、まさに静的な発生論のうちにある。そして、それらは、複数の様相を用いてその理説を展開することになる。

さて、〈様相〉——可能性、現実性、必然性、蓋然性、等々——概念は、実はきわめてニヒリズム的な概念である。いかなる様相も、実は〈人間的、あまりに人間的〉な概念でしかないだろう。というのも、〈様相〉そのものが、人間のニヒリズム的本性を起源とした特性の一つだからである。このように考えると、何故、様相それ自体を特権化することが、分析的で思弁的な思考をつねに活気づけてきたのかの理由もわかるだろう。もしこの特権化が評価されるとすれば、それは、たとえ反動的な仕方であったとしても、明らかに人間のニヒリズムを必死に推し進めようとする場合だけである。これに対して、諸様相のなかから或る一つの様相をとりわけ特権化しようとする別のタイプの哲学的思考は、こうしたニヒリズムの徹底化を含んではいるが、しかしこのことをむしろ〈脱‐様相化〉という別の特異な仕方（〈様相〉それ自体の価値低下）のもとで問題提起しようとする。〈様相〉概念は、存在論的にも認識論的にも、実際にはつねに二次的なものにとどまる。様相は、自然のうちにそれ自体としては存在しない。言い換えると、〈様相〉概念を用いて直接に実在性について言及することは、できないことになる。したがって、人間の精神のうちでは、様相をともった十全な観念は、けっして成立しえないのである（スピノザがすでに理解していたように）。ここから一つの問題が帰結する。諸様相の特徴を受動性の〈科学的〉な態度で分析することを超えて、価値転換的な能動性の哲学的総合のうちで或る一つの様相を特権化しようとすることは、そこには〈脱－様相化〉への批判的で創造的な思考が内含されているのではないかということである。或る一つの様相を他の様相に対して特権化することは、同時にその哲学的思考を〈脱－様相化〉の運動をともなった特異な思考にすることになるであろう。

　実在性は、世界の真実でも真理でもない。実在性は、主観や社会や権力が構成するものでもなければ、それらの背後にあたかも物自体のごとく存在するようなものでもない。〈様相〉概念は、日常的にも深くわれわれの心のうちに浸透しているきわめてニヒリズム的な概念である。しかし、様相は、あくまでも物としての観念がもつ一つの特性である。観念は、〈実在性－力〉についての表現形式である。そして、観念において〈実在性－力〉は、実は諸様相の〈脱－様相化〉として表現されるのである。ここで私が言う観念とは、まさに〈言表作用〉そのもののことである。すなわち、こうした諸観念とは、自己の身体の力能の個々の実在的変様についての力動的形相としての表現のことである。言い換えると、この限りでの観念は、身体の実在的変様についての特異性の観念以外の何ものでもないのだ。言表作用は、こうした意味で〈実在性－力〉の直接的表現である。この表現は、単なるキャンバス上の表象化された無言の絵などではない。何故なら、それは、〈実在性－力〉の変様作用《モディフィカシオン》あるいは変調作用《モデュラシオン》だからである。したがって、こうした観念としての言表作用によってこの外の〈実在性－力〉は、図式論《シエマティスム》から図表論《ディアグラマティスム》への、あるいは反省的判断力から図表論的能力論への、あるいは自由意志による決意から身体の図表論的決定への移行のなかで形成される或る完全性を有しているということである。ここにあるのは、新たなディアグラム的転換である。[2] ここにあるのは、フーコーの

「言表《エノンセ》」をあらゆる記号的機能の先端で作用させること、言い換えると、〈言表の多様体〉から〈言表作用の作動配列〉への転換である——古文書学者から系譜学者へ。[3] たしかに〈言表〉は、この後に成立する文や命題や文法、言葉や対象や主体（領土化された知の機能形態）のうちに隠れて、考古学的に見出されなければならないものとなるが、しかし、〈言表作用〉は、言表と同様にたしかにそれら諸機能の前提であるが、それ以上にそれらの諸形式を変形しつつ、むしろそれらの先端で機能するものである。図表論においては、例えば、唯物論か観念論かと問うことはまったく意味をもたない。というのも、図表論の地図上では、この二つの立場は実在的に反転し合っているからである。

さて、自然が放った身体も観念も、それらは様相なき矢である。そうだとすれば、同様に自然が放った矢のような哲学者たちは、すべて〈脱-様相化〉のアナーキー的思考を有しているのではないだろうか。[4] たしかに、スピノザは〈必然性〉を、ニーチェは〈偶然性〉を、ドゥルーズは〈潜在性〉を、正当にもそれらの使用を様相に制限しつつも、それぞれに固有の内在性の平面の根本的な特性として規定していた（潜在性も現働性も、実はともに様相的な〈特性〉概念であることに注意されたい）。或る一つの様相を他の諸様相から特権化することは、諸様相を、あるいは様相という一つの特性それ自体を特化して愛好することとはまったく違う。何故なら、それは、第一にニヒリズムを徹底化するような〈脱-様相化〉の運動のうちにあり、第二にこれを通して今度は〈様相〉それ自体の特権性を奪い取るような、あるいは様相それ自体の発生を問題構成できるような〈無-様相〉の原理へと向かうことだからである（ここで私が言う〈無-様相〉とは、例えば、アリストテレスにおける事実命題の無様相性とはまったく異なっている）。

＊　＊　＊

以下に、〈脱-様相化〉の運動と〈無-様相〉の原理についての三つの事例を挙げておく。（1）まず第一、こうした〈脱-様相化〉の運動——一つの様相を特権化すること——の系列にカントの〈可能性〉概念を付け加えることもできるのではないか。それは、可能的なもの一般の集合とは批判哲学的に区別されるべき「一つの可能的経験」(eine mögliche Erfahrung)と称される〈有限で-無際限〉な領域としての〈非-存在〉のことである。これによってカントは、経験の対象の可能性ではなく、経験そのものの可能性を可能主義的に規定したのである。言い換えると、それは、無際限判断に現われる〈non-P〉の可能主義化である[5]（この用語自体は、ガタリから借用した。ここでの可能主義とは、一つには、『純粋理性批判』の原則論の「要請」における三つの様相——可能性、現実性、必然性——をこの「一つの可能的経験」のもとで可能化することである）。カントは、これによってまさに現象の一義性の領域を開いたことは間違いない。カント哲学は、単なる超越論的主観主義などではない。経験の諸条件や認識の構成も、すべてはこの「一つの可能的経験」という平面上にあって、はじめて機能するのである。規定的であれ反省的であれ、われわれの判断がつねに触れているもの、それは、可能的なものの規定可能性ではなく、こうした可能性からはけっして類推しえないような、「一つの可能的経験」の〈非-汎通的規定性〉である（ア・プリオリで非純粋な総合判断の存在根拠）。カントの〈可能性〉概念は、全体化する存在を様相面においてまさに脱-全体化するという、その意味で真の超越論的領域としての「一つの可能的経験」を提起しているのである[6]。つまり、これは、非-汎通的規定性として様相のカテゴリーの先端で機能するまさに〈脱-様相化〉の作用のことである。というのは、各様相の間の諸移行――可能性から現実性へ、現実性から必然性へ、等々――は、球面に比せられるこの〈有限で-無際限〉な領域の脱-様相化に完全に依拠しているからである。

（2）スピノザの〈必然性〉概念、すなわち様相の一義性の思想は、この〈必然性〉様相を特権化する――それ以外の諸様相は、すべて「認識の欠乏」以外の何ものでもないと規定される――と同時に、他の様相を積極的に減算するような認識の過程が本質的に含まれている。いずれにしても、スピノザにおいては、こうした必然性も含めて、様相それ自体というのは、けっして実在も存在もしない。たとえ必然性であっても、それは、現実存在するものから独立自存するものではない。スピノザにおける〈必然性〉様相は、第一に実体の本性を構成するものの一性質、すなわち属性という形相が有する諸特性の一つにすぎない。言い換えると、諸属性の間の実在的区別による実体の本性（＝力能）の構成は、まったくの〈無-様相〉である。というのも、この特異な構成は、法則や因果性を〈様相〉のもとでではなく、むしろこれに先立つ〈力能〉のもとで存立させることだからである。必然性は、それ自体としては実在しない（様相の実在化の否定）。そうではなく、構成された実体であれ産出された様態であれ、あるいは身体であれ観念であれ、実在するものの様相は、ただ必然性だけなのである（様相の一義性の肯定）。さて、スピノザは、実体の本質を神の力能であると考えた。実体の本質それ自体は、形相なき絶対的力能である。われわれが〈力能〉や〈力〉という概念によって考えたいことは、形式あるいは形相なしの、形態あるいは形象なしの実在的内容、表現されるもの、等々である。しかし、神の力能は、属性と不可分であり、属性というこのア・プリオリな〈表現〉によって〈表現されるもの〉となる。属性によってその本質が構成された〈神-実体〉においては、自らの力能は、この〈属性-表現〉における様態の産出として今度は諸々の強度のもとで表現される。〈属性-形相〉

による神の力能の表現は、必然的に産出された〈様態－強度〉の表現をともなっている。言い換えると、自然の構成的表現は、自然の産出的表現から思考的にしか区別されないということである。しかし、様相に関して重要な論点を指摘しておかなければならない。それは、〈属性－表現〉による〈実体－表現されるもの〉の論理的構成そのものは実在的に〈無－様相〉であるが、この構成された実体の存在は、属性がもつ諸特性をともなって、つまり形質化されて必然的に存在する。また、この構成された実体における様態の実在的産出は、自然的構成において〈必然性〉様相をともなっている。スピノザにおいて必然性は、唯一の様相であり、何よりも実体を構成するもの——この意味で力動的形相としての属性——の一特性である。要するに、神の力能は、まったくの無－様相であるが、この力能が属性によって構成されることによって一つの様相的表現をもつことになるのだ。それが、〈必然性〉様相である。第一に特性から属性を区別することは、様相そのものの特権性を奪うという意味でも〈脱－様相化〉という外の思考のうちにある。第二に属性を力能の表現にすることは、力能の〈無－様相性〉を構成的に表現することである。そして、第三にこの〈脱－様相化〉と〈無－様相性〉は、現実存在するものの実在的肯定性にほかならない。そのことが、改めて特性化されて〈必然性〉と称されるのである（スピノザの〈無－様相〉主義）[7]。

（3）〈偶然性〉様相については、ドゥルーズのニーチェ論のもっとも独創的な論点の一つでもある存在の一義性の思考をもとに考えるのがきわめて生産的であると思われる。存在は、差異についてのみ唯一同一の意味で言われる。つまり、差異は存在である。同様に、生成は存在であり、多は一であり、偶然は必然である。〈生成〉、〈多〉、〈偶然〉は、いかなる否定性もなしにそれ自体ですでに肯定である。ところが、この肯定は、〈存在〉、〈一〉、〈必然〉という第二の肯定の対象にほかならない。

「この第二の肯定は、第一の肯定をこの新たな力能にもたらす」〔強調、引用者〕[8]。生成は、つねに無垢である。何故なら、それは、まさに純粋な〈偶然性〉(hasard)だからである。生成の無垢は、〈脱－様相的〉である。しかし、この脱－様相性は、それ自体では様相ではない。それは、むしろ或る差異を示しているのである。つまり、生成の無垢とは、特性なき自己における差異のことである。ニーチェの〈偶然性〉様相は、たしかに生成の無垢がもつ唯一の様相である。しかし、この偶然性がもつ脱－様相性は、差異の直接的肯定性である。この偶然性が言われる諸々の差異は、他のいかなる様相も有してはいない以上、偶然の一義性のもとでその差異の肯定がさらに肯定される。可能性は、この偶然性によってつねに不可能性へと様相移行することになる（可能性は回帰しない）。こうした意味での〈肯定の肯定〉についてニーチェは、次のように言う――「生成に存在の性格を刻印すること――これこそが最高の力能の意志である」、あるいは「すべてが回帰するということは、生成の世界と存在の世界との根源的近接である。考察の頂点」[9]。存在の性格とは、存在の一義性という性格である。その様相は、今度は必然性である（可能性の実質的消尽）。この生成に存在の性質を刻印することとは、言わば〈偶然の必然〉、〈肯定の肯定〉と言われる。この必然あるいは第二の肯定は、生成のまったくの偶然性を実は〈無－様相化〉することを意味している。言い換えると、生成の無垢の偶然性の背後から一切の可能性を消尽すること、それが第二の肯定である。というのも、生成の偶然性は〈脱－様相化〉であり、これを〈無－様相〉にまでむしろ純化する唯一の様相が必然性だからである（ア・ポステリオリで純粋な総合言表）。要するに、この〈必然性〉とは、偶然の一義性を表わす。言い換えると、偶然の必然は、〈脱－様相化〉（ツァラトゥストラ系列）から〈無－様相〉（ディオニュソス系列）への力能の移行を意味しているのである。

＊　＊　＊

さて、スピノザが〈力能〉（potentia）を可能性という様相なしに思考し、同様にドゥルーズが〈潜在性〉（virtualité）を可能性概念に依拠せずにその対象性を定立した後に、例えば、メイヤスーのように、こうした〈力能性〉（potentialité）を再び可能性のもとで規定して、こうした力能性から潜在性を改めて批判的に区別することは、もはや何の生産性ももたないであろう。[10] 二つの論点を問題提起しておきたい。そしてこれは、ディアグラム論とともに脱－様相化の論理へとつながっていくであろう。ドゥルーズの〈潜在性〉様相は、事象の〈現働性〉様相に対応する実在性それ自体が様相化――つまり、潜在化――されたものである。言い換えると、つねに可能性から批判的に区別される潜在性は、現働的なものの実在性が一切の可能性なしに様相化された特性である。さて、ここで重要な事柄は、潜在性とは、自ずから〈脱－様相化〉する力能を有する特性であるということだ。これは、これまで一般的に理解されてきた〈現働化〉の運動である。これに対して可能性は、自ずから現実性へと移行する〈力能〉を有してはいない。何故なら、可能性においては、それが現実性へと移行する度に、つまり脱－様相化の度に、つねにこうした様相を絶対に欠くことのできない自らの性質としている実体や主体が要請されるからである（このことは、例えば、プラトン的なイデアは自らの影を産出するには無能力であり、そのためには動力因としての神を別に定立しなければならなかったことと類比的である。言い換えると、イデアは、〈可能性〉様相のもとで完全に無力能化されている）。この点こそが、まさに可能性と潜在性との間の最大の様相上の差異である。しかし、潜在性と可能性を実際に区別するのは、きわめて困難な事柄でもある。というのも、この両者の区別においては、別の第三の〈力能性〉の理解の仕方がもっとも重要な問題となるからである。

要するに、潜在性の現働化とは、実は様相についてのみ言われる〈脱-本性化〉のことである。したがって、現働化とは、正確に言うと〈現働性〉化のことであろう。潜在性は、ただこの〈脱〉化の運動を有するだけである。潜在性から現働性への様相の移行、つまり現働性化は、〈脱-様相化〉という様相上の非物体的変形である。そして、潜在性は、そのためにいかなる別の基体も主体も実体も必要としない。何故なら、潜在性は、〈力能性〉と反転し合っているからである。したがって、この反転の不可能性のもとで力能性はもっぱら可能性と同一化されて、潜在性と力能性（＝可能性）とが相反する様相として成立することになる。実在的反転においては、可能性は最初から消尽している。あるいは、潜在性は、この可能性の消尽の過程を含む限りで、力能性と不可分であると言うべきであろう。これによって潜在性は、自らの力能性のもとで脱-様相化（現働化）するのである。〈潜在性-力能性〉は、言わば脱-ニヒリズム的な内在的様相である。ここにおいて〈力能性〉は、完全に〈潜在性〉と同一のものとなる。例えば、フェリックス・ガタリは、分裂分析的地図作成法のもとでこの観点に到達している。ガタリの〈様相〉についての考え方は、〈原因〉についての理解と同様、かなり素朴なものである。しかし、ここでの問題構成にとって重要な論点を与えてくれる。〈潜在的〉(virtuel) な「実存的領土（T）」は、〈力能的〉(potentiel) な「流れ（F）」との間に、さらに共通の様相を、すなわち〈偶然性〉を有する。この二つの領野をそれぞれ可能主義的に積分した二つの領域が、〈潜在的〉な「非物体的領界（U）」と〈力能的〉な「機械状系統流（Φ）」である。ガタリによれば、この二つの領域は、さらに共通の様相としての〈可能性〉のもとで特性化される（注意されたい。諸領域は、すべて二重化された様相を有している）[11]。この四つの存在論的機能素は、器官なき身体上の構成的平面であり、強度の地図作成的諸要素である。

さて、可能主義的に積分された二つの領域、すなわち脱領土化の領域（〈Φ〉と〈U〉）は、それが〈絶対的〉であるとすれば、けっして信号的な「流れ〈F〉」と抑圧の貯蔵庫としての「実存的領土〈T〉」にそれぞれ再領土化されることなく、反転し合うことにある。この強度的反転は、あらゆる内在性の発生的要素である。これに対して、〈偶然性〉様相の二つの領域（〈F〉と〈T〉）は、反転不可能性の無数の度合のもとに存在する。「〈領界（U）〉と〈系統流（Φ）〉は、まさに識別可能ではない。両者は、共－可能性の関係＝比《ラポール》を維持している。〈実存的領土（T）〉と〈流れ（F）〉との間には、実在的区別性が存在していた」[12]。つまり、機械状の質料（Φ）と非物体的変形の集合体（U）は、それぞれの〈力能性〉と〈潜在性〉という様相が相互に脱－様相的に反転する機能素だということである（例えば、スピノザの神の二つの力能は、これに完全に対応している）。これに反して、〈F〉と〈T〉は、相互の反転不可能性の諸度合のなかで、〈偶然性〉様相の細分化として〈力能性〉と〈潜在性〉がそれぞれに配分されることになる。つまり、ここでは、一方の力能性は、潜在性と区別されて、一般的な〈可能性〉様相へとますます再領土化されることになる。他方の潜在性は、力能性と区別されて、現働性に対する特権性を有するようになる。というのも、潜在性に対する現働性は、〈Φ〉と〈F〉の力能性に配分されるからである。潜在性と力能性との批判的な区別は、新たな創造的一致を見出すことになる[13]。しかし、力能性を従来の〈可能性－現実性〉のもとで考え続けるならば、それは、潜在性によって批判されるべきものとなるだろう。ところが、潜在性と力能性は、すでに述べたような主体や対象や実体における一つの特性として存立していたり、あるいはそのように想定されたりするものではない。潜在性は、一つの特異な様相である。というのも、それは、力能性を有しているからである。潜在性と現働性との間には、現働化の運動がある。これは、潜在的なものが現働的なものへと〈脱-本性化〉する運動である。〈潜在性〉とは、言わば、〈間-様相〉のことである。スピノザの〈神あるいは自然〉も、こうした〈脱-本性化〉の存在あるいは産出の仕方以外の変様の様式を有してはいない。実体（＝能産的自然）とは、その本質に存在が含まれる仕方で実在するものである。様態（＝所産的自然）とは、その本質に存在が含まれない仕方で実在するもののことである。前者は、後者へと必然的に変様する、あるいは後者を必然的に産出する。実体は、〈脱-本性化〉する限りで、このように様態的に変様する、あるいは様態を産出するのである。潜在性について言うと、明確にこれを様相として考えるならば、この〈脱-本性化〉は、まさに〈脱-様相化〉のことである。潜在性が可能性から区別される点がここにある。さて、この脱-本性化は、可能性から現実性へ（一般性のなかでの個別性化）、そして現実性から必然性へ（普遍性における特異性化）といったような様相の単なる移行において考えられるような事柄ではない。

　様相に関して人間の情動を考えてみよう。様相の系譜は、どうやら感情にあるように思われるからである。感情についての様相分析が必要となるだろう。というのも、特異な共通概念——特異性の観念についての概念化——を形成する理性は、感情から様相を排除しようとする能力を有しているからである。そうした理性は、まさに欲望そのものの作用の一つである。スピノザにおいては、受動性感情から能動性感情への移行は、より正確に言うと、喜びの受動性感情から特異性概念の形成へ、そしてこの形成から無-様相の〈欲望-情動〉への移行は、単なる様相問題を超えて、構成と産出の水準へとわれわれをもたらすのである。というのも、この徹底した様相批判の明確化は、これに対して自然を〈産出→構成→特性〉という経路のもとで理解することだからである。言い換えると、これは、非物体的変形の多様体（U）と機械状系統流（Φ）との間で生起するまさに無‐様相の自然について唯物論を展開することである。人間本性の感情の根本には、恐怖と希望というものがある。これらは、喜びと悲しみ、あるいは愛と憎しみ等々と同様の、二つの相反する感情である。しかし、この〈恐怖／希望〉の二つの感情は、或る意味でもっとも様相に溢れているがゆえに〈感情の幾何学〉全体を時間のもとで統制化する〈感情の体制〉の意義を有している。〈様相〉は、希望と恐怖の〈感情の体制〉のなかで練り上げられた特性の一つ以外の何ものでもない。この体制において、人間にとっての諸様相の意義と実感がもっとも明確に人間のうちに現われるのである。したがって、新たな〈欲望‐理性〉は、こうした体制の真っ只中で様相についてまったく別の問題を提起するのである。人間の情動は、特異性の法則を含んでいる。この理性は、この法則についての概念を形成しようと欲望することにある。それは、様相と共可能的に問題化される量や質以前の、〈反‐様相〉の強度である。人間の新たな理性は、第一に感情を脱‐様相化することにある。スピノザの理性とは、言わば様相なき感情のことである。それは、理性の欲望化である。これらの概念は、いずれにせよ、図式論的《シェマティック》相関主義にあるのではなく、私にとっては身体の図表論的《ディアグラマティック》唯物論にある。そうだとしても、ここで述べてきた多くの事柄は、単に〈様相‐特性〉の問題以上のものではない。

注

1　「どうか今後は、哲学の労働者と哲学者とを、またもっと一般的に言えば、科学的人間と哲学者とを混同することは止めにしていただきたい、と私は強く主張する。まさにこの点においては厳密な仕方で、「各人に各人のもの」を与えるべきであり、前者〔哲学の労働者、科学的人間〕にあまりに多くのものを与え、後者〔哲学者〕にあまりにもわずかしか与えないという態度は、とるべきではない。（……）しかしながら、本来の意味での哲学者とは、命令を下す者であり、また法を作り、定める者なのである。（……）彼が行なう「認識」とは創造行為であり、そういう創造行為は立法であり、彼の真理の意志は、すなわち力能の意志である」（Friedrich Nietzsche, *Kritische Studienausgabe 5: Jenseits von Gut und Böse*, 211, pp.144-145（『ニーチェ全集第二巻（第Ⅱ期）善悪の彼岸』吉村博次訳、白水社、一九八三年、〔二一一〕、二〇五－二〇六頁）。

2

ガタリの次の言明は、機械状記号論の意義が明確に規定されている。「機械状記号論というわれわれの遠近法において、ひとは、フェルディナン・ド・ソシュールのように、信号的形式がその指示対象との関係で実質的な無関係性にあるとは考えない。機械状作動配列においては、形式主義《フォルマリスム》が指示の諸々の実在性をともなった直接的な把捉（図表主義《ディアグラマティスム》）であることが起こりうる。こうして、表現の受動的な諸形態は能動的な〈記号－微粒子〉に変形され、また記号論的エネルギーの問いはもはや排除されることができない。〈表現〉の諸形態の形式が〈内容〉の諸形態の形式と同一であることを措定するにいたったイェルムスレウの分析からあらゆる帰結を引き出さなければならない。〈内容〉と〈表現〉の交叉する〈記号論的機能素としてこの両者がつねに反転可能であることに関連した〉ところで脱領土化した一つの同じ機械状のものの存在を肯定することは、すべての構造論的二元論を決定的に無効にすることにつながる」〔強調、引用者〕（Félix Guattari, *Cartographies schizoanalytiques*, Galilée, 1989, p.116〔以下、CSと略記〕（『分裂分析的地図作成法』宇波彰・吉沢順訳、紀伊國屋書店、一九九八年、一四一頁））。このきわめて重要な言説から次のことがわかる。すなわち、機械状記号論においては、（1）記号は、その指示対象に対して恣意的であるとは考えない、（2）記号の表現形式は、指示対象の〈実在性－力〉（内容形式）の直接的な把握であり、（3）その結果として、シニフィアンの諸形態は、〈記号－微粒子〉へと生成変化する、（4）この内容と表現は、反転可能な脱領土化の諸形式である。

3　系譜学的要素は、既存の諸価値の根拠あるいは源泉であると同時に、そうした諸価値の価値転換的な要素でなければならない。ここから、いかなる二元論にも還元されえないような、意味と価値をともなった多様体の思考が有する形式的意義が理解できるようになる。形成された或る二元論〈G／B〉——例えば、〈善／悪〉あるいは〈真／偽〉——の領域に対して、外部の領域としての〈g／s〉——例えば、〈よい（喜び）／わるい（悲しみ）〉あるいは〈十全／非十全〉——が提起される。この前者から後者への移行は、系譜学的遡行あるいは逆行である。このように考えるならば、〈G／B〉に対する価値転換の要素〈g／s〉のうち、前者そのものに対して能動的な抵抗の線を引くのは、後者のとりわけ〈g〉である。しかし、これと同時に、〈G／B〉が設定される理由は、後者の〈s〉のうちにある（図、参照）。これらの諸機能を含んだうえで、さらに〈s〉から〈g〉への実質的な脱根拠化の諸過程〈s→g〉が存在する。抵抗の線、充足理由、脱根拠化の過程は、多様体の諸問題を構成することになる。こうした多様体の思考と倫理作用については、拙著『超人の倫理』（河出書房新社、二〇一三年）を参照されたい。

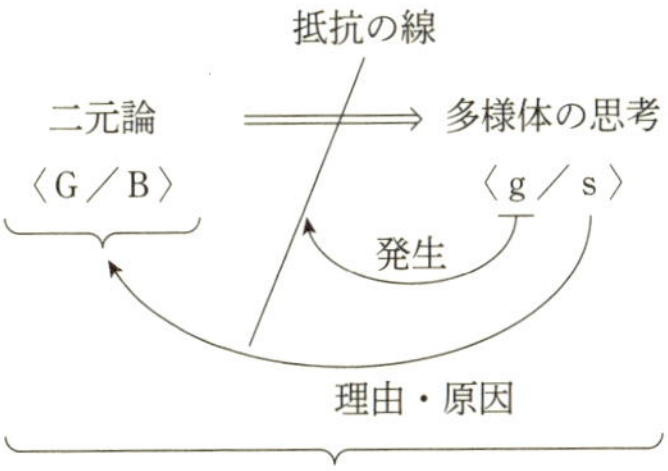

図　二つの多様体とそれらの〈間《あいだ》〉

4　拙論「〈脱－様相〉のアナーキズムについて」（『HAPAX』四号所収、夜光社、二〇一五年、本書に収録）を参照。

5　スラヴォイ・ジジェクは、このカントの「無際限判断」(das unendliche Urteil)——一般的には「無限判断」と言われる——が開く領域は、単に可能的経験の枠組に入ってくる「実在性《リアリティ》」とはまったく異なった経験の可能性の裂け目であり、怪物や亡霊が住まう「実在的なもの《リアル》」の領域であるという(Cf. Slavoj Žižek, *Tarrying with the Negative*, Duke University Press, 1993, pp.108-114(『否定的なもののもとへの滞留』酒井隆史・田崎英明訳、太田出版、一九九八年、一七三－一八一頁))。また、この観点についての批判も含めて、無際限判断が開く〈非－存在〉については、拙著『死の哲学』(河出書房新社、二〇〇五年、一一六－一二二頁)を参照されたい。

6　カントにおける〈可能性〉概念は、諸様相の〈脱－様相化〉の原理である。言い換えると、それは、諸様相の間の移行の原理であり、それ以上に経験の可能性の諸条件がそれなしには機能しえないような無条件的原理である。カントは、これをまさに非－汎通的規定性の領域と考えて、〈一つの可能的経験〉として析出・彫琢した。これについては、福谷茂『カント哲学試論』(知泉書館、二〇〇九年、とくに「カントの可能性概念」、「存在論としての「アプリオリな綜合判断」」、「カント哲学における「経験」概念について」、「カントの《Opus postumum》の哲学史的位置について」)を参照されたい。

7　スピノザにおいては、実は〈存在しない様態〉をどのように可能性としてではなく、必然性のもとで理解すべきかという困難な問題がある。こうした問題を考える際に、例えば、ライプニッツにおける「充足理由律」を用いて現実存在するものの存在根拠を理解するだけでは、〈可能性〉様相を完全に消尽させることができない。というのも、それは、現実存在するものが存在する理由の半身しか与えていないからである。では、もう一つの半身とは何か。それは、非－存在の充足理由律である。この存在しない理由によって、可能性は完全に排除されることになる。二重化された理由による可能性の消尽において、はじめて潜在性という特異な様相が明確に区別されて浮上してくる。この観点については、以下の論考から示唆を受けた——井上一紀「スピノザ『エチカ』における様態論の研究」(東京大学人文社会研究科、基礎文化研究専攻哲学専門分野、修士学位論文、二〇一二年度提出)、同「非－存在の一義性：前期ドゥルーズにおける」(日仏哲学会・二〇一四年秋季研究大会、一般研究、二〇一四年九月一三日、於・東京大学駒場キャンパス)。

8 Gilles Deleuze, *Nietzsche et la philosophie*, PUF, 1962, p.217（『ニーチェと哲学』江川隆男訳、河出文庫、二〇〇八年、三六四頁)。

9 Friedrich Nietzsche, *Kritische Studienausgabe 12: Nachgelassene Fragmente 1885-1887*, 7［54］, p.312（『ニーチェ全集第九巻（第Ⅱ期）遺された断想（一八八五年秋－八七年秋）』三島憲一訳、白水社、一九八四年、三九四頁)。

10 Cf. Quentin Meillassoux, "Potentialité et virtualité", *Failles*, Printemps, 2006, n°2, pp.112-129（クァンタン・メイヤスー「潜勢力と潜在性」黒木萬代訳、『現代思想　特集＝現代思想の転回２０１４』所収、青土社、二〇一四年、七八－九五頁)。メイヤスーを批判する論文としては、近藤和敬「問題－認識論と問い－存在論――ドゥルーズからメイヤスーへ、デランダへ」（同誌、五八－七三頁）を参照されたい。私が本論文でとくに意図していることの一つは、こうした最近の思想運動がもつ個々の論点を批判するのではなく、したがってその欠如を指摘するのではなく、単にそれを地図上に位置づけるということである。というのは、その方が批判上より有効だと思われるからである。

11 Cf. F. Guattari, *CS*, pp.97, 142（一一四、一七四頁)。

12 F. Guattari, *CS*, p.186（二三二頁)。

13 こうした強度の地図上の反転可能性とその不可能性については、拙著『アンチ・モラリア――〈器官なき身体〉の哲学』（河出書房新社、二〇一四年、三〇四－三一九頁）を参照されたい。

ディアグラムと身体
——図表論的《ディアグラマティク》思考の系譜について[1]

われわれが或るものについて、普段意識したり感覚したり記憶したり想像したり考えたりしているその或るものの実在性は、いかなる仕方で実在的に存在しているのか。あるいはむしろ、われわれが解釈したり価値評価したりしている物についての実在性は、どのように実在的に表現されたり指示されたりしているのか。記号や言語やイメージは、一般的にはわれわれと物との間の媒介物である。人間が有するこうした多くの媒介物は、つねに強化され拡大されて、ますますわれわれの歴史や社会、自然や生活世界そのものとなってきた。それらなしには、われわれの環境世界——外部性の諸形態——は成立しえないであろう。また同時に、それらは、われわれの内部性の諸形態そのものでもあるだろう。この外部性と内部性という二つの形態の合一によって、〈外〉の実在性は、完全に稀少なものとなる。しかし、それにもかかわらず、次のように問うことができる。こうした〈外〉の実在性を内包した記号や判断や身体は、どのような存在の仕方をしているのであろうか、と。物の実在性は、たしかに外の力である。しかし、外の〈実在性－力〉は、実際には大地震や大津波、異常気象や火山爆発、等々のような自然災害という苦痛や否定性のもとでしか多くは人間に理解されない。奇妙なことに、物の実在性としての外は、肯定性＝実定性のもとでではなく、否定性を媒介とする限りでしか理解されないし現前しなくなるのである。

外の実在性とは、力の無形式な変化であり、力能の実質的変様である。ここでは、こうした外の〈実在性－力〉のもとで思考されるような、あるいはそれらを必然的に含むような言表、判断、観念、身体は、図表論《ディアグラマティスム》におけるもっとも本質的な要素として規定されうるであろう。ガタリは、次のように述べている。「ディアグラムとともに、ひとは分裂的－革命的な構築主義を有することになる」[2]、と。ディアグラム主義は、記号論的、反省的、系譜学的、身体的であり、すべての形式を「力能の記号」として捉える思考である。ここには、思考における言わばディアグラム的な転換とでも呼ばれるべき事柄がある。ディアグラム論とは、まずは地層化された媒介物を力の図式論の産物として捉えて、表象化の図式ではなく、「強度の地図」を形成することにある。それは、物の実在性を含む限りで成立する記号論でもある。したがって、それは、非シニフィアン的記号論でしかありえない。この場合の、物の実在性とは、シニフィアン（内在的定数）とシニフィエ（外在的変数）からなる記号言語を変形して、事物の諸形態の組み合わせではなく、〈対象性－力〉の流れを内属的変化とするものである。したがって、ディアグラム論は、こうした物質的変化とともに完全に機能する内在的変数を必要とする[3]。これが、ガタリが言う〈記号－微粒子〉群である（ただし、ここには〈言表の多様体〉から〈言表作用の作動配列〉への変形がともなっている——古文書学者から系譜学者へ。前者は、後からやってくる文や命題の体系、言葉や対象（領土化された機能形態）のうちに隠れて、考古学的に見出されなければならないものであるが、後者は、それらの諸機能の前提であると同時に、それらの諸形式を変形しつつ、むしろそれらの先端で機能するものである）。このディアグラム的転換は、歴史のなかの特定の時期あるいは時代に固定されてはいない。というのも、ここでのわれわれは、こうしたディアグラム的思考をいくつかの哲学思想のうちに見出すことになるからである。

I

形式主義《フォルマリスム》から図表主義《ディアグラマティスム》へ

ドゥルーズとガタリは、「図表《ディアグラム》」という言葉を用いて、一つの特異な概念を形成しようとするだけではない。彼らは、何かによって局所化も稀少化もされえないような或る重要な哲学的思考を成立させようとしているように思われる。それは、実在性、肯定性、力についての新たな概念である。図表《ディアグラム》においては、力の関係《ラポール》＝比は、実在性の流れとして規定される。したがって、図表論《ディアグラマティスム》は、こうした実在性の流れとしての諸力を含んだ記号過程をとりわけ考察することになる。言い換えると、図表は力の諸々の関係《ラポール》＝比の表出であり、図表論はそれらの地図作成法である。しかし、それらは、形式主義的な言語機能や記号表現とそれらの理解に多大な変化をもたらす。ガタリの以下の言説からわれわれは、明確に言語や記号に対するディアグラム論の破壊的な意義を見出すことができるだろう。構造主義的言語学には「シニフィアン連鎖とそれらに対応するシニフィエとの間の恣意性の機能（私は「恣意化」と呼びたい）」がある。「しかし、機械状記号論というわれわれの遠近法において、ひとは、フェルディナン・ド・ソシュールのように、信号的形式がその指示対象との関係で実質的な無関係性にあるとは考えない。機械状作動配列においては、形式主義《フォルマリスム》が指示の諸々の実在性をともなった直接的な把捉（図表主義《ディアグラマティスム》）であることが起こりうる。こうして、表現の受動的な諸形態は能動的な〈記号‐微粒子〉に変形され、また記号論的エネルギーの問いはもはや排除されることができない。〈表現〉の諸形態の形式が〈内容〉の諸形態の形式と同一であることを措定するにいたったイェルムスレウの分析からあらゆる帰結を引き出さなければならない。〈内容〉と〈表現〉の交叉する（記号論的機能素としてこの両者がつねに反転可能であることに関連した）ところで脱領土化した一つの同じ機械状のものの存在を肯定することは、すべての構造論的二元論を決定的に無効にすることにつながる」[4]。ここには、二つのきわめて重要な論点が提起されている――第一は記号形式と物の実在性との間の関係について、第二は記号における表現形式と内容形式とが交叉し反転する脱領土化の領域について（本論では、この第二の論点にはとくに触れない）[5]。

ソシュールの言語学的思想のもとで強固な確信となったのは、自律した構成的で構造的な差異の体系が指示対象（物、概念、意味、等々）の実在性とはまったく無関係に存立しているという考え方である。言い換えると、信号的形式としての言語や記号、それらの形式的な差異の体系は、その指示対象の実在性を直接には含んでいない。むしろその限りで成立するのが、こうした言語や記号系の差異の体系なのである。差異の体系は、諸記号の間の〈差異の恣意性〉と、信号的記号とその指示対象との間の〈関係の恣意性〉とを有している。しかし、ガタリが考える機械状記号論とは、何よりもこうした構造主義的記号論とは異なって、あらゆる記号の形相面が事物の諸々の実在性を直接に含んだ図表主義的記号論のことである。記号表現《シニフィアン》の系列、あるいはそれらからなる〈差異の体系〉は、とりわけ恣意的ではあるが、たしかに或る種の能動的な差異化の運動を含んでいる。というのも、これに従って、そこに諸々の記号内容《シニフィエ》が所産的な差異性として形成されるからである。しかし、それでもこうした差異の体系は、形式主義に固有の地層的な受動的形態のうちにある。この静的で恣意的な差異の体系としての記号論に対して、パースが用いた「ディアグラム」という言葉を用いて、一つの画期的な遠近法主義的〈解釈－思考〉が形成されうるであろう[6]。しかし、注意しなければならない。先に引用した「図表主義」の考え方を提起したのは、必ずしもガタリが初めてというわけではない。ドゥルーズの超越論的経験論は人間の諸能力についての発生論であるが、それはむしろディアグラム論として把握されるべきだろう。また、このように考えると、超越論的経験論に関する以下のような系譜学的要素がより明確になるだろう。カントにおける反省的判断力は、若干のディアグラム的判断力の形成であり、スピノザにおける観念は、まさにディアグラム的精神の形成であると言える。そして、この形成のもっとも重要な発生的要素となるのが、人間の身体である。

Ⅱ

図式《シエーム》から図表《ディアグラム》へ

ドゥルーズは、フーコーの思想には固有の「新カント主義」があることを明言している。[7] それは、ほぼカント的な「図式論」との関係でそのように規定されている。ところが、それは、かなり類比に依拠した考え方である。というのも、カントにおける認識を形成する自発的能力としての悟性と受容的能力としての感性との間の関係は、フーコーにおける知のカテゴリーを形成する言表（自発性）と可視性（受容性）との間の関係と同一のものと考えられているからである。さて、カントにおいて、この二つの形式が関係を有するためには、こうした自発性と受容性とはまったく異なった「第三のもの」(Das Dritte) がつねに必要となる。[8] それは、悟性でも感性でもない第三の図式化する能力としての構想力である。しかし、図式作用は、悟性の自発性を支持する限りでの、第三の能力としての構想力の働き――概念のイメージ化――である。それは、純粋悟性概念に従事する限りでの第三の働きである。ところが、フーコーの新カント主義はたしかに図式主義に収斂するが、しかしその図式性はまったく別のものでなければならないだろう。何故なら、それは、自発性という考古学の発生的要素の作用とは別のベクトルをもつような、すなわち受容性から自発性へと向かうような或る〈逆‐図式〉(para-schème)の作用を含んでいるからである。それこそが、力の図表なのである。というのも、言表が可視性を規定するのは単にその優先性だけからであって、言表が〈実在性‐力〉の対象性を含むのは実際には可視性の隠された〈逆‐図式〉の作用によってだからである。

ひとが〈力〉という概念で思考しようとしているものは、実は形式化されない或る質料性であり、また非形式的な何らかの機能性である。前者は受容性という特性を、後者は自発性という特性を有している。それらは、まだそれぞれに固有の形式を与えられてもいないし、有してもいない。フーコーにおいては、それらに固有の形式——単なる形式ではなく、経験の条件としての——は、可視的なものであり、また言表可能なものである。力の二つの非形式的な領域は、「地層化されないもの」として、自発性と受容性に対応するこの二つの地層化の形式に現働化することになる。たしかに図表論は、図式論であるが、しかしそれは、規定的な〈概念の図式〉ではなく、無規定的で非形式的な〈力の図式〉である。言い換えると、その違いは、まさにそれらが可能的経験の諸条件(外的な条件づけの原理)であるか、あるいは実在的経験の諸条件(内的な発生の原理)であるかという点にある。言表と可視性が歴史的に地層化された人間の知のカテゴリーを本質的に形成する形式であると考えるならば、この両者の間の関係性は、明らかに関係項を前提とした〈関係=連関〉(relation)である。というのも、これらを連結させるのは、これら諸条件に対する外としての、つまり第三の領域としての、言うことも見ることもできない非地層的なものだからである。それは、いかなる自発的形式(言表可能なもの)も受容的形態(可視的なもの)も有していない諸力の戦略的領域である。われわれが一般に〈力〉という言葉や概念で思考しようとしている事柄は、いかなる形式も形態もないような「別のもの」である。しかし、それにもかかわらず、この非地層的なものとしての〈力〉は、その形式なしに、二つの側面をもつと言わなければならない。それらは、〈力〉の純粋な機能的側面と純粋な質料的側面である。ここには関係項に先立つという意味で、関係項なしの〈関係＝比〉（rapport）が存在する。諸力の諸〈関係＝比〉においては、図式論は、実は逆‐図式の作用を含んだ図表論を前提としていることが明らかになるであろう。

或るものの実在性とは、その或るものの諸力の実在性のことである。この無形式の諸力の実在性は、しかし言表という特異な存在の様式をもつ。シニフィアンの記号体制を前提とするような記号論は、この存在の様式をまず取り逃がすことになる。フーコーが定義する「言表」は、語でも文でも命題でもなければ、また文法でも発話行為でもない。言表は、むしろ自らの派生物として主体や対象や概念の諸機能を発生させる要素であると言われる。言表とは、言語の自発的形式に対して外部の実在性を、すなわち外の力を含んだ多様体のことである。つまり、それは、実在性あるいは特異性なしにはけっして存在しえないような、自発的形相を内在した一つの多様体なのである。言表は、言語ではない以上、実際には様相の表現をもたない。言表が理解しがたい理由の一つは、実はそれが一般的な諸様相をともなっていないからである[9]。ドゥルーズは、言表が力の〈関係＝比〉の集合を含んでいることを明確に捉えている。有名なタイプライターの事例を用いれば、そのキーボードのキー――例えば、〈A, Z, E, R, T ……〉――は、一つ一つの文字としてのみ考えれば、言表ではない。しかし、キーボード上の文字列として――例えば、タイプライターの教則本に掲載されうるような文字列として――考えるならば、こうした〈AZERT ……〉は言表であると考えられるのである。何故か。それらは、「フランス語のタイプライターに採用されたアルファベットの秩序の言表」だからである。しかし、この秩序は、われわれがタイプライターのキーボードをどれほど眺めていても見出すことはできないだろう。何故なら、それらの配列は、フランス語がもつ文字の使用頻度と人間の手の指の間の間隔とからなる力の諸〈関係＝比〉の集合を含むことなしにけっして成立しえないからである。[10] しかし、この頻度と間隔には、重要な差異がある。第一にその「アルファベットの秩序の言表」を形成するような、フランス語のすべての語彙のなかで使用頻度の高い文字の順序があるのはたしかであろう。しかしながら、その頻度の高い文字が、いかなる理由でタイプライターのキーボード上のその位置にあるのか、あるいはいかなる原因から或る文字の横にその文字があるのか――例えば、何故、キーDの右上にキーRが、左上にキーEが、右隣にキーFが、左下にキーXが置かれているのか――の理由は、まったく理解されないままである。頻度の高さによる不定的ではあるが特殊なそれらの位置配分は、実は別のものによって決定されているのだ。それは、われわれ人間身体がもつ両手の指の間隔である。文字列は、頻度だけではけっして決定されない。つまり、頻度による文字列の相対的な位置を決定するのは、人間身体の手の指がもつそれら無数の文字列に対するこの絶対的な〈外－存在〉だということである。

言表とは、外の〈実在性－力〉の表現であり、その限りで或る無調的な論理を有している。言い換えると、言表は、主体性であれ対象性であれ、それらの形式はもちろんのこと、それ以上にそれらの諸力をとりわけ機能として表現するものである。それゆえ言表は、何よりも第一に表現形式を有することになる。この規定作用としての言語の自発性は、規定可能な可視性がもつ内容形式に働きかけることになる。この二つの形式の間にあるのは、たしかに図式論的関係である。しかし、言表との関係を別の仕方で結び直すことが、可視性に起きるのである。それは、可視性が自らの局所性から脱して拡散の実体を、つまり身体を見出すときである。そのとき、視覚は、単に〈視覚的〉(optique) なのではなく、固有の触覚性のもとで〈視触覚的〉(haptique) となって、すでに述べたガタリの言説のような、自発性の表現形式を実在的に変形するであろう。ここにおいて、ひとは、逆－図式の作用を的確に捉えることになる。例えば、美術の時間に生徒たちが鬱金香の花を写生する場面を考えてみよう。ほとんど生徒たちは、間違いなくその花の境界線を忠実に相似的形態のもとに描こうとするだろう。彼らは、写生や模写を対象物の境界線や境界面の再現としてしか考えないからである。つまり、それは、眼が視点に捉われて、「花」という言葉の信号的形式（あるいは概念の一般性）に対応した指示対象しか見ることができない状態である。何故、その花や葉の境界線や境界面をその花の生命の成長しつつある内側からの限定として描かないのか。何故、その花を光や空気との共鳴や反響、あるいは或る連絡や何かの再演として写生しないのか。いかにしてその花の根が、土と共存して、水分を吸い上げているのかを模写しないのか。そのように描かれた一枚の絵は、外在的形態の相似的模写ではなく、その物の〈実在性－力〉の流れの変調的類似である。これは、ディアグラム的遠近法の問題である。これこそ、まさに眼に固有の視触覚的機能であろう。主体という課題に移行する前に、より本質的な問題を身体という〈外－存在〉のもとで見出す機会がここにはある。ディアグラム論は、こうした逆－図式論のなかでプラグマティックな実践論を形成することができる。考古学的な意味での〈言表〉(énoncé) にこうした具体的な系譜学的働きをもたせること、それが〈言表作用〉(énonciation) である。記号や言語の先端において言表の純粋機能を発動すること、それが言表作用の作動配列である。したがって、稀少性よりも充実性が、実定性よりも実在性が、快楽よりも欲望が、倫理的でプラグマティックな新たな諸問題を構成することになる。ドゥルーズ＝ガタリが言う言表作用の集合状作動配列の意義もこのように理解されうる。それは、同様にすでにスピノザが肯定していた特異性の表現でもある諸観念の連結である。しかし、図表論である限り、それらは、別の身体の不可視の視触覚性と未知の力能性とに対応したものである。

Ⅲ　反省的判断力から図表的《ディアグラマティック》能力論へ

図表《ディアグラム》のもとでは、可視的なものが〈光－可視性〉のなかの視点から解放されて、触覚的遠近法を備えた眼に対応するような特異な受容性の空間が現われる。図表論は、いかにして力が言表と可視性という二つの形式のもとに現働化するのかを説明する。しかし、図表論がさらに明らかにするのは、地層化のなかでのこの自発性の形式と受容性の形式との間の関係は、前者から後者への図式作用と後者から前者への逆－図式作用からなるということである。この逆－図式は、可視性を単に表象化の光学的空間にとどめておくのではなく、諸力の実在性の流れに通じる視触覚的空間へともたらすのである（これは、〈眼－身体〉における表象的視点から視触覚的視線への移行であり、また、そこから視触覚的遠近法が発生することである）――「それは、あたかも触覚と視覚の二重性が図表から生じたあの視触覚的機能へと向かって、視覚的に乗り超えられたかのようである」[11]。（1）眼を視点の体制から逸脱させると同時に、〈手－身体〉を眼の従属関係から解放すること、（2）身体の近接的触発の直接性やその物体的混合によってむしろ破壊されてしまうような物における〈実在性－力〉の流れを、視覚的であると同時に触覚的であるような眼がまさに直観すること。言い換えると、図表は、こうした意味において言わば能動的な受容性へと可視性の特性を転換するのである。図表は、単に地層化の二つの形式を外在的に関係づけるだけではなく、図式論がもつ受容性に対する自発性の優越性を解体しつつ、両者の間の新たな関係を逆－図式的に創出するという意味で、実に価値転換的である。それゆえ図表は、地層化の内在的原因であり、また同じ意味で脱地層化の原因であるとさえ言えるだろう。

さて、カントは、二つの判断力（規定的と反省的）を明確に区別した。カントは、いかなる意味においても、判断の欠如を示す「愚鈍」（Dummheit, stupidité）から区別されるべき狂気そのものとしての「愚劣」（bêtise）を判断力の行使として把握していたのだ。[12] ここには、例えば、カール・シュミットのような決断主義とはまったく異なるカントにおける〈決定の思考〉の固有性がある。カントにおける二つの判断力の最大の差異は、一方の規定的判断力においては一つの主宰的能力によって他の諸能力の形式的機能が規定されるが、他方の反省的判断力においては諸能力が各個の発生的境位のもとで自由な力の発揮――無規則的行使――を、すなわち形式化以前の機能を実現するという点にある。思弁的関心も実践的関心もない、この後者の無関心性は、言い換えると、人間の主観性が地層化される以前の特異性の観念の領域――想念的な位相領域――である。それは、諸能力が相互に完全に外在化された領域であり、いかなる結びつきも不在――非関係――のなかで諸能力の結びつきを可能にするものである。カントの反省的判断力論は、制限された仕方ではあるが、明らかに一つの図表論の方向性を有していた。それは、図式論を超えたものであり、またその根拠となるものでもある。それゆえ、反省的判断力において最初に脱共通感覚化する能力としての構想力の自由は、何よりもまず「概念なしに図式化すること」にあると言われるのである。[13] この構想力は、もはや再生的でも再現的でもなく、自発的で産出的である。構想力は、ここではじめて悟性と感性とに対して絶対的な第三の能力として発生するのである。すなわち、構想力は、悟性の自発性と感性の受容性との間、あるいは概念と直観との間を媒介する能力としてではなく、むしろこの両者の間それ自体を形成し穿つ能力として発生するのである。第三の領域がもつ力の図式は、悟性概念の規定性ではなく、悟性の無規定的概念のもとで、むしろ直観の多様を逆－図式化（＝図表化）しようとするのである。つまり、構想力は、悟性に対してこうした問題を投げかけることによって概念の無規定的側面を発生させるのである。というのも、「持続の直観も、それが悟性の光にさらされれば、ただちに凝固した、判明な、不動の概念において理解されてしまう」からである[14]。ベルクソンは、かつてこのように述べていた。真に第三の能力の働きである図式化は、このような概念の図式化とはまったく「別のことを為す」のである。反省的判断力においては、諸能力は、互いに自由で無規定的な一致を実現し、さらには不協和的な一致さえも形成するのである。そうであれば、フーコーの新カント主義は、力の図式作用と、言表（自発性）から可視性（受容性）へと向かう図式論とに本当にとどまるものであったのだろうか。フーコーの思考は、どこまでも規定的な図式論の構想に依拠していたのであろうか。これは、きわめて重要な問題である。たしかにフーコーにおける主体の問題は、概念であれ力であれ、それらの力の図式論を乗り超えるような問いであったと言えるだろう。しかし、ここでは主体性の問題系にはとくにかかわらない。一点だけ言及しておくと、主体化の過程は図式主義と図表主義という二つの異なった運動によって形成され、また主体性はむしろ図表化を諸能力の源泉としているということである。

ドゥルーズの超越論的経験論のもっとも本質的な課題の一つは、人間の諸能力を共通感覚から解放して、それら諸能力の自由で無規定的な一致を、つまり一つの主宰的能力を前提としない諸能力の不協和的一致を実現し、その諸条件を明らかにするということにある。この超越論的経験論は、カントの反省的判断力をモデルとしている。制限された仕方ではあるが、カントの『判断力批判』における反省的判断力が可能にするような、構想力と悟性との自由な無規定的一致を、あるいは構想力と理性との不協和的一致を、超越論的経験論がモデルとしていることは、テクストからも明らかである。超越論的経験論は、こうした意味で諸能力についての非局所的な——美や崇高についての判断だけでなく、あらゆる特異性の認識を普遍性のもとで定立するという意味で——反省的判断力を可能な限りで図表論化したものである。というのも、そこでの諸能力の発生論は、それらのディアグラム論の意義を完全に有しているからである。すなわち、諸能力それ自体の発生は、各個の能力の発生的要素がもつ実在性あるいは実定性を含んでいるからである。反省的判断力に与えられているのは、実はこうした意味での、諸能力によって予め媒介されていないような〈質料《マチエール》＝素材〉だけである。「すべての能動的諸能力は、この〈なまの質料＝素材〉に対して自由に行使されるのである[15]」。こうした〈質料《マチエール》＝素材〉は、しかしながら、諸能力相互にとっては実在的に区別されるほど異なっている。この純粋な〈質料《マチエール》＝素材〉に対応するのは、純粋な機能としての諸能力である。ここで言われている〈自由〉とは、（1）一つの立法的能力から諸能力が解放されるということ、（2）それらの各能力がそれぞれに固有の発生的諸要素から産出されるということ、（3）それらの諸要素を感覚し認識し解釈し評価することで諸能力が不協和的に一致するということを示している（言い換えると、人間は、つねに判断の欠如である「愚鈍」に憑かれながらも、「愚劣」を触発するような仕方で或ることを為すように決定されるのである）。ここでの構想力は、第三のものとしては、悟性の規定的な概念能力に関係しないが、つまり純粋悟性概念の図式化から解放されるが、概念一般の能力にはかかわると言われる。それは、或る無規定的な概念能力にのみかかわるのだ。つまり、この概念能力は、言わば概念形成の能力としての悟性のことである。悟性は、自らの純粋概念を直観に適用する際に、必然的に構想力がもつ図式化の能力を必要とする。これと同様に、概念形成に際しても、悟性は、自由な構想力の働き（逆

－図式化の作用〉を必要とするのである。言い換えると、これは、知のカテゴリーを形成している概念の形式的能力ではなく、非形式的なものを折り畳みうるような主体の概念形成の問題なのである。これが新たな主体の発生論であり、主体化の原理の問題である。図表《ディアグラム》とは、カントの規定的判断力における概念の図式ではなく、反省的判断力における力の図式のことである。しかし、その過程は、こうした図式論への抵抗を含んだ〈逆－図式的〉過程でなければならない。図表的過程とは、言わばこうした〈逆－図式〉の発生過程のことである。それは、ア・プリオリに与えられた概念の図式ではなく、ア・ポステリオリに与えられた或るものの〈実在性－力〉の図式である。カントの反省的判断力においては、構想力のこの逆－図式的な自由活動こそが、悟性や理性そのものをそれらの独断的妄想や自由意志から解き放つ端緒となるのである。ドゥルーズの超越論的経験論においては、今度はあらゆる能力がそれ以外の他の諸能力に対してこうした端緒となりうるのである。

Ⅳ

身体とディアグラム的決定

ドゥルーズは、スピノザの経験主義哲学のうちに共通概念の「適用の秩序」と「形成の秩序」を見出して、それらを批判的かつ臨床的に区別した。とりわけ後者の精神と身体の脱領土性並行論の水準では、自己の身体の活動力能の変様についての〈情動－観念〉が諸身体の連結の物質的な脱領土化の力能を捉えて、それらの力能の実在性の流れを、自らの精神を構成する諸観念のなかの〈記号－微粒子〉群に結びつけることが可能となる。[16] 自己の身体の活動力能の増大（喜びの感情）とは、諸身体の外在的形態の連結や触発ではなく、それらの〈実在性－力〉の流れがより多く脱形式化することで生じる変様であると言える。「喜びから生じる欲望の力は、人間の力能と同時に外部の原因とによって規定されなければならない。しかし、悲しみから生じる欲望の力は、人間の力能のみによって規定されなければならない。またそれゆえ、前者は後者よりも強力である」［強調、引用者］[17]。喜びや悲しみといった情動は、精神に生起する記号である。喜びは、或る個物から触発を受けることで身体の活動力能が増大する場合に生起する記号過程である。これに反して、悲しみは、或る個物から触発を受けることによって身体の活動力能が減少する場合に生起する記号過程である。これらの記号過程は、言表と可視性の水準に対応した身体の触発の観念である限り、まさに実在的過程と考えられるべきである。言表と可視性という地層化の二つの形式は、こうした身体の情動を起点とした実在性の過程を不可欠なものとしているのである。さて、〈喜び－欲望〉は、自己の身体の本性と外部の原因の本性との或る一致を示している。これに反して、〈悲しみ－欲望〉は、自己の身体の本性と外部の原因の本性との間の不一致を示している。喜びとは何であるのか。〈喜び－欲望〉においては、身体の活動力能と外部の原因の活動力能との間にそれらの〈実在性－力〉の流れがより多く存在するのである。では、悲しみとは何であるのか。〈悲しみ－欲望〉においては、今度はそれらの間にこうした流れが実現されずに、単に形式主義の言語活動に対応した分節的諸形態のもとに各個の身体がとどまっている状態である。ところで、共通概念の形成の秩序は、身体のディアグラムなしには存立しえない。共通概念とは、特異性あるいは此性についての諸観念（第一の肯定）に対して、〈差異－概念〉の一般性（第二の肯定）を与えることである。しかし、注意しなければならない。それは、すでに機能している無数の規定的概念の一般性を阻止しつつ形成されるべき一種の反省的概念であると言える。ところが、そうだからと言って、共通概念は、カントのような無規定的な概念ではないだろう。では、何が違うのか。特異性の観念を特異性の共通概念にするのは、情動の変調作用である。共通概念の形成の秩序は、現実に存在する〈実在性－力〉の流れについての諸観念の思考活動を〈観念の観念〉という仕方で一つの反省活動に変調することなのである。共通概念の形成の秩序も、実は反省的判断力や、諸能力の発生とそれらの不協和的一致などと同様、或る図表論的思考の存立にかかわっている。共通概念の形成の秩序が〈実在性－力〉の流れの諸々の情動と不可分であり、さらにはそれら情動の存立が身体の活動力能の変様と必然的に相関する限り、自己の身体の実在的な流動過程は、まさにディアグラムそのものであり、自己の身体における強度的地図の作成過程である。

　このように、スピノザの人間身体の変様の観念は、身体のディアグラム的言表であると言える。しかし、この言い方は妥当性を欠いているだろう。おそらく反対である。言表とは、スピノザにおける観念のことであると言わなければならないのかもしれない。しかしながら、それでも次のように規定してみよう。精神が観念の集合体であれば、精神は、言い換えると、無数の言表の集合体である。そして、その作用あるいは機能を考える限り、観念は、それ自体が一つの言表作用なのである。すなわち、個々の観念の働きの系列は、こうした言表作用の集合状作動配列をなしている、と。各々の観念は、一つの身体の諸変様についての特異性の観念である。さらに、身体の活動力能の諸変様は、その外部に存在するつねに多数多様な諸身体の〈実在的－力〉の流れであることに留意されたい。「人間精神の現働的有を構成する最初のものは、現実に存在する或る個物の観念以外の何ものでもない」。「人間精神を構成する観念の対象は、身体である、あるいは現実に存在する或る延長の様態である。そして、それ以外の何ものでもない[18]」。ここに含まれた受動的な非妥当性の領域こそが、意識や自由意志以前の、あるいは概念の一般性や言葉の言語活動以前の特異性の観念の存在の仕方をわれわれに教えてくるのである。観念は、何かについての観念である。そして、人間精神を構成する最初の観念は、何よりも個物の観念なのである。個物とは何か。これは、個々の物としての個別性のことではない。この個物とは、個々のもののことではなく、このもののことである。それは、特異性であり、此性である。そして、それは、身体の変様の原因となるこの様態である。こうした意味で、身体の触発はつねに此性の触発であり、その変様を最初の対象とするのが観念なのである。さて、人間身体の変様は、その原因として、自己の身体の外部に存在する別の個物（物体）の身体によって触発される限りで、その個物の〈実在性－力〉を必ず含んでいる。こうした身体の実在的変様なしに、その観念は成立しえないのである。身体はこうした意味において特異性の変様であり、また、精神においてはこの実在的変様が並行論的に特異性の観念として放射されるのである。

　すべての情動は、人間身体の活動力能の実在的変様の観念である。情動は、表象化された再認の対象に対する身体の触発の痕跡であると理解される限り、実在性についての単なるスカラー記号やベクトル記号としてしか存立しえない。[19] 言い換えると、精神に対してであれ、身体に対してであれ、そこでの物の対象性《オブジェクティヴテ》は、言葉や命題に対応した〈個別性－一般性〉のもとでつねに再領土化されて現われるしかないような所与である。これによって感情の体制を前提とした感情の幾何学が形成される。感情の幾何学は、それが幾何学である限り、時間にかかわらない。しかし、人間の感情が身体の活動力能の増大あるいは減少と不可分な並行論的関係にある限り、感情には時間形式（それ以前とそれ以後）と時間様態（過去、現在、未来）とが必然的に含まれていなければならない。基本感情は、感情の幾何学においてはたしかに喜びと悲しみと欲望である。しかし、それらは、時間のうちに存在する限り、とくに〈希望－恐怖〉の感情の体制を前提としている。さて、特異性の観念を形相とする情動においては、それに内在する仕方で概念の思考力能（理性）が発生する。この発生は、共通概念（理性の力能〉の形成の秩序に隠されたもっとも驚嘆すべき事柄と関連している。それは、精神と身体との間の名目的な実在的区別を実在的な実在的区別として把握することにある。それは、知性が実在的区別を意識するというだけでなく、その区別を一つの変調作用として理解することにある。この変調作用を或る意味で〈鏡〉に譬えることができるかもしれない。しかし、それは、鏡のこちら側では様態であるものが、その鏡の向こう側では実体となるような、そんな〈鏡－属性〉でもなければ、また鏡のこちら側では身体であるものが、その鏡の向こう側では精神となるような、そんな〈鏡－実在的区別〉でもない。共通概念の形成あるいは理性の力能は、第一に身体の活動力能の変様を単に外部の物体による信号的触発として認識するのではなく、自己の身体を中心とした諸身体の〈実在性－力〉の流れとして把握しようとする。それは、第二に情動を単に身体の活動力能の変様についての内包的観念として捉えるのではなく、この質料的流れのディアグラム的変調として精神において情動が存立していると理解して、それらに特異性の放射としての諸形相――〈記号－微粒子〉群――を与えようとする。共通概念の形成あるいは理性の力能は、実は理解しようとする欲望以外の何ものでもない。言い換えると、共通概念としての理性が情動の決定を肯定するのは、そのディアグラム的変調が身体と精神との間の並行論を実在的に形成していると理解する限りにおいてなのである[20]。

情動は、身体の活動力能の連続的な実質的変移なしには、すなわち身体の内属的変化なしには存立しえない〈記号－微粒子〉群からなる。身体の活動力能は、つねに外部の物体から触発を受けなければ自らの身体の存在を維持しえない。そこでは、何が根本的に欲望されているのか。それは、〈実在性－力〉の流れである。この欲望とは、自由意志の決意に代わって、情動に内在するディアグラム的決定を欲することである。精神における特異性の諸観念が身体の実在的変様における〈強度の地図〉

に対応するとすれば、共通概念の形成の秩序はまさに身体のディアグラムを肯定する〈強度の地図作成法〉であろう。共通概念の存立は、こうした意味で諸〈対象性－力能〉と不可分であり、またそれらの表現形式である限りで、身体における逆－図式の作用を見出すのである。要するに、身体の存在力能から把握される図表論は、〈理性－欲望〉のもとで精神の思考力能の図式論に対して無意識的に開かれた問題を構成するのである。スピノザは、ガタリが言うような指示対象の実在性を、外部の物体によって触発され変様する身体の活動力能の実在性として捉えていた。そして、人間身体の活動力能の諸変様は、精神においては諸々の情動の差異——特異性の度合——として表現されるのである。スピノザのとりわけ〈理性－欲望〉（コナトゥス）は、自己の身体を、精神において図表論を形成する際のもっとも基本的な発生的要素として理解するのである。このようにして、精神と身体との脱領土性並行論は、精神における図式作用（概念の適用の秩序）あるいは逆－図式作用（概念の形成の秩序）と、身体における図表作用（強度の地図）との間の、まさに図表論的並行論として改めて論究されることになる。ドゥルーズが提起する共通概念の形成の秩序においては、そのもっとも重要な図表主義《ディアグラマティスム》の存立基盤をとりわけ「別の身体」に置くことになる。これに対応して、図表的意識あるいは図表論的思考は、このようなきわめて批判的で創造的な諸問題を構成することで、改めて主体性についての問いを新たな水準へともたらすことができるのである。

注

1　筆者は、今回の立教大学新座キャンパスでの二つのシンポジウムにおいて、「器官なき身体と超越的感性について」

（二〇一二年一二月二二日）と「哲学的分裂症の論理」（二〇一三年一二月二八日）というタイトルでそれぞれ発表をおこなった。本論文は、これらの発表と深く関係するが、直接には現在の著者が強く関心をもっている問題を取り扱ったものである。そこで、この二つの発表の内容を以下で簡単に要約しておく。

（1）「器官なき身体と超越的感性」というタイトルのもとで筆者は、ドゥルーズの哲学におけるとりわけ非意志主義の意義を提起したいと考えた。ドゥルーズの超越論的経験論は、スピノザの非意志主義を一つの本質的基盤としている。超越論的経験論における諸能力の理説の本質は、要するに、各能力はけっしてそれよりも上位の自律した能力としての意志あるいは自由意志を想定しないという点に存している。ここでは、この論点を主に身体と感性の面から考察した。感性はすでに他の諸能力によって媒介されているが（悟性的感性、想像力的感性……）、これは「経験的感性」と呼ばれる。これに対して、それに固有の対象によって発生する感性は、「超越的感性」と称される。この超越的感性とは、知覚のうちに意志の力を無化するような〈知覚されることしかできないもの〉を含む能力のことである。スピノザは、次のような驚嘆すべき事柄を述べている。「判断の差し控えは、実は知覚であって、自由意志ではない」（Spinoza, *Ethica*, III, prop.49, schol.）、と。意志によって精神の決定の問題を立てることの愚鈍さに対抗できるのは、超越的感性であり、非意志的知覚である。しかしながら、そんな感性や知覚はありうるのか。ドゥルーズとともに次のように述べよう。こうした感性や知覚は、単に感覚可能なものや知覚可能なものに対応した能力ではなく、自由意志や意志一般をまったく無能力にするような、知覚されるべきものの、あるいは知覚不可能なものの感覚である、と。そして、こうした諸能力が発生するような身体には、一つの有機体を組織する諸器官がないと考えるのだ。このような仕方で、非意志主義を構成する感性あるいは知覚の問題と、これに対応する非有機的な身体の存在とについての発表をおこなった。

（2）「哲学的分裂症の論理――欲望は知覚に何をもたらすか」（"L'éthique de la schizophrénie philosophique, Qu'est-ce que le désir apporte à la perception?"）というタイトルのもとで筆者は、原因よりも欲望によって、様相よりも無様相とともに、規定的条件よりも無仮説の原理のもとで思考可能になるような――スピノザの「神即自然」（*Ethica*,

IV, ap.）以前の自然としての——唯一の〈器官なき身体〉についての導入的な講演をおこなった。欲望が知覚にもたらすのは、実在的区別であり、相互に実在的に区別される諸事物である。しかし、これと同時に次のような問いも成立する。欲望は、知覚から何を減算するのか、と。欲望は、知覚からほとんどの様相を一掃するのだ。これらは、器官なき身体の構成と特性にかかわっている。哲学的分裂症には、身体と思考との間に穿たれた「絶対的深層」がある。ということは、こうした深層においてこそ、身体と思考との間の切断と結合が内含されているのではないか。実在的区別とは、〈結びつきの不在〉と〈この不在における結びつき〉とを同時に表現する多様体のことである。実在的区別は、スピノザにおいてはもっぱら与えられるものであるが、ドゥルーズ＝ガタリにおいては産出され形成されるものとなる。われわれは、実在的に区別される諸属性から、脱属性的な諸様態の流れを精神と身体のもとで実現させるにはどうしたらよいであろうか。それは、一方で無限知性を分裂症化することであり、他方でこれに対応する無限身体を脱属性化する諸様態の強度的な流れとして構成することである。ここには、実体の属性から器官なき身体の平面への実質的移行がある。器官なき身体は、方法論的には無仮説の原理であり、存在論的には絶対的産出の原理（強度＝0）である。ここで産出について言われる「絶対的」とは、平面における構成にも、この構成がもつ特徴あるいは特性にも先立つという意味である。器官なき身体におけるすべての記号過程は、〈逆行〉（involution）の過程である——スピノザの自然学－倫理学における〈特性→構成→産出〉を、系譜学的で価値転換的に逆行する、実在的過程としての〈産出→構成→特性〉。

2　Félix Guattari, *Écrits pour L'anti-œdipe*, Textes agencés par Stéphane Nadaud, Lignes & Manifestes, 2004, p.339（『アンチ・オイディプス草稿』國分功一郎・千葉雅也訳、みすず書房、二〇一〇年、三二二頁）。

3　「図表《ディアグラム》あるいは抽象機械とは、力の諸関係《ラポール》＝比の地図であり、濃度の、強度の地図である」（Cf. Gilles Deleuze, *Foucault*, Minuit, 1986, p.44［以下、*F*と略記］（『フーコー』宇野邦一訳、河出文庫、二〇〇七年、七三頁）。また、「内在的定数」、「外在的変数」、「内属的変化」、「内在的変数」については、G. Deleuze, *F*, p.18（二六－二七頁）を参照せよ。

4　F. Guattari, *Cartographies schizoanalytiques*, Galilée, 1989, p.116（『分裂分析的地図作成法』宇波彰・吉沢順訳、紀伊國屋書店、一九九八年、一四一頁）。

5　こうした実在的反転あるいは実質的脱領土性については、拙著『アンチ・モラリア』、河出書房新社、二〇一四年、を参照されたい。

6　「記号の理論においてパースは、アナログ的機能やディアグラムの概念を非常に重視している。しかしながら、彼は、ディアグラムを諸関係＝連関の相似（similitude）に還元している」（G. Deleuze, *Francis Bacon, Logique de la sensation*, Éditions de la Différence, 1981, p.75, n.4［以下、*FB* と略記］（『感覚の論理――画家フランシス・ベーコン論』山縣熙訳、法政大学出版局、二〇〇四年、一六一頁、注四））。図表《ディアグラム》は、アナログ的言語活動に比せられる。「要するに、われわれにアナログ言語活動のあるいは図表の本性を理解させるのに適しているのは、おそらく（相似の概念ではなく）変調作用（modulation）の概念である」（G. Deleuze, *FB*, p.76（一一〇頁））。つまり、ディアグラムの本性は、項を前提とした諸〈関係＝連関〉の相似ではなく、無形式な力の諸〈関係＝比〉の変調にあるということである。言表は、外の〈実在性－力〉あるいは〈特異性－関係〉と同一であり、似ていると言われる。「言表は、必然的に一つの外と、「奇妙にもそれと似ていてほとんど同一でもありうるような別のもの」と或る特殊な結びつきを有する」（G. Deleuze, *F*, p.85（一四七頁））。このことを可能にするのが、図式ではなく、力の諸関係を表出し、特異性を放射する図表なのである。要するに、図表論は、まさに図式作用と逆－図式作用とを一つの「変調作用」として用いるのである。それは、例えば、特異性の観念が言語のうちでそれと類似した思考の表現活動を新たに生み出すことと同じである。

7　Cf. G. Deleuze, *F*, p.67（一一三－一一五頁）。ドゥルーズがフーコーの思考を「新カント主義」という場合、われわれはこれを、単に「知」の地層化された領域を形成する〈言表〉と〈可視性〉という二つの歴史的・社会的な諸条件の問題だけにとどめてはならないだろう。何故なら、そこには、第三の領域としての「権力」という「地層化されないもの」、すなわち非形式的な力の図式論という考え方が本質的に含まれているからである。この力の図式論が、端的に「図表論」と言われるのである――「フーコーの図表論（diagrammatisme）、すなわち諸力の純粋な関係＝比の現前化あるいは純粋な特異性の放射は、それゆえカントの図式論（schématisme）の類似物である。つまり、図表論こそが、自発性と受容性という二つの還元不可能な形式の間の、そこから知が生じてくるような関係＝連関を成立させるものなのである」（G. Deleuze, *F*, p.88（一五二頁））。

8　Cf. Immanuel Kant, *Kritik der reinenVernunft*, B178.

9　「言表の領域には、可能的なものも潜在的なものもない。そこではすべてが実在的であり、また、すべての実在性がそこに表出されている」（G. Deleuze, *F*, p.13（一六頁））。「言表の反復がそれほどの厳密な条件を有しているのは、外在的な諸条件によってではなく、反復そのものを言表の固有の力能とするあの内的な物質性のおかげである」（G. Deleuze, *F*, pp.20-21（三〇－三一頁））。

10　Cf. G. Deleuze, *F*, p.21（三二頁）。例えば、現在のパソコンのキーボード上にどのように日本語の平仮名のキーが配置されているのかを考えられたい。フーコーが例で挙げたフランスの古いタイプライターのキーボード上の〈AZERT〉は、その後〈QWERT〉の文字列に変更された。この前者と後者の文字列に対応する平仮名は、〈ちついすか〉、〈たいてすか〉である。これは、どちらも「言表」なのである。たしかに世界の諸言語ごとに基本的な文字数は異なるかもしれないが、しかしパソコンのキーボード上の各言語における諸々の文字の相対的な配列は、文字の使用頻度という各言語に固有の外在的要因と、手の指の間隔という〈外－身体〉の力能的要因とによって必然的に決定されているのである。

11　G. Deleuze, *FB*, p.103（一五二頁）。

12　Cf. I. Kant, *Kritik der reinenVernunft*, B172. この問題については、拙論「崇高と決定不可能性の問題――宮崎裕助『判断と崇高――カント美学のポリティクス』をめぐって」（『日本カント研究12』、日本カント協会編、理想社、二〇一一年、七七－九一頁）を参照されたい。

13　I. Kant, *Kritik der Urteilskraft*, §35.

14 Henri Bergson, *La pensée et le mouvant*, in *Œuvres*, PUF, 1959, p.1425（『ベルクソン全集7　思想と動くもの』矢内原伊作訳、白水社、一九六五年、二四六頁）。

15 G. Deleuze, *La philosophie critique de Kant, Doctrine des faculté*, PUF, 1963, p.86（『カントの批判哲学』國分功一郎訳、ちくま学芸文庫、二〇〇八年、一二二頁）。「反省的判断力においては、能動的諸能力の観点からみれば、何ものも与えられていない。ただ一つのなまの質料《マチエール》＝素材だけが、厳密な意味で「表象される」（représenté）ことなく、現前している（se présenter）のである」（*ibid*, p.86（一二一－一二二頁））。反省的判断力においては、いかなる立法的能力によっても規定されることのない諸能力の自由な無規定的一致が明らかになるだけでなく、それ以上に、諸能力それ自体の発生的要素とその表現形式としての人間の諸能力のディアグラム的位相とが示されていると言えるだろう。

16 Cf. F. Guattari, *La révolution moléculaire*, Recherches, 1977, p.331（『精神と記号』杉村昌昭訳、法政大学出版局、一九九六年、一一三頁）。

17 Spinoza, *Ethica*, IV, prop.18, dem.

18 Spinoza, *Ethica*, II, prop.11, prop.13.

19 Cf. G. Deleuze, *Critique et clinique*, Minuit, 1993, pp.172-176（『批評と臨床』守中高明・谷昌親訳、河出文庫、二〇一〇年、二八五－二九二頁）。

20 これらは、平面と概念との違いについて明確に理解することにつながっている。「実際には、平面の諸要素は図表的諸特質であり、他方の諸概念は内包的特質である」（G. Deleuze et F. Guattari, *Qu'est-ce que la philosophie?*, Minuit, 1991, p.42（『ドゥルーズ＝ガタリ　哲学とは何か』財津理訳、河出文庫、二〇一二年、七三頁））。

破壊目的あるいは減算中継
——能動的ニヒリズム宣言について

破壊目的の唯物論

人類に、あるいは人間の実存全体にそれほど長い時間が残されているとは思われない。しかし、そんな未来に悲観することはない。そうした悲観の原因は、人間の現在——〈反動的‐受動的〉ニヒリズムの複合状態——にあり、またこの現在と様相上まったく変わることのない単なる将来像にある。悲観は、明らかにこうした意味での将来に対する感情である。これに反して、未来は、こうした単なる来るべき現在（将来）ではなく、未知の生成変化の別名でもある。したがって、未来と呼ばれている時間上の未知を嘆き悲しむならば、それはあまりに傲慢すぎるのではないだろうか。その未知がたとえ破壊的なものであったとしても、そうであろう。価値の転換点としての真夜中が直接に落下してきたような大いなる正午あるいは大いなる政治が、すなわち人間の本性の決断のとき（真の楽観主義）が、むしろわれわれに迫っているのではないだろうか。それは、決断の正午であり、「決断の力能」である。[1]破壊の未来を嘆き悲しむ者と、こうした者たちにどこか傲慢で反動的な精神を感じる者とは、おそらく決定的に異なっているのではないか。

ニーチェの破壊的哲学は、現代の人間に帰属しているであろうか。人々がニーチェの哲学を消費するなかに、「滅亡の喜び」や「流転と破壊の肯定」を主張するような〈ダーク・ニーチェ〉はほぼ存在しないであろう。[2] こうした破壊の外部形式は、ニーチェの「超訳」や「座右の銘」や「日めくりカレンダー」のなかには絶対に存在しない。ところで、アンドリュー・カルプの著書『ダーク・ドゥルーズ』[*]はきわめて生産的で有意義な著作である、といった評価を著者自身は拒否するであろう。著者は、自著をむしろ不毛な書物であると称されたいかのようである。何故なら、本書によれば、もっとも能動的なもの、それは「世界の死」だからである（『ダーク・ドゥルーズ』〔以下『ＤＤ』と略〕、一二三頁）。本書は、〈ダーク・ドゥルーズ〉という名のもとで何よりも積極的な自己破壊を主張する書物であるように思われる。言い換えると、本書は、この意味でニヒリズムを徹底化しようとする意志のもとで書かれている。それは、まさに〈能動的ニヒリズム〉への意志である。本書を一言で表現するとすれば、おそらく次のようなものになるだろう――「無への意志は人間に新たな趣味を、つまり自己破壊すること、しかし能動的に自己破壊することを吹き込む」〔強調、引用者〕[3]――否定することの新たな趣味。これが、まさに〈ダーク・ドゥルーズ〉が人々に吹き込もうとすることである。しかし、本書においては、この自己破壊はつねに世界に死を与えることとして提起される。

図式的に言うと、カルプの対照項の表における「喜びのドゥルーズ」は受動的ニヒリズムに、また「ダーク・ドゥルーズ」は能動的ニヒリズムに対応している（『ＤＤ』、四四‐四五頁）。前者は喜びをともなった「繋がり至上主義」、「生産主義」、等々に自足し続ける時代精神であり、後者はこれらを憎悪の力を用いて否定し、神、人間、世界を壊滅させるような反時代性に存している（『ＤＤ』、六五頁）。もっぱら批判の対象となるのは、こうした受動的消滅のなかにある〈喜びのドゥルーズ〉である。これに反して〈ダーク・ドゥルーズ〉は、世界の積極的な破壊のための任務を、あるいは世界に死を与えるためのプロジェクトを提起する——破壊というだけの目的因。喜びに対比されるのは悲しみではなく、また闇に対比されるのは光ではない。ここでは、喜びと闇とが「反対のもの」として規定されることになる（『DD』、四〇頁）。これが〈喜びのドゥルーズ〉に対する〈ダーク・ドゥルーズ〉という「反対のもの」の諸項の共謀を形成する論理である（ジョルジュ・デュメジルの「三機能仮説」（『DD』、四一頁）[4]。つまり、〈喜び／悲しみ〉に対する第三の、しかしまったくの外部の機能素としての〈闇〉）。これら第三の反対のものの諸項は、相互に——あるいはむしろ共謀して——戦争機械の多様体を形成することになる。こうした闇の諸項の共謀は、喜びの多様体のうちに突如として現われ、それぞれの力能に基づいた〈転換点－真夜中〉をこの多様体の外部から引き起こすことができる。〈ダーク・ドゥルーズ〉は、こうした外部性の形式としての戦争機械を機能させようとする。「私が闇の項を提起するのは、闇が突如として反対のものの機能を不法占拠することができるからなのだ」（『DD』、四二頁）。つまり、闇の諸項は、喜びの諸項に対して単に置き換えられるべきものとして列挙されているわけではない。それらは、むしろ諸々の転換点そのものであり、ニヒリズムの徹底化の時間を、すなわち〈真夜中〉を表現している。闇は、単なる夜ではなく、転換によって定義される真夜中のことである。〈ダーク・ドゥルーズ〉は、否定的ニヒリズムに新たな任務を与えようとする。それは、能動的ニヒリズムにおける積極的な自己破壊をとりわけ世界の死に結びつけるという任務である。それは、言わば〈反動的－受動的〉ニヒリズムから〈否定的－能動的〉ニヒリズムへの複数の転換点を描出することになる。これによって否定は、おそらく弁証法からようやく解放されることになるだろう。つまり、否定が反動的諸力から解放されるのは、ただ無への意志が別の無目的な趣味を見出すときだけである。言い換えると、〈否定的－能動的〉ニヒリズムは、〈反動的－受動的〉ニヒリズムに対してその外部から到来する一種の反－装置としての戦争機械のように現われるであろう（『ＤＤ』、四一－四二、一二五頁）。後で簡単に論じるが、これは、（１）ニヒリズムの歴史的で継起的な諸段階の徹底化と、（２）ニヒリズムにおける二つの多様体の形成とを意味している。

本書は原書で八〇頁ほどのかなり薄い本であるが、その内容はかなり重厚なものである。ここで言う〈重厚な〉とは、問題提起に充ちたという意味である。それを可能にしているのは、外の思考としての抵抗の思考である。〈ダーク・ドゥルーズ〉という観点の打ち出し方がまさにそうである。そこにあるのは、ドゥルーズ哲学の諸結論を無批判に受け入れることなく、それらを別の仕方で考え抜こうという意志である。それは、一言で言うと、〈ニヒリズムを徹底化する破壊的なニヒリストになれ〉、あるいは〈無への意志を行使せよ〉という実践的宣言である。〈ダーク・ドゥルーズ〉は、その意味では、まさに一つの実験である――新たな否定のもとでの破壊、死、憎しみ、闇、等々を肯定しようとする立場。しかし、これは、後に述べるように、相対的なものにとどまるのではなく、絶対的なものにまで至らなければならないのではないか。「私の基本的な議論はこうである。もはやドゥルーズの時代ではない現在にあって、新たな反時代性は、彼の仕事によって導入されたものの、結局は維持できなかった否定というプロジェクト、つまり「この世界の死」を要請することで示される」（『ＤＤ』、一二三頁）。カルプによれば、この世界の死は、神と人間の死に次ぐ、第三の死である。この点に関しては、共謀（「倫理」の闇の項）や野蛮人（「ノマディズム」の闇の項）といった反対のものとともに、カルプは、ティクーンあるいは不可視委員会の影響を明らかに受けていると思われる（『ＤＤ』、六二－六三、九三頁）――「文明の死を決定づけること[5]」。

〈ダーク・ドゥルーズ〉から能動的ニヒリズムの宣言と非物体的なものの唯物論を引き延ばすことが可能であろう。ニヒリズムの最後の段階である能動的破壊は、どのような変様であるのか。世界の死は、単なる物理的な破壊を意味しない。神の死は、教会を焼き払い、僧侶を抹殺することではない（『DD』、「結論」参照）。そんなことをしても、人間のうちに超越神への信仰が残っていれば、神が死んだことにはならないからだ。死をめぐる一連の事態は、徐々に複雑になる。人間の死は、同様に人類の単なる生物上の絶滅の問題ではない。神の死とともに人間の死が訪れるような死の問題、それは、神と人間との共犯関係そのものが消滅することであり、それと同時にこの消滅に世界をも引きずり込むことである。それが世界の死である。言い換えると、それは、もっぱら反動的な生成の意味しかもはやもたないような受動的ニヒリズムのなかでの問題提起や充足理由に完全に見切りをつけることである。それは、世界あるいは文明には救う価値などないと理解することである。こうした見切りや理解は、残酷の情動をともなうことなしには成立しえない。〈神－人間〉の死は、世界の死によって完成するのである。[6]〈ダーク・ドゥルーズ〉における対照表は、けっして自由意志によって選択されるものではない。それは、ほとんど知覚の問題であり、また知覚の差控えを経た決定でなければならない。

ニヒリズムの二つの徹底化について

ニーチェは、受動的ニヒリズムと能動的ニヒリズムを区別した。[7]ドゥルーズは、人間の歴史の原動力としてのニヒリズムを三段階あるいは四段階に区別して神、人間、死の諸問題を考察した。[8]それは、否定的ニヒリズム（無限性）、反動的ニヒリズム（無際限性）、受動的ニヒリズム（有限性）、そして能動的ニヒリズム（これらすべての特性の破棄）である。これらは、（1）一つの時間上の系列——ニヒリズムの徹底化の方向——をなしているとも言えるし、（2）ニヒリズムにおける上位の二つの異なる多様体——〈反動的‐受動的〉と〈否定的‐能動的〉——を形成するものとして、言い換えると、カルプが主張するような、相互に「反対のもの」（『DD』、四〇頁）として存立するものでもある。この歴史上の連続的継起も二つの多様体の形成も、どちらもニヒリズムの徹底化の仕方である。（1）は、世界の歴史をつくり出すような仕方での徹底化である。つまり、それは、否定的、反動的、受動的という系列を辿る仕方での徹底化である。（2）は、〈反動的‐受動的〉ニヒリズムの彼方で企てられた〈否定的‐能動的〉ニヒリズムを打ち出すことである。

（1）世界のうちに存在しない超越的価値——この実体化が神である——を設定することで、この世界に実存するすべて物の価値を低下させることができるという否定の全能性が〈否定的ニヒリズム〉である。しかし、次第に超越的価値が機能する神の場を占拠して、自らが地上の神になるために、神を破壊する精神が人間のうちに生まれる。それが〈反動的ニヒリズム〉である。反動的ニヒリズムは、神となった人間が欲望するもの、例えば、拡大、戦争、開発、右肩上がり、科学的真理の探究、社会の進歩、等々といった事柄によって特徴づけられる。それらは、まさに騒がしい大いなる出来事である。反動的ニヒリズムは否定的ニヒリズムを引き継ぐが、神に代わる反動的人間は今度は自分たちの価値だけに従うようになる。こうしてニヒリズムは、無への意志から意志それ自体の無へと移行する。それは、無際限性の騒々しさから今度は有限性の静かな自覚への移行を準備するものでもある。これが〈受動的ニヒリズム〉である。それは、静かに死ぬこと、受動的に消滅することを教えるのである。それは、外側の原因によって死を迎えるよりも、むしろ自分の内側の原因によって消滅する方がましだという思想である。受動的ニヒリズムは、縮小、現状維持、右肩下がり、退化、エコロジー、動物愛護、自然保護、等々といった事柄によって特徴づけられる。このように考えると、二一世紀の現代の人間のほとんどがこうした反動的ニヒリズムと受動的ニヒリズムとの間で揺れ動く存在であることがよくわかるであろう。受動的ニヒリズムは、反動的ニヒリズムの帰結、人間の最後の形態、つまり反動的生成の最終形態である（この最後の人間、すなわち末人にとって、スキゾは「倒錯的強迫観念」になったと言われるが（『DD』、九五頁）、それはまさに受動的ニヒリズムの意味においてである。ここでの主体はもはや対象を欲望せず、まさに〈静かに死ぬ〉という動詞体であろうとする）。われわれは、さらにニヒリズムを徹底化させせなければならない。いずれ有限性の世界、あるいはこの〈有限で－無際限〉な世界は、終焉を迎える。そうであるならば、ニヒリズムは、今度は受動的に消滅することではなく、滅びることを意志する人間における能動的な自己破壊によって、つまり世界に死を与えることによってその完成に至るであろう。

（2）この〈能動的ニヒリズム〉は、たしかに歴史的系列においては〈反動的－受動的〉ニヒリズムを引き継ぐが、しかし系譜学的にはむしろ否定的ニヒリズムにより近いと言える。つまり、能動的ニヒリズムは、否定の自己完成であり、ニヒリズムそのものの完成である。それは、世界の没落を、文明の消滅を意志するという意味で新たな〈無への意志〉の発生である。〈ダーク・ドゥルーズ〉は、まさにこうした意味での能動的ニヒリズムを任務としたものである。[9]人間に新たな否定への趣味を与えること――「有限で、制限的で、強制的な私たち自身の排他的選言総合を実験してみたらよいではないか」（『DD』、六四頁）。本書は、こうした排他的な否定性の主張にすべて還元されうるだろう。しかし、この否定は、弁証法の否定とはまったく異なる。能動的ニヒリズムにおける否定は、相補的に対立するもの（＝内部性の形式）に反対するもの（＝外部性の形式）を定立することだからである。言い換えると、相補的な、しかし両極端をなす〈反動／受動〉に反対する〈否定〉が新たな武器となるのだ。つまり、〈反動的－受動的〉な多様体とは反対の〈否定的－能動的〉な多様体を発生させること、これはまさにニヒリズムのなかの一つの設計である。これによって、〈ダーク・ドゥルーズ〉の諸要素あるいは諸任務が成立することになる。〈否定的－能動的〉な多様体には、特異な欲望がある。それは、残酷という情動である。内容の両極性をどのように理解し、それとともにその反対のものの外部性の形式をいかにして表現するのか。例えば、喜びと悲しみは、相反する感情であるが、相補的でもあり、それゆえ互いをつねに前提としている。これに反して、例えば、残酷の情動は、このどちらにも還元されない欲望の特異な様態としてそれらの外部から、あるいはより深い内部から到来することができる（カルプの「情動」の任務は、この点から言うとかなり控えめである（『ＤＤ』、七一－七四頁））。つまり、残酷は、能動的ニヒリズムがもつ新たな否定性の趣味にあるいは任務につねにともなう能動的な情動でなければならない。

〈ダーク・ドゥルーズ〉批判——減算中継の唯物論

さて、もっとも本質的なことは、ニヒリズムのなかでの破壊ではなく、ニヒリズムそのものを破壊することである。エチカの思考は、つねにそうである。ニヒリズムのなかの破壊は、やはり破壊を目的にすることになる。ニヒリズムの徹底化は、次に継起するニヒリズムの様式を目的因にすることとつねに混同されてきた。しかし、反道徳主義的なエチカが思考してきたニヒリズムの徹底化は、つねに脱－ニヒリズムであり、ニヒリズムそのものの破壊以外の何ものでもない。この破壊は、自然と精神についてまったく並行論的なものであり、非物体的なものの変形に対応した効果がそこにともなっていなければならない。神と人間と世界の死は、すべて非物体的なものの変形の効果なのである。しかし、その諸変形には、身体という〈質料《マチエール》＝素材〉が不可欠である。たしかに、人間身体と資本主義の身体は、完全に類似している。何故なら、「まさに身体の折り開きを通じて生み出される大量のエネルギー」によって資本主義の身体は、その欲望と燃料とを備給され続けるからである（『ＤＤ』、八〇頁）。ということは、たとえ資本主義の身体の不安定な受動的変様あるいは相対的脱領土化が永続化したとしても、[10] 人間身体は能動的変様へと、つまり意識された積極的な自己破壊へと扇動されなければならない。この状況は、カルプによれば、「固体であるあらゆるものは、溶解して気体となる」という言説に収斂するとされる。まさにその通りである。しかし、それは、「溶解のプロセス」を絶対的な脱領土化にまで高めることである。しかし、この安定した物質が溶解して気体となるような過程は、つねに非物体的なものの絶対的な変形域がともなっていなければならない（例えば、ガタリにおける絶対的な反転域〈Φ⇅⇅Ｕ〉[11]。実存的領域（Ｔ）とそれに対応した物質的流れ（Ｆ）とが破壊され死を迎えるのは、この機械状系統流（Φ）と非物体的なものの変形域（Ｕ）との反転域のどこまでも結果にほかならない）。これが非物体的なものの唯物論である。ここには、まさにニヒリズムそのものの破壊の一つの意義があると言える。革命的なものは無数にあり、それは何も「コミュニズム」にだけに収束するものではない（『ＤＤ』、八一頁）。〈ダーク・ドゥルーズ〉とは、まさにニヒリズムのうちでの、それゆえに固有の息苦しさを感じる破壊任務のことである。

　すでに冒頭で述べたが、本書は、ドゥルーズの哲学に関して問題提起に充ちた書物である。しかしながら、この〈喜びのドゥルーズ〉は、或る意味でドゥルーズの哲学が二重に矮小化された領域である——一方で世界がこの〈喜びのドゥルーズ〉に還元され、また他方でドゥルーズの哲学そのものが同時代の一つの典型としてこの領域に切り縮められ圧し込まれて成立した対象領野。そして、この〈喜びのドゥルーズ〉主義は、さらに「繋がり至上主義」や「生産主義」、等々に還元される。〈ダーク・ドゥルーズ〉が明らかにこのように一つに傾向化されたドゥルーズの哲学に対する反応としてしか成立していないこともたしかであろう。この意味でも、〈ダーク・ドゥルーズ〉は、やはりニヒリズムのなかでの限定された破壊宣言以外の何ものでもない。つまり、それは、ニヒリズムのなかでの、あるいはニヒリズムに依存した限りでの破壊精神にすぎないのだ。しかし、このこととニヒリズムそのものの破壊とは、まったく異なるであろう。読者は、ニヒリズムそのものの破壊を〈ダーク・ドゥルーズ〉から果して得ることができるであろうか。スピノザやニーチェの思考を系譜とした限りでのドゥルーズの哲学は、絶え間ないニヒリズムそのものの減算中継として、まさにニヒリズムそれ自体の破壊の過程であり、それらに死を与えることとの絶対的な発生的要素、すなわち砂漠のなかの最小回路をなすものである（例えば、スピノザにおける欲望は、時に残酷に変様しつつも〈喜び／悲しみ〉を中継しながら、まさに時代における神と自己と世界とを破壊するそのもっとも原初的な発生的要素でありうるのだ）。

ドゥルーズの哲学には、たしかに革命の肯定と同時に、その困難さへの思考があるが、しかし、その困難さのさまざまな度合のうちにも固有の思考と強度と情動とがつねにともなっているのもたしかである。〈ダーク・ドゥルーズ〉にも、そうした思考や精神、あるいは観念や言表が必要となる。ところが、そこにあるのは、典型化され、極度に切り縮められ、単なる主義化や主張化へと押し込まれ、気質化され切り刻まれた身体なき器官としてのドゥルーズ哲学だけである（『ＤＤ』、一一六頁）。ここには、言わば精神分析とこれの背景となる受動的ニヒリズムを引きずり続けるニヒリズムそのものの第一の徹底化の影がつねにある。本書のなかの「存在の絶滅」、「無に向かって前進すること」、「崩壊、破壊、壊滅」という章題からもわかるように、ここでは、完全に破壊が目的因化されている（したがって、破壊後の未来については〈ダーク・ドゥルーズ〉は、ほぼ何も言うことができていない（『DD』、一一二－一一四頁）――例えば、あまりに愚鈍で惨めな「地殻変動」という言葉の使用法）。これは、実は喜びを目的因化するのとまったく同じである。例えば、肯定あるいは否定は、まずは意志の作用である。排他的選言を主張することとは、実はこの意志作用がほぼ相変わらず主体の自由な選択にかかわっていると言っているのと同じである。同様に、〈繋がる〉とか〈バラバラになる〉といった表象的言説に依拠して思考を展開していること自体が、ドゥルーズの表象批判の思考とはまったく相容れない事柄である。例えば、〈偽の力〉を積極的に提起するには、カルプの論述はきわめて稚拙である。というのも、偽の力が真理を脅かすのは、それが非十全な実在性に依拠しているからであり、何よりもそれが身体の数えられることのない変様に依拠しているからである。実在性は、そもそも真や善とは何のかかわりもない。実在性は、強度的移行である。それは、真であれば偽へと移行し、悪であれば善へと移行するような、非十全な内在的様相である。地球という巨大分子の非十全な実在性が、例えば、自然における気候変動という一つの戦争機械をなしているのである。例えば、〈ダーク・ドゥルーズ＝ガタリ〉は、考え方として意味をもつのか。不思議なことに、カルプは、ガタリの思考にまったく触れていないし、ガタリの著作を文献表にも挙げていない。ドゥルーズ＝ガタリの哲学は、ガタリなしには存立しえないものである。そして、初期ストア派の非物体的変形についての理説をドゥルーズ以上に本質的に考えたガタリの『分裂分析的地図作成法』なしに、ドゥルーズ＝ガタリの哲学は存在しえない。同様に差異を解放することは、否定にはできない。しかし、われわれは、否定そのものの完成を見出してやらなければならないのだ。それほど、人間は、面倒な実存である。[12] それは、ニヒリズムを生きる生物の任務である。いずれにしても、たしかに、〈ダーク・ドゥルーズ〉にはわれわれの思考を触発する強度的な諸部分がある。たしかにそれは、資本主義の相対的脱領土化に対して、コミュニズムの絶対的脱領土化を打ち出そうとしているが、しかし、その〈絶対的〉とは、まさに領土的な意味での、つまり領土のうちでの破壊と死なのである。〈ダーク・ドゥルーズ〉とは、ニヒリズムにおける否定作用を破壊と死だけに特権化して用いる、別の、しかし些細な差異化からなる巨大回路のなかでの任務のことである。そこには、たしかに破壊への無数の事実の線があり、またそれらをコレクションするための多くの固有名や名詞や形容詞がある。しかし、そのコレクションには、こうした破壊と死を多方向に減算中継する動詞がまったく不在である。

注

1 ジル・ドゥルーズ「ニーチェと聖パウロ、ロレンスとパトモスのヨハネ」(谷昌親訳、『批評と臨床』所収、河出文庫、二〇一〇年、一〇四頁。「事実は決断へと変えねばならない。事実をごまかすことはできるが、決定は政治的である。(……)決断することだけが、われわれから死体を取り除いてくれるのだ」(不可視委員会『来たるべき蜂起』、『来たるべき蜂起』翻訳委員会訳、彩流社、二〇一〇年、九二頁)。

2 フリードリヒ・ニーチェ『この人を見よ』川原栄峰訳、『ニーチェ全集15』所収、ちくま学芸文庫、一九九四年、「悲劇の誕生(三)」、九九頁。

3　ジル・ドゥルーズ『ニーチェと哲学』江川隆男訳、河出文庫、二〇〇八年、三三七頁。

4　「戦いの神インドラは、ヴァルーナにもミトラにも同様に対立する。インドラは、後者の二神のどちらかに還元されることはないし、第三の神を形成するわけでもない。インドラとは、尺度をもたない純粋な多様体、または群れのようなものであり、突然現われてすぐに消え去る〈変身の力能〉であると言えよう」（ジル・ドゥルーズ／フェリックス・ガタリ『千のプラトー』宇野邦一・他訳、河出文庫、下・一四頁）。「国家装置は、戦争機械から〈変身の機能〉を奪うのである」（同書、下・三三一頁）。しかし、この三機能仮説は、哲学において思考されていたものでもある。

5　不可視委員会『来たるべき蜂起』、九二頁。不可視委員会は、受動的ニヒリズムに帰属するようなエコロジーや脱成長といったあらゆる持続可能な社会性に対して、能動的ニヒリズムのもとでの破壊と欲望を呼びかける――「「人々の野蛮への回帰」や「惑星規模の脅威」や「文明の終焉」の到来を切に願う！」（同書、「第六の環」参照）。

6　ミシェル・フーコー『カントの人間学』王寺賢太訳、新潮社、二〇一〇年、一六一頁、参照。フーコーが言う〈神－人間〉の死は、能動的ニヒリズムを欠いた限りで成立する問いである。

7　ニヒリズムとは、ニーチェによれば、何よりも「最高の諸価値が無価値になってしまうということ」である。そして、ニヒリズムは、「両義的」――能動的あるいは受動的――でありうる。すなわち、つまり、「精神の高揚した力の徴候」である能動的ニヒリズムと、「精神の力の下降および後退」としての受動的ニヒリズム。前者は、「暴力的な破壊の力」としてのニヒリズムであり、後者は「攻撃することのない疲弊した」ニヒリズムである（『ニーチェ全集　第一〇巻（第二期）　遺された断想（一八八七年秋－八八年三月）』清水本裕・西江秀三訳、白水社、一九八五年、9〔三五〕、三〇－三二頁参照）。

8　ドゥルーズ『ニーチェと哲学』、「第五章　超人――弁証法に抗って」、参照。

9　「退化したものども寄生虫的なものどもを容赦なく絶滅させてしまうかの生の新しい党派が、再び地上においてかつての生の過剰を可能にする（……）」（ニーチェ『この人を見よ』、「悲劇の誕生（四）」、九九－一〇〇頁）。

つまり、反動的生成（＝退化したもの）と受動的消滅（＝寄生虫的なもの）とに死をもたらすもの、それが共謀する能動的破壊の諸力（生の新しい党派、すなわち共謀的コミュニズム）である。ところで、受動的ニヒリズムは、動きすぎる反動的生に対して静かに死ぬことを推奨する。しかし、反動的ニヒリズム（剝き出しの反動的生の肯定）と能動的ニヒリズム（積極的な自己破壊）との〈間《あいだ》〉に張られた受動的ニヒリズムのもとで、その中途半端さを言わば先端にするような特異なドゥルーズ論がある。千葉雅也『動きすぎてはいけない――ジル・ドゥルーズと生成変化の哲学』（河出書房新社、二〇一三年）がもつ生成変化の動きすぎない諸運動は、この反動的と能動的という二つのニヒリズムと交渉しつつも、それらに捕獲されることなく、生成変化の組み変わりの平面を見事に描き出している。この著作について私は、とりわけ受動的ニヒリズムの観点から書評を書いたことがあるので、ぜひ参照されたい（拙稿「ポスト構造主義におけるニヒリズムの徹底――ドゥルーズの多孔質的判断力論を開く」、『表象09』所収、表象文化論学会、二〇一五年、二八二－二八五頁）。

10　マルクス＝エンゲルス『共産党宣言』大内兵衛・向坂逸郎訳、岩波文庫、一九七一年、四二－四四頁、参照。

11　フェリックス・ガタリ『分裂分析的地図作成法』宇波彰・吉沢順訳、紀伊國屋書店、一九九八年、一一五、一四一、二〇二、二五六頁、参照。「Φと非物体的なUの第一の水準は、領土化されたFとTの第二の水準の脱領土化された積分を表わしている」（同書、一一五頁）。これを、次のように言い換えることができる。例えば、ベルクソンにおいては、一方で量（外延量）からなる、つまり〈程度の差異〉からなる「量的多様体」が形成され、他方でそれにけっして還元されない質（内包量）からなる、つまり〈本性の差異〉からなる「質的多様体」が存在する。さて、ベルクソンの差異の問題で言えば、こうした〈程度の差異／本性の差異〉を内部性の形式として捉えて、それに対して能産的自然としての持続を外部性の形式として、つまり〈差異の本性〉と〈差異の諸程度〉との反転域として把握することができる（ドゥルーズ『ベルクソンの哲学』宇波彰訳、法政大学出版局、一九七四年、一〇三－一〇四頁、参照）。ドゥルーズは、たしかにこの差異の問題を二元論から一元論への調和や方法や移行の問題として処理しているが、しかしそれらにけっして還元されないような、まさに戦争機械（外の思考）としての

〈反－思考〉がそこにあるのも事実である。いずれにしても、この考え方は、すでに述べた、ガタリの四つの機能素の関係によって表現することができるが、ベルクソンはガタリに先立ってこうした形式のもとで問題を提起していたとも言える（こうした仕方で哲学の歴史を遡ることはあまりよくないが、ここから実は、スピノザが何故、実体の本性を構成的に表現する属性を無限数として思考したのかも理解可能になるだろう）。

差異の本性（＝U）	本性の差異（＝T）
差異の諸程度（＝Φ）	程度の差異（＝F）

12　「否定が自分の完成を見出すのは、ここ〔能動的破壊〕だけである」（ドゥルーズ『ニーチェと哲学』、三三九頁）。

＊アンドリュー・カルプ『ダーク・ドゥルーズ』大山載吉訳、河出書房新社、二〇一六年

最小の三角回路について
——哲学あるいは革命[1]

　哲学の思考が真に考えなければならないこと、それは、例えば、中世の時代にほとんどの哲学者や神学者が神について真剣に考えていたように、現代においては人類にとっての絶対的無神論、つまり能動的無神論であろう。というのも、こうした哲学だけが人間本性の変形や物の存在の価値転換に関する問題を考えることができるからである。現代の哲学は、第一に人間自身が神について思考不可能に、あるいは信仰不可能にまで至るような、つまり絶対的無神論の様態へと徐々に生成変化しうるような、人間身体におけるプラグマティックの哲学と人間精神に関する実践の倫理として存立する必要がある。言い換えると、それは、哲学と革命に関するあらゆる観念や概念あるいは議論や見解を人間の自由意志から分離するためである。

無神論と非人間論について

　人間の何が本性上の醜さであるのか。その最大の醜悪さはいったいどこにあるのか。ここに肥大化した三角形のかたちをした一つの回路がある。これは、かつてのオイディプス三角形（その特異点は、パパ、ママ、ボクである）以上に強力で潜在的な三角回路を形成しているのではないか。われわれは、この回路を何と呼べばよいのだろうか。この三角形は、次のような特異点をもつ――（1）擬人化によって幻想化し巨大化した超越的な〈神〉、（2）ニヒリズムを本性にもつ巨大生物としての〈人間〉、（3）人間的な意味と価値に完全に汚染された大地と大気とからなる〈世界〉。これらの特異点は、すべて人間自身が生み出したものであると言えなくもないが、残念ながらもはや当の人間の実践の対象とはなりえないものとなっているようである（かつての物象化論が有効である）。それゆえこの三角回路は、つねに実在的な対象性の相のもとに存在するようになる。この巨大で潜在的な、しかし不可視の三角回路こそが、まさに人間にとってのもっとも堪え難いものの一連の流れだと言える。逆に言うと、このことは、そもそも人間の意志や感情や知性それ自体が、恥辱にまみれた愚鈍なものであるということを示しているのだ。しかし、これに対してたとえ人間が憎悪を滾らせ、それらを積分したとしても、そのことは、実際には相変わらずかつての矛盾（＝対言）の論理のなかで唸り声を上げるだけのことであろう。要するに、人間の本質のうちでひたすら偉大な自己矛盾を引き起こそうと、何やら鼻息を荒くして、いきり立っているだけのことである。

さて、無神論は、一見すると、価値の相対性のなかで虚しくも、しかし軽やかに動き続けるノマドにとっての条件の一つのようである。しかし、こうした無神論あるいは無神論者たちは、つまり結果的に無神論のような立場を表明せざるをえないようなものは、実はほぼ〈反動的ニヒリズム〉に絡めとられている。何故なら、現代のこうした相対的なノマドの虚しさも軽やかさも含めて、そのすべては、人間における〈意志の無〉に由来しているからである。これに対して有神論は、超越的価値を実体化し続ける限りで成立する〈否定的ニヒリズム〉を基本とする。これは、ニヒリズムの最初の形態であり、人間における無を意志する力からなる、つまり否定作用のもっとも強力な、しかし倒錯した一つの状態である。このように考えると、無神論は、実は有神論が前提とした第一のニヒリズムの形態を推し進めた第二の形態であることがわかる。それは、〈神の死〉を実現して、自分たち人間がその場を占有しようとする反動的な思想である。無神論は、たしかに一方では〈神の死〉を実現するが、しかし他方ではこれらの〈死せる神〉を不死なるものとして自己の本質のうちに同時に抱え込むことになる。人間自身がまさにこの第二の形態としての〈反動的ニヒリズム〉のうちに存在する以上、現代世界において悪しき形而上学的なものとして渦巻いているのは、何であれ、こうした神々の矛盾した存在なのである。もう一度、問い直そう。〈神の死〉は、現代において真に実現されているであろうか。たしかに神々は、地球上の至るところで相変わらず奇妙な仕方で発生して、人間の精神と身体を拘束し奪い去っているではないか。自由意志のもとでその本性が広く実現化された〈動物－人間〉は、死ぬことなくこうした第一の〈否定的ニヒリズム〉の状態を引きずって生きているのだ。何故このように言うのかというと、神の死は、人間の死と連動し、また人間の死においてまさに完結しなければならないからである。ところが、〈死せる神〉が至るところで人間に憎悪を募らせる内部の原因となっている以上、こうした人間本性の死は、つまりニヒリズムのなかの生命の終焉は、まだまだ先のことのようである。この二つのものの死は、ほとんど意味と価値の問題であり、より肯定的に言うと、非－意味と価値転換の問題である。つまり、第一の〈神の死〉と第二の〈人間の死〉は、ともに非物体的なもの（意味、価値）の諸変形に関する事柄である。そして、この系列に第三の〈世界の死〉が接続されなければならない。これが、まさに現代の思考の究極のダーク性である。[2] 哲学は、まさに〈愛知〉よりも、むしろ〈嫌知〉というそのダーク・サイドによってよりよく存立するかのようである。[3]

無世界論について

では、この〈世界の死〉とは、いったい何を意味しているのか。それは、地球規模の全面的な核戦争のことであろうか、あるいは地球温暖化による地球全体の環境破壊のことであろうか、あるいは人類の死滅そのものによる世界の死なのであろうか、あるいは世界の崩壊による人類の死なのであろうか。〈神の死〉と〈人間の死〉という先行する二つの死がすでにそうであったように、これは、単純に物質的な変化や破壊といった意味に包摂されえない非物体的なものの変形や転換と、それらのダイアグラム（非形式的な機能）からなる記号論とに本質的に関わる事柄である。たしかに哲学は、それがより多く批判機能を有する限り、こうした非物体的な変形においてそれだけ必然的に破壊的であり、またその意味において、例えば、ニーチェにおける真夜中の価値転換の諸度合をつねに有しているものである。そして、その際に哲学がもつ批判性は、ほとんど否定的で、排他的にさえ思われるかもしれない。しかし、哲学の思考がそうした特質を有しているのは、それらの性質を目的にしているからではなく、むしろ哲学だけが表現しうる問題提起の仕方を作用原因としているからにほかならない。言い換えると、哲学とは、それが意見や見解にけっして還元されえない以上、つまり実際にはいかなる現実的な諸力ももたない以上、つねに非物体的なものの変形や価値転換とそれらを内容とするダイアグラム的表現だけを欲望する人間精神の様式のことである。逆に言うと、こうした問題提起の仕方を失ったり、もっぱら諸領域の分析だけが目的になったり、政治的事柄を対象とすることが最高の哲学的使命であると考えたりすると、哲学は、直ちに他の諸学とのつながりの態勢に入り、また他の対象領域の力を借りて、それらの組合せについての愛や憎しみあるいは快や不快をともなって受動し続けることになる。言い換えると、これは、まさに〈神〉と〈人間〉と〈世界〉とが一つになってニヒリズムを潜在的に拡散させていることに哲学がむしろ積極的に加担することである。この〈神〉と〈人間〉と〈世界〉という三つ組は、まさにわれわれの歴史と社会が形成され維持されるべきもっとも根本的な意味（＝方向性）と価値（＝有効性）を有してきた。しかし、或る外部性の諸形式を結合して、それらを作動させることで、これらに死を与えうるような機械が、まさに共謀するコミュニズム――意味破壊的な〈無－意味〉の形体――と称されるのである。こうした事柄を明確に宣言する『ダーク・ドゥルーズ』という小著によって、ドゥルーズ哲学に関する無駄に肥大化した諸テーマ、つまり同時代化した諸々の思考や、消費財化した諸側面は、たしかに破壊されることになるだろう。しかし、ダーク・ドゥルーズの「任務」は、いったいどこから来るのか、あるいは何に委ねられるのか。神や世界について言われる「死」は、完全に擬人化されている。これは、それらに破壊や死を与えられうると想定して、その選択を自由意志に委ねていることの証しである。ところが、人間が神あるいは自然を憎むことはけっしてできないのだ。[4]というのも、自由意志をもった人間が愛したり憎んだりすることができる対象は、同様に自由意志をもって愛したり憎んだりすると想定されたものに限られるからである。しかし、自然あるいは神は、絶対に自由意志などもたない。〈怨恨《ルサンチマン》〉（＝お前は悪い、私は良い）は、反動的人間において無神論を展開することになる。これは、自己の為しうることから分離された自己の力のもとに、あらゆる為しうることを仮構する情動である。[5]それは、意志することの〈無－意味〉のもとで無神論を展開するが、無への意志――超越的価値への意志――においてはむしろこの世界そのものの〈無－価値〉を肯定しようとする。それは、人間の実存の徹底した価値低下を引き起こすどころではなく、まさに世界そのものの否定である。つまり、無への意志は、新たな否定性の趣味を獲得することになる(『ダーク・ドゥルーズ』は、この否定性の一つの様態である)。この意志は明らかに人間に対する不寛容さからなるが、これは神がもつ寛容さの或る種の裏返しでもある。このようにして、怨恨《ルサンチマン》をともなった自由意志は、最後にはまったくの無世界論を、すなわち〈世界の死〉を欲することになる。

最小の三角回路——外部性の形式について

実は〈自己〉と〈神〉と〈物〉とからなる三角形は、一七世紀の哲学においては、もっとも強度的な最小の三角回路をなすものであった。「無知者は、外部の諸原因からさまざまな仕方で揺り動かされて、けっして精神の真の満足を享有しないばかりでなく、そのうえ〈自己〉と〈神〉と〈物〉とをほとんど意識せずに生活し、そして彼は働きを受けることをやめるや否や、同時に存在することもやめてしまう。これに反して賢者は、賢者として見られる限り、ほとんど心を乱されることがなく、〈自己〉と〈神〉と〈物〉とを或る永遠の必然性によって意識し、けっして存在することをやめず、つねに精神の真の満足を享有している」[6]。無知者とは、言い換えると、ニヒリズムを全面的に受けて生きている人間であり、〈神〉と〈人間〉とからなる巨大な三角形を生の諸条件として呼吸している者たちのことである。これに反して賢者とは、その巨大回路のなかに強度的部分としての最小の三角回路を形成しつつ生きる者たちのことである。この強度的な三角回路はこの限りで絶対的孤独のうちに存在する者たちの間を経巡るが、しかしこうした孤独は〈非-存在〉としての来るべき民衆なしにはありえないような孤独である。これは、すでにニヒリズムの歴史によって生み出され、また最大限にまで肥大化してきた三角形から脱する運動である。スピノザが思考したこの脱擬人化の三角回路は、言わば巨大回路に対して外在性の形式を形成する別の三つの特異な要素からなると言わなければならない。すでに述べたが、これとは異なる肥大化した擬人化の三角形は、内部性の形式を形成する三つの特異点――超越的価値の実体化としての神、ニヒリズムの様態としての人間、位階序列化し地層化した世界――からなるものであった【図1】。

【図1】擬人化の巨大な三角回路

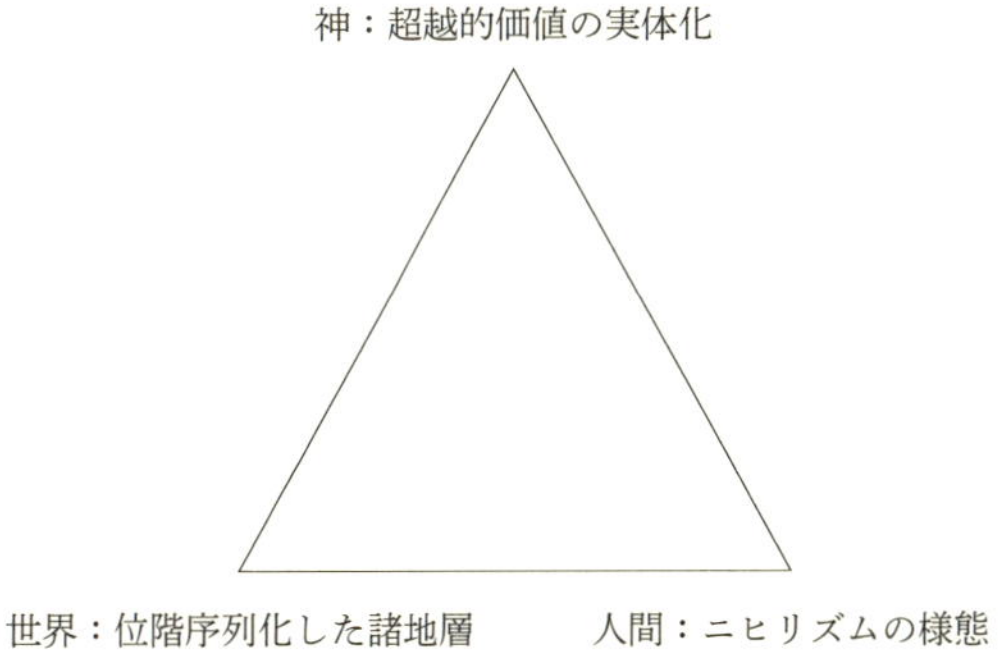

しかし、ニヒリズムの諸段階を紡ぎ出す肥大化した三角形に対して、まさに最小の強度的三角形を考えることができる。この三角形の特異点は、内在性の〈神あるいは自然〉と脱人間化する〈自己〉と強度的な諸〈物〉である。これは、第一に巨大回路のなす三角形に対する破壊効果をもった最小回路と呼ぶべきものである。これは、結果的にこの巨大な三角回路を、あるいはこの三つの特異点を破壊あるいは死へともたらす効果を有している。これは、言い換えると、〈自己〉と〈神あるいは自然〉と〈物〉とからなる強度の三角回路を必然性の相のもとで認識することによって、超越性の神とニヒリズムの反動的人間と地層化した表面的な世界が同時に連動して、単なる死や破壊以上に、いっさいの擬人化なしに非物体的に変形されることを示している。とりわけ世界の死は、単なる物理的な破壊でない以上、意味や価値に関する非物体的なものの変形であり、その限りでまさに非-意味や価値

転換に関わる脱人間化の諸事態である。何故、こうした意味での神の死と人間の死は、歴史的にこれまでに完結しなかったのか。それは、おそらくそれらに死を与えようとする動力が憎悪にもとづく怨恨《ルサンチマン》に依拠しているからだと言えるだろう。〈ダーク・ドゥルーズ〉は、残念ながら、何度か「憎悪」を滾らせることによって世界に死を与えることを提起している。しかし、すでに世界には溢れるほどの憎悪があり、それでは神や人間が死を迎えなかったように、それらとともに世界に死を与えることなどほぼ不可能である。言い換えると、ひとは、神に依存しない限り、世界に対する憎悪の力を得ることができないからである。無神論は擬人化した神に絶対的な死を与えることであり、また無世界論は言わば人間によって地層化した世界を非人間化することによって活性化させることである。しかし、憎悪による破壊は、つねに中途半端な神と人間と世界とが、すなわち、無神論であれ有神論であれ、祈りの対象となる神と祈る人間と祈りに溢れた世界とが至るところで回帰することにしかならない。憎悪なしに、いかに神と人間と世界とからなる巨大な三角回路の絶対的な消滅過程が実現するのか、それがまさに問われているのだ。

〈革命〉というもっともアクチュアルであるべき出来事でさえ、もし反‐実現による潜在的なものの非物体的変形を同時に為し遂げていないとすれば、それは、単なる表象的なアナロジーのなかでの闘争、つまり既存の境界線の争奪戦、あるいはアクチュアルな諸項の単なる置換作業以上の意味をもたないだろう。政治も同様、それは、ほとんど精神の暴走を競い合っているだけである。それゆえ、反‐政治は、似たような、しかしさまざまな精神の暴走に沿った主義や主張から、つまり怨恨《ルサンチマン》から逃走することである。スピノザの〈エチカ〉においては、〈神〉と〈人間〉と〈世界〉とからなる擬人化された巨大な三角形はすでに完全に死滅している。それらが復活する余地などそこにはまったくない。同様に自由意志も、この自然からは消滅している。スピノザが意志と知性を同一だと考えたのは、自由意志のもとに置かれた生の過程一般の否定である。そうした者たちだけが、実は来るべき民衆なのである。それは、言い換えると、特異性の集合体としての最小回路（反‐思考）であり、民衆の間にいかなる切断も連結も見出すことのできない絶対的孤独である。[7]

一つの巨大な三角回路の内部構造を考えることで、どのようにそれに抗する外部性の形式が発生するのかが明らかになるであろう【図2】。ここでは、〈神‐世界〉（a）、〈世界‐人間〉（b）、〈人間‐神〉（c）がそれぞれに内部性の形式を強固なものにするのに従って、そのそれぞれに外部性の形式が〈自己〉（α）、〈自然〉（β）、〈物〉（γ）として出現することになる。内部性の形式とは何か。それは、一方では相互に相反するが、しかし他方では相互に補完し合うような二つのものが協働してその力のおよぶ範囲を拡張していくような形式のことである。これに対して、外部性の形式とは何か。それは、こうした内部性の形式に対して完全に反対のもの、その内部性の諸要素のどちらにも還元不可能なものであり、またこの形式のうちに突然現れて一方のものを加速したり減速したりしながら、他方のものには別の線を引くように促したりする機能を有する形式のことである。こうした外部性の形式は総体として或る一つの多様体をなしており、またこの形式の内容はまったくの変形と変身の力能そのものである。さて、三つの内部性の形式からなる三角回路は、簡略化

【図２】内部性の回路形式と外部性の回路形式

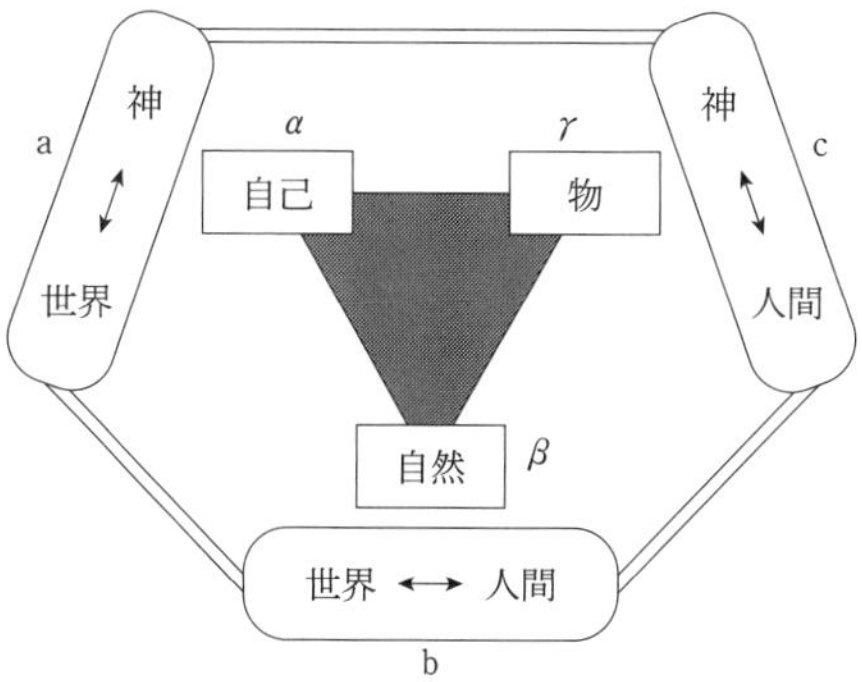

された三つの特異点からなる三角形【図1】のまさに内部構造以外の何ものでもない――（1）〈神‐世界〉においては神という超越的価値の実体化とこれとともに世界の位階序列化とが一つの内部性の配分空間（a）を整えるが、しかし、これらに還元されることのない非‐人間としての〈自己〉が、あるいはロゴスと神話を無化するような身体の触発と精神の情動とをともなった〈自己〉がそれらの外に一つの形相として出現する（α）。（2）同様に、〈世界‐人間〉においては擬人化した人間意識とそれによって構築され目的論化された世界とが、主体とその客体という仕方で一つの内部性の有限環境（c）を作り上げるが、しかし、これらにけっして還元されることのない絶対に無限なものとしての〈自然〉が、すなわち本質と存在とが、内容と表現とが、力能と属性とが反転し合った外部性の〈自然〉が神にとって代わる（γ）。（3）また同様に、〈人間‐神〉においてはまさにこの巨大回路の原因と目的が含まれているだけでなく、ニヒリズムを本性とする動物の誕生が、つまり人間そのものの発生が登録されている。しかし、この内部性の発生形式（b）のうちに内部化されえない物の表現と内容からなる対象性が、つまり〈人間‐神〉の知性や意志の対象とならない外部の複数の〈物〉が、世界ではなく、自然のうちに存在する。それらは、量と質といった内部性の形式によって構成されえないまさに外の強度である（β）。

こうした諸要素が、つまり〈自己〉（非‐人間）と〈物〉（反‐世界）と〈自然〉（無‐神）とが一つの総体として作動し始めるとき、それは、強度的な最小の三角回路という仕方での作動配列を実現する。この作動配列は、ドゥルーズ＝ガタリが言うような、まさに戦争機械という外部性の形式に属するものである（スピノザは、これを賢者がより多く意識する三角回路であると述べていた）。これらの作動配列は、多様な系列と横断的な流れのなかで作動する限り、きわめて複雑なものである。ここでの諸要素はそれぞれの内部性の形式に抗して還元不可能な反対のものとしてその外部に存在するが、しかし、その現出は純粋な外から到来することもあれば、内部性の形式的機械を不調にするような仕方でその只中で様態化する場合もあれば、内部性の環境以前にすでに外部性の〈記号－微粒子〉としての存在の様式を獲得する場合もある。いずれにしても、この最小回路は、三つの内部性の形式からなる一つの巨大な三角回路に対して、〈共立不可能な〉という意味でまさに〈反対のもの〉である。それは、この巨大回路の言わば減算の過程そのものであり、まさにニヒリズムそれ自体を破壊する〈エチカ〉の中継路である。こうした過程あるいは中継路には、いかなる一般的なモデルも手続きも保証もないという意味で、また絶えざる非物体的なものの変形と価値転換が内含されているという限りで、それらはまさに哲学あるいは革命のことである。

注

1　この論考は、アンドリュー・カルプ『ダーク・ドゥルーズ』（大山載吉訳、河出書房新社、二〇一六年）に付された「応答3」としての拙論「破壊目的あるいは減算中継――能動的ニヒリズム宣言について」（本書収録）に深くかかわっている。本稿は、ダーク・ドゥルーズが提起する一七の反対のものの項目とそれらの共謀とに対して、それよりも基本的な三つの要素からなる三角回路を外部性の形式として問題提起するものである。

2　「この世界の終りは、一連の死のうちで三番目のものである。すなわち、「神の死」、「人間の死」、そして「この世界の死」である」、「ダーク・ドゥルーズの成功の道は、死を避けることではなく、死を招くことである」（カルプ『ダーク・ドゥルーズ』、一二三、三〇頁）。これに対して、われわれは、死を避けたり死を招いたりすることを第一に考えることはしない。問題は、生のすべてを賭けて死を礼讃することでも、死に対して生そのものをただ肯定し聖化しようなどということでもない。言い換えると、これは、生も死も目的因としてけっして考えない、あるいはそれらを絶対に擬人化しないということである。それが、破壊目的に抗する減算中継である。

3　「思考において始原的であるもの、それは不法侵入であり、暴力であり、それはまた敵であって、何ものも〈愛　知《フィロソフィー》〉を仮定せず、一切は〈嫌　知《ミゾソフィー》〉から出発する」（ジル・ドゥルーズ『差異と反復』財津理訳、河出文庫、二〇〇七年、上・三七二頁）。これは、まさに哲学がもつダーク性である。そして、ここで言われている敵とは、可能性と不可能性に関する〈矛　盾《コントラ・ディクション》〉として現われる対立的なものではなく、共可能性と非共可能性に関する副言的なものである。〈副　言《ヴィス・ディクション》〉については、例えば、江川隆男／堀千晶「絶対的脱領土化の思考」（『ドゥルーズ――没後20年　新たなる転回』、河出書房新社、二〇一五年、一四四―一六〇頁）を参照されたい。

4　「誰も神を憎むことはできない」（スピノザ『エチカ』畠中尚志訳、岩波文庫、一九七五年、第五部、定理一八）。

5　「それは、反革命の時代にあってなお革命の夢を生き続けさせることである」（カルプ『ダーク・ドゥルーズ』、四〇頁）。人間は、つねに超越したがる動物である。おそらくこれは、眼を開けながら見ることのできる夢、つまり自由意志の夢である。これは、破壊という仕方での超越的欲望――死への欲望、死の超越化――の表出以外の何ものでもない（ドゥルーズ＝ガタリが言う〈あれか、これか〉という排他的・制限的な総合）。これに抗して、つねに内在し直そうとする欲望を明確に意識する必要があるだろう（〈あれであれ、これであれ〉という包含的・無制限的な総合）。未来の哲学は、革命をもはやこうした排他的な超越の問題としてではなく、非共可能的な内在性の諸問題として提起することにある。

6　スピノザ『エチカ』、第五部、定理四二、備考。

7　「〈反－思考〉が絶対的孤独を証言しているにしても、それは砂漠自体がそうであるように、きわめて多くの民衆によって住まわれる孤独であり、来るべき民衆とすでにつながりをもち、その民衆を待望し、かつ呼んでいる孤独、たとえまだその民衆が欠けているにしても、その民衆なしには存在しえないような孤独であるからだ……」（ドゥルーズ＝ガタリ『千のプラトー』宇野邦一・他訳、河出文庫、二〇一〇年、下・六三頁）。

論理学を消尽すること
――ニーチェにおける〈矛盾－命令〉の彼岸

意味や価値に対する非身体的変形なしに言語表現上の強さだけを示しているような言説、それは、例えば、主体的な表出力に溢れた言葉の単なる使用法だけで形成されていたり、あるいは具体的な事例や固有名に溢れた表面的な言明の塊りからなっていたりする。ところが、これらは、外部性の形相をけっして問題構成することなく、単に現行の特定の意味を強調するだけの言語の使用法に還元されるだけである。こうした言説は、言い換えると、既存の言葉にいかなる〈強／弱〉を配分するかという関心しかもたないのだ。要するに、これらは、結局は〈対－言〉(＝矛盾)の論理を前提とした表明(言語の自由意志的使用法)であり、人間身体の実在的変様もこれに対応した非身体的変形もどちらも思考することができずに、もっぱら現行の諸々の意味と価値とをこの媒介の論理のもとにひたすら流し込むだけの形式的な言明にすぎない。これらは、実際には内部性の諸形式がそこで改めて再構成されるだけの意義しかもたない。ところで、論理は、単に言語のうちに存立するだけではない。論理は、たしかに情動や直観のうちにも存在する。しかしながら、ここでの重要な論点は、第一にこの言葉の論理学を消尽することであり、第二にこれによって未知の論理あるいは来るべき非－論理を、まさに話し言葉をもたない諸様態に解放することにある――これが、ここで言うニーチェの非‐論理的アナキズムの最大の特徴の一つであると言いたい。大自然が放った哲学という〈矢〉は、基礎づけや根拠づけの知性でも、意識の道徳化でもなく、またいったん定立した理念をどこまでも保存しようとする愚鈍な意志とも無関係である。われわれは、このことを〈ニーチェ〉という固有名をもつ一つの〈矢〉から、つまり自然が人類のまっただなかに放った一本の〈矢〉から学んだはずである。ニーチェの思想は、意識をともなった反‐道徳主義である。言い換えると、それは、あらゆる価値の価値転換のための反時代的思想であり、まさに系譜学的思考である。ということは、ニーチェにおける非‐論理的アナキズムは、この意味において言葉の論理学が含むあらゆる道徳的志向性を減算するような思考力能を有するものでなければならないだろう。[2] これは、道徳臭に溢れた〈対‐言〉の論理――意見と記号とからなる――を前提とした精神とはまったく異なる、アナキズムの発生的要素となるような倫理と自然との最小回路をなすものである。〈論理学‐道徳学〉あるいは〈自然学‐形而上学〉の二重性あるいはその二枚舌は、肥大化する人間本性との絶えざる一致のうちにあり、またその仮象化と完全に表裏一体の関係にある。しかし、倫理と自然との反転可能な最小回路は、こうした二重性の内部形式に抗する無‐媒介的な外部性の諸形相からなるであろう。

「言語という表現手段は、生成変化を言い表すには役に立たない」[3]。この言表こそ、まさにニーチェの系譜学的観念そのものの価値を示している。何故、言葉は、生成変化を言い表すことができないのか。それは、われわれがわれわれ自身から容易に引き離しえない「保存の欲求」のもとでつねに存続する同一的なものを粗雑に措定してしまうからである。つまり、言語は、たしかにそうしたわれわれの精神上の欲求と一致するような不可避の形式であるかもしれないが、しかしそれと同時に、われわれの人間身体が有する生成の無垢を物の同一性という特性のもとで破壊しほぼ無化してしまうであろう。この意味において、物の自己同一的Aを大前提とする限りでしか成立しえない論理学の消尽は、言語化されたあらゆる価値（すなわち意味）を系譜学的に価値転換することと一つになるであろう。ニーチェは、論理学を次のような仕方で批判する――「論理学（さらに数学）のどの法則においても前提されているような自己同一的Aがまったく存在せず、このAがすでに仮象性を帯びたものであると仮定するならば、論理学は、一つの純然たる仮象の世界を前提として成立していると結論せざるをえない。実際にわれわれが矛盾律を信じているのは、絶え間なく矛盾律の正しさを確証しているように見える数知れぬ経験のもたらす印象のゆえである。『物』――これこそがAの本来的土台にほかならない。換言すれば、われわれの物信仰が論理学信仰の前提をなしているのだ。論理学におけるAは、原子と同様、『物』をまねて構成されたものである」[4]。論理学を信奉する者たちは、物についての素朴な信仰を有するがゆえに、論理学への過剰な信頼を有することになる。というのも、論理学のなかで用いられるすべての記号が、愚鈍な同一性の思考（A＝A）に適した形式をつねに安定的に再表示するものにすぎないからである。したがって、論理学を消尽すること、それは、論理学が前提とするまったくの非生成的で自己同一的な物信仰から人間の思考を解放することになりうる。

　ニーチェはここで、何よりも〈矛盾律〉（Satz vom Widerspruch）を中心とした論理学を徹底的に批判している。われわれが矛盾律を信じているのは、〈同一のものを同時に肯定し否定することができない〉ということを、単なる「主観的な経験法則」にしているからであり、またそれ以上に、あたかも存在するすべての物の全体を知っているかのような一つの独断的で特権的な視点をつねに想定しているからである。このようにして、一方で人々は、現実に存在する或るものには相反する述語は「与えられえない」と考える。ところが、これは、実は何の必然性もなく、むしろ一つの無能力を表示しているのである。これが第一の点である。他方で人々は、〈同一のものを同時に肯定し否定するべきではない〉、つまり現実に存在する或る同一のものには相反する述語は「与えられるべきではない」と考える。そうだとすれば、論理学は、一つの命令だということになる。これが第二の点である。前者は人間の能力の観点からの、後者は人間の道徳の観点からのそれぞれの制限である。いずれにしても、われわれの経験は、最初から超越的視点や道徳的常識に完全に媒介されていることがわかるだろう。こうした意味での道徳的遠近法が、実は矛盾律を要請しているのである。ニーチェは、とくにこの後者の道徳的側面から次のような結論を述べている――「したがって、矛盾律が含んでいるものは、真理の規準などではなく、真とみなされるべきものについての命令だということになる」。矛盾の論理は、まさに一つの命令である。つまり、それは、真を意味すべき世界を定立し整序せよという命令なのである。ニーチェは、こうした論理学内部の虚無性ゆえの傲慢な真理への自由意志により多くの度合を与え続けるような人間本性を批判しているのだ。世界全体であれ、或る一つの物であれ、それらの〈真／偽〉の値をすべて一義対応的に――つまり汎通的に（カント）――判断しうるあるいは規定しなければならないという信仰そのものを告発しているのだ。

　しかし、人間は、実はこうした信仰を支える習慣や権利、認識や判断だけではどうにもならないということの感覚や触発を有している。そして、こうした感覚や変様に強度を与える欲望を人々が探究しているのもたしかである。言い換えると、それは、自己同一的Aの表象的世界と論理学的な真理への意志（A＝A）とを減算し消尽することを必然的にともなう。〈世界は存在する〉と――あるいは〈世界－内－存在〉を――考えることは、まさに能天気な加算主義者の存在観以外の何ものでもない。

それゆえ〈世界は存在しない〉と言うなら、今度はそのためのわれわれのプラグマティックと実践と戦略について言明すべきである。[5] 何故なら、このタイプの検証不可能な命題を主張するなら、まずはそれに向けた一連の実践的課題を示さなければならないからである。それこそが、まさに哲学だからである。〈世界は存在しない〉と思弁的に主張するのではなく、〈世界は存在しない〉と言えるまでに、真を意味する世界（あるいは矛盾が含む命令）をより多く減算すること、つまりこの動詞により多くの強度を与えること、そのプラグマティックと実践と戦略とをより多く作動させることである。

＊　＊　＊

矛盾の論理から生成の非‐論理へ、つまり媒介の論理から無‐媒介の論理へ、あるいは愚鈍な諸能力——知性や感覚——の先入見から愚劣な観念における〈度合の生成〉——強度の配分——へ。ここに言う愚鈍とは〈言葉‐表層〉のみに反応する肥大化したより多くの人間精神のことであり、愚劣とはむしろこうした表面の下位に存する無音の諸言表に強度を配分しようとするより少ない動物精神のことである。精神上の無能力は、すでに観たように、まさに命令を呼び込む。こうして、論理学は道徳学と一致し、自然法則は道徳法則と共立し、自然学は形而上学と不可分になる。これらによって生成変化の無垢は、まさに完全に破壊されるであろう。というのも、生成変化の質的生成あるいは強度の差異は、言葉の道徳的使用へと還元されることによって、単なる対立する反対のものの形式のもとでしか理解されなくなるからである。それと同時に、同一化する精神（保存の欲求）と人間の主体化の形成（命令への応答形式）により多くの度合が与えられることになる。しかしながら、「物の自然」

（スピノザ）のうちには、単に矛盾関係だけで理解されうるような否定的なものも限定されたものもけっして存在しない。こうした認識や論理が成立するのは、人間がもっぱら矛盾律により多くの度合（＝物信仰）を与えているからである。生成変化の無垢は与えられた無差異性にこそある（ウィトゲンシュタイン）、と考えるのはまったく間違っていると思われる。[6]というのも、矛盾律のもとでの真理への意志（A＝A）ほど、無数のものに媒介された思考はないからである。これこそ、生成の無垢を破壊するものである。ニーチェにおける生成の無垢は、これとはまったく違う。それは、むしろ人間だけが形成しうる生成の唯一の様相である。動物や昆虫や植物について生成の無垢は、けっして言われえないし、またその必要もない。それは、むしろ人間についてのみ言われるべき事柄である。要するに、生成の無垢は、絶えず自然のうちで後から形成されるものであり、それと同時により多くの諸部分の間で純粋に――つまり無－媒介的に――作動しうるものについて言われるのである。物の自然は、つねに〈脱－全体性〉、〈非－存在〉、〈反－同一性〉、〈無－様相〉である（自然変動としての、例えば、地震や台風、豪雨や土石流、雪崩や竜巻、等々を想起されたい）。人間身体は、こうした意味での〈能産的－所産的〉自然に――すなわち最近原因のもとで無－媒介的に――内在するのである。この内在性は、まさに存在に先立つ自然そのもののことである。それゆえ人間精神に媒介されない限りでの人間身体は、つねに自然の機械状の側面（ドゥルーズ＝ガタリ）をより多く肯定するのである。〈対－言〉の論理は、ニーチェに倣って言えば、人間の本性である〈復讐の精神〉が自由意志とともにまさに仮構したものである。というのも、すべてを見通す汎通的視点の定立とそこに真理のすべてを委ねること、真理を意味する世界を整序すること、これらはまさにニヒリズムの問題だからである。論理学は、言語の受動科学以外の何ものでもない。その限りで論理学は、言わば言葉の心理学に基づいているとも言える。心理学は、ニーチェによれば、同様に人間の本性である〈復讐の精神〉についてのまさに受動科学の一つである。さて、この同じ断想のなかでニーチェは、潜在的にではあるが、実はわれわれの進むべき或る方向性を与えているようにも思われる。つまり、それは、人間の思考の様式についての無‐媒介の論理を含んだ考え方ではないのか。われわれの感覚上の先入観、つまり矛盾律に媒介された感性は、例えば、「同じ一つの物について、同時にそれは硬くかつ軟らかい」と言えないように、われわれを支配する。しかし、こうした相反する二つの感覚を同時に有することはできないという「直感的証明」は、実はきわめて粗雑であり、それゆえ誤っているとさえ言える。こうした感覚はすでに十分に言語に媒介されており、それゆえわれわれはこうした感覚存在を言語的な分節のもとでしか理解できないであろう。ということは、論理学を消尽するには、単に自己の感覚や直感を疑うだけでなく、自己の人間身体の触発を何らかの仕方で導入することが必要となる。つまり、身体の活動力能は、例えば、外部の或る物体による触発を硬くかつ軟らかいという感覚のもとで捉えることができる。正確に言うと、この感覚は、〈より多く硬く〉かつ〈より少なく軟らかい〉、あるいは〈より少なく硬く〉かつ〈より多く軟らかい〉という生成の度合から構成された変様である。これが、ニーチェが示す方向性である[7]。ここでスピノザが、心身並行論のもとでいかなる思考を展開していたのかがわかる――すなわち、そこでは、精神であれ身体であれ、無‐媒介の論理のもとでこれらを考察し理解することがもっとも本質的な問題となっていたのだ。人間身体を触発に関して新たに構成することなしに、媒介の論理を無化することはできないであろう。何故なら、人間精神にとっての対象の価値は人間身体の変様以外にないからである[8]。こうしたスピノザ的な思考と身体との脱‐領土性並行論は、ドゥルーズ＝ガタリに先立って把握された、反‐複写術としての地図作成法そのものである（ここで新たな課題が提起されうる。それは、ニーチェの哲学からどのようにこうした価値転換的な並行論を抽出することができるかという問題である。実はニーチェにおいては、〈身体の細胞〉と〈精神のアフォリズム〉との間での言わば系譜学的並行論が考えられうるのだ。[9] 人間身体は無数の細胞からなる複合体であり、また人間精神は無数のアフォリズムからなる一つの〈パラグラフ－多様体〉そのものである。アフォリズムは、言い換えると、この限りで身体の無限に多くの細胞についての観念上の表現であり、それゆえ外部性の形相として存立しうる）。

〈対－言〉(contra-diction) の論理は、媒介の論理そのものである。ドゥルーズは、これに対して〈副－言〉(vice-diction) という論理あるいはむしろその非－論理を提起した。前者は差異を対立するまで無限大にする弁証法の論理（ヘーゲル）であるが、後者は差異が不可識別になるまで無限小にする論理（ライプニッツ）から、無限大であれ無限小であれ、差異を同一性の論理から解放する非－論理（ニーチェ）までを包含する。言い換えると、〈副－言〉は、共可能性から非共可能性への様相の転換を含んだ仕方で、世界が減算され、またその全体性が破綻するまで、差異を特異化する非－論理を含んでいる。〈対－言〉が全体性を前提とした〈等しいもの〉からしか出発しない絶えざる媒介の論理であるとすれば、〈副－言〉は反対に〈不等なもの〉から出発することでしか現前しないものの無－媒介の論理を有する。弁証法の〈対－言〉は〈存在〉と〈否－存在〉の結合のもとでの同一化の論理からなるが、〈副－言〉は〈非－存在〉と生成変化とを不可分にするような差異についての非－論理からなる。ここでは、生成変化は、一つの〈非－存在〉を原因性なき対応性の原理のもとで下位から支持する場合にのみ、まさにアナーキーなもっとも強度に充ちた〈反－実現〉となるのだ。[10] 差異を対立させ無限大にするのに対して、単に差異を無限小にするだけの方向性は、依然として意志と表象の世界を形成するものであろう。[11] 何故なら、〈対-言〉も〈副-言〉も、ともに音をともなった〈言うこと〉を前提とするからである。しかし、〈副-言〉は、それ以上に実は発話行為から言表作用への転換——これは、あたかも現代的映画における発話行為からマイナー文学における言表作用への逆行のようでもある——に関する諸問題を本質的に含んでいる。〈副-言〉は、出来事の諸系列が相互により多く発散すればするほど(非-論理的な共立不可能性)、それだけそれらについての唯一同一の〈非-存在〉(原因なき対応性)を生成変化の〈無垢-無音〉のなかでより多く構成するであろう。

内部性の形式における平和は、〈戦争〉に対言する諸言説が基本となる以上、生成変化なき否定という仕方での〈否-戦争〉しか表明しえない。しかし、これとは異なる外部性の形相としての平和は、〈戦争〉と非共可能的な〈非-戦争〉そのものからなる。つまり、これは、先に述べた〈非-存在〉の一つであり、これに対応するあらゆる生成変化の、あるいはそれを支持するすべての言表作用の集合体である。[12] これは、また内部性の諸形式に実質的に抵抗し反撃しうるような、つまり敵としてのこうした諸形式を非共可能的に発散させるような、まさに外部性の絶対的形相としての戦争機械そのものとなる。[13] アナキズムとは、こうした意味での外部性の諸形相にいかなる主義者たちよりも〈より多くの〉強度を与える非-言語的な動詞態のことである。古代ギリシアのタレースは、水こそが万物のアルケーであるという多義的な自然哲学の始祖となった。しかし、これに反してルクレティウスは、自然それ自体が一義的にアナルケーであるという自然主義を開始した。アナキズムは、とりわけ三つの外部性の形相——マイノリティ、生成変化、非-論理——からなる一つの観念であると言える。それは、これら三つの形相を、単なる通常のものの特異点(収束する系列上の点)としてではなく、まさに特別なものの特異点(発散する系列上の点)として有する強度の三角回路である。アナキズムとは、一義的な自然主義のことである。それは、矛盾律の論理（悲しみであるもの）、同一的なものの道徳（悲しみの原因）、マジョリティへの意志（悲しみを利用するもの）を〈より少なく〉すると同時に、〈副‐言〉の非‐論理、生成変化の無垢、マイノリティの身体に〈より多く〉の強度を配分する限りで、もっとも強力な自然主義である。〈全体の論理〉と〈外の思考〉との、あるいは〈世界の言語〉と〈外部の言表〉との間には、相反する言語や記号があるのではなく、無‐媒介的に区別されるものの間の〈生成の度合〉に対する強度の配分があるだけである。

注

1　「〔超越論的経験論における〕各々の能力は、思考も含めて、非意志的なものの冒険以外の冒険に乗りだすことはない。ところが、〔能力の〕意志的使用は、経験的なもののなかにはまり込んだままである。〔しかし〕、〈ロゴス〉は砕け散って、それらの各々が一つの能力の超越的言語を語る無数の象形文字になるのだ」（ジル・ドゥルーズ『差異と反復』財津理訳、河出文庫、二〇〇七年、上・三八七頁）。こうした諸能力の未知の〈形相‐象形文字〉は、身体の相対的運動としての有音の言葉ではなく、まさに身体の絶対的速度としての無音の言表作用として成立するであろう。

2　アナーキーについては、例えば、フランソワ・シャトレは次のように述べている――「アナーキーは、組織の不在、管理された知識の不在を少しも意味せず、あらゆるアルケーの拒否、正当な支配者として直ちに認められたあらゆる原理の拒否を意味する。将来はどうなるのか」（フランソワ・シャトレ「結論を求めないために」中村雄二郎訳、『シャトレ哲学史Ⅷ　二十世紀の哲学』所収、中村雄二郎監訳、白水社、一九七五年、三七九頁）。シャトレのこの言明を積極的に言い換えるとするなら、アナーキーには日常のうちに現前する外部性についてのまさに無‐媒介的な知とそれの無‐仮説の原理とに関する思考があるということである。ニーチェ自身は、アナキズムをその時代における二ヒリズムの一種として捉えていた（『反キリスト者』原佑訳、『ニーチェ全集14』所収、ちくま学芸文庫、一九九四年、［五七］、二六二‐二六七頁、参照）。ニーチェの哲学における系譜学的逆行は、根拠や起源を見出すために当の物事の背後にまわることではなく、脱‐根拠や反‐起源としての別の思考の形相、新たな肯定の仕方、あるいは価値評価の様式をまさに差異的に示すことにあったのである。生成の無垢は、無差異で中立的な受容などではなく、受動と能動に関するまさに差異のうちに存するのである。

3 『ニーチェ全集（第一〇巻・第二期）遺された断想（一八八七年秋‐八八年三月）』清水本裕・西江秀三訳、白水社、一九八五年、11［七三］、三四一‐三四二頁、参照。

4 『ニーチェ全集（第一〇巻・第二期）遺された断想（一八八七年秋‐八八年三月）』、9［九七］、七七‐七九頁、参照。

5 マルクス・ガブリエル『なぜ世界は存在しないのか』清水一浩訳、講談社選書メチエ、二〇一八年、参照。

6 永井均『これがニーチェだ』、講談社現代新書、一九九八年、一三一‐一三五頁、参照。このテクストにおける生成の無垢は、単なる中立的で無差異なものとしてしか捉えられていない。これによってニーチェの系譜学的思考は、愚鈍な分析的思考に固有の言説と同じ類のものとしてしか理解されないことになる。しかしながら、生成の無垢は、こうした愚鈍な観念ではなく、まさに無‐媒介的思考による一つの差異の闘争そのものである。

7 ドゥルーズは、ここで述べたような感性上の先入観や証明を逆手に取って、次のように述べている。すなわち、「無際限な質的生成における対立するものの共存、つまり〈より多いもの〉と〈より少ないもの〉との共存こそが、思考せよと強いるものの記号あるいはその出発点を構成している」（ジル・ドゥルーズ『差異と反復』財津理訳、河出文庫、二〇〇七年、上・三七七‐三七八頁）。

8 「何故なら、観念の優越さとその現働的な思考力能は、対象の優越さによって評価されるからである」（スピノザ『エチカ』畠中尚志訳、岩波文庫、一九七五年、第三部、「感情の総括的定義」、上・二五四頁）。また、同書の第二部、定理一三も参照せよ。

9　この点に関しては、例えば、ニーチェにおけるあらゆる価値評価の発生的要素が無数の細胞からなる「一つの複合体」(eine Vielheit) としての身体にあることを論じた、前川一貴「ニーチェの「力への意志」と同時代の細胞学――「われわれの価値評価の由来」を探る」(『ワセダ・ブレッター』第二一号所収、早稲田ドイツ語学・文学会、二〇一四年、二八‐四八頁) を参照されたい。

10　ドゥルーズ＝ガタリは、戦争機械論の最後のところで、クラウゼヴィッツが言う理念としての「絶対的戦争」とは異なる仕方で、戦争を目標としない観念としての遊牧的戦争機械について、〈潜在性〉、〈反‐実現〉、〈現働性〉、〈表象化〉の四つの側面から短いながら、濃密なテクストを書いている (ドゥルーズ／ガタリ『千のプラトー』宇野邦一・他訳、河出文庫、二〇一〇年、下・一四五‐一四六頁、参照)。

11　「しかし、非共可能性は、意志的と言われるような出来事の性質を何ら保証しないし、海賊を欲したり、欲しなかったりする者の自由も保証しない」(ジル・ドゥルーズ『襞――ライプニッツとバロック』宇野邦一訳、河出書房新社、一九九八年、一二二頁)。

12　これについては、江川隆男／堀千晶「絶対的脱領土化の思考」、『ドゥルーズ――没後20年　新たなる転回』所収、河出書房新社、二〇一五年、一四四‐一六〇頁、を参照されたい。

13　戦争機械論のなかの「平和」については、ドゥルーズ／ガタリ『千のプラトー』、下・一一二‐一一三頁を、また戦争機械の「二つの極」については、同書、下・一四九‐一五〇頁をそれぞれ参照せよ。日常という絶対的過程にこそ戦争機械の課題は、つねに存在するのだ。国家装置とその肥大化した人間精神は、戦争をつねに分析的目標とするのと同時に、内部化した戦争機械の意義を絶えず〈対‐言〉論のうちに見出し続けるのである。これに抗して、非‐局所的にしか、しかし〈より少なく〉という実質的な仕方でしか存在しえないような来るべき民衆とともに生存し呼吸している〈より多く〉の民衆は、新たな、しかし未知の部分がより多い〈副‐言〉の論理あるいはむしろその非‐論理に、すなわち〈副‐言〉の道具的使用（ライプニッツ）から離れて、その武器的使用（ニーチェ）

――自由活動により多く強度を配分すること――に触発されうる有限で無際限な諸様態だからである。

〈身体－戦争機械〉論について[1]
――実践から戦略へ

実践的秩序は、必ず何らかの媒介的な領域を必要とするように思われる。したがって、哲学的に反省された実践的秩序は、つねに媒介の論理をともなうことになるであろう――従属から自由へ、受動から能動へ、非十全から十全へ、虚偽から真理へ、等々。言い換えると、こうした諸問題の実践化は、それぞれの間に或る媒介領域を想定したり作り出したりする限り、媒介の論理を発展させることと一つである。哲学の思考には、こうした媒介の論理（とりわけ矛盾＝対言（contra-diction）の論理）が溢れている。言い換えると、それは、〈外〉の絶えざる内部化であり、外部性の内部性による媒介化である。しかしながら、〈外〉そのものは、この限りでけっして現前することはない。媒介の論理は、世界の外延的な規模に関わる肥大化した主体から始まって、言語のなかの小さな主語に至るまで、つねに自由意志を有した何らかの主体性（形而上学的な存在物）の育成を大前提としているようにさえ思われる。このように考えると、例えば、ドゥルーズが提起したスピノザにおける実践の哲学、つまり共通概念の形成の秩序も、受動から能動へあるいは非十全な認識から十全な認識へという問題を段階論的に取り扱う以上、実際には媒介域の定立やその論理から必ずしも解放されているわけではない。

それゆえ、ここに言う戦略（あるいは実験）の哲学は、第一にそれらを無‐媒介化することにある。ここでは、この論点をとりわけ身体の変様の観念（対象性）と身体の言表作用（外部性）という観点から論究するつもりである。これが、ここで提起する〈身体‐戦争機械〉論である。言い換えると、これは、改めて総合的に〈外の思考〉と〈別の身体〉とを問題にすることである。

1 〈反‐思考〉について――能力から観念へ

ドゥルーズの超越論的経験論は、人間の諸能力相互の共通感覚的な媒介的使用を徹底的に解体して、第一に各能力の無‐媒介的行使を実現することであり、第二にそれらの諸能力の間の生成の関係をリゾーム状に、つまり問題論的に作動配列することにある。この第一の側面を言い換えると、このことによって諸能力は、それぞれの発生的要素を表現するまさに思考する力能そのものになる。しかし、これだけでは、まだ諸能力についての粗野な原子論的な理説を展開しただけである。それゆえ思考されるべき第二の側面は、この原子論のもとで表現するなら、ルクレティウスにおける原子以前に存在するクリナメンの内在平面を、あるいは気象以前に存立する気候変動のような平面を人間の諸能力のなかに見出すことである。超越論的経験論における諸能力は、相互に問題を直接に提起し合うことではじめて思考力能のダイアグラム的形相として理解されることになる。この問題提起の平面は、ここでは何よりも観念の内容面と表現面――〈想念的有〉(esse objectum)と〈形相的有〉(esse formale)――として生成するものである。というのも、いかなる能力であれ、それらは、観念を形相的有としてのみ存在し作用しうる思考力能以外の何ものでもないからである。この限りで人間の諸能力を数え上げることとは、その痕跡を数えることであり、きわめて恣意的な列挙にしかならず、したがって慣習的な意味しかもたないであろう。超越論的経験論における諸能力の理説は、無‐媒介的に区別されるものの間の並行論的な外部性作動配列の一つである。[2] これは、表象や真理や正義や法といったものの価値に囚われた道徳的な内部性の思考に対する一つの抵抗の仕方であり、また〈反‐思考〉の様式を含む限りで、後のドゥルーズ＝ガタリの〈戦争機械〉論に完全に先立つ外の思考の一つのモデルとなりえている。[3]

ここでは、実践的な媒介的思考とは異なる〈無‐媒介〉の思考を考えなければならない。スピノザには、第一にあらゆる物の評価を身体の活動力能の増大（喜び‐よい）あるいはその減少（悲しみ‐わるい）から決定しようとする、言わば身体のプラグマティックがある。それと同時に、第二に身体のプラグマティックがもつ非十全な認識に対する精神の実践哲学が、つまりこのプラグマティックな諸評価を原因から認識しようとする、受動から能動への、非十全な認識から十全な認識への倫理的課題がある。留意すべき点は、身体のプラグマティックなしにはこの精神の実践論はけっして成立しえないというまさに内在主義にある。換言すると、身体なしにどれほど人間精神を考察しても、それは、結局はニヒリズムの再生産にしかならないであろう。いずれにしても、身体と精神とを無‐媒介的に〈外‐化〉するような非‐道徳的な戦略論哲学を考える必要がある。この意味において、スピノザの第三種の認識（直観知）は、反‐目的論的な諸認識の無‐媒介化の意義を問題提起したものとして、つまりもっとも不穏で過激な認識の領域として理解されうるであろう。というのも、スピノザにおける無‐媒介的に区別されるもの（受動と能動、非十全性と十全性、等々）の間には、至るところで無‐媒介的なものの間の〈生成の度合〉――〈より多く〉あるいは〈より少なく〉――が存在し、したがってそれらについての観念が存立しうるからである。[4] しかしながら、われわれは、未だにこうした無

‐媒介的に区別されるものの間の〈生成の度合〉も、それについての観念も、その思考も論理も、あるいはむしろその反‐思考も非‐論理もまったく形成できず、またそれの理解の様式もほとんど有していない。すべては、媒介的な中間領域に吸収された思考の様式が生成の度合を思考不可能で感覚不可能なものにしているのだ。何故なら、〈生成の度合〉は、外部性の諸形相の現働的作用そのものとして、まさに無‐媒介的な、その意味でアナーキーな諸配分のもとに存立するからである。すなわち、われわれの日常の過程そのものは、あまりに分子的であまりに機械状の隷属のもとにあるからである。こうした事柄についての意識を穿つこと、それがここで言う〈反‐思考〉であり、その〈非‐論理〉である。〈対言＝矛盾〉を本質的に含む論理学は、もはやいかなる効力もなし、実際には完全に消尽している（意味と価値とを以って思考しない論理学や分析哲学からこうした問いや問題提起——意味変形あるいは価値転換の哲学——は、けっして生じないであろう）[5]。しかし、ドゥルーズ＝ガタリにおける〈遊牧‐戦争機械〉論は、まさにこうした反‐思考の表現の諸形相そのものを探究し形成しようとする欲望のもとに存立する。ここで言う〈遊牧〉とは何か。それは、まさに外部性の諸形相の無‐媒介的でアナーキーな諸配分そのもののことである[6]。戦争機械の〈反‐思考〉は、スピノザにおける第三種の認識を外の思考の〈欲望‐戦略〉として規定したものだと言うべきではないのか。対立しつつ相補関係にある二項からなる内部性の諸形式に対して、外部性の諸形相の無‐媒介な現前を意識すること、つまりそれに強度を与えること。こうした意味での外部性が〈外〉になるのは、まさにその無‐媒介的現前の戦略にあると言わなければならない。しかしながら、これは、それを作動させるいかなる動作主も想定しない現前である。このように問うことが〈身体‐戦争機械〉論であり、正確に言うと、これは言わば〈対象性〉（objectité）の実在論である[7]。

さて、人間身体そのものは、その人間精神にとってのまさに発生的要素である。諸々の触発からなる〈身体－多様体〉は、その精神にとっての言わば〈無－仮説〉の原理のようなものであろう。観念あるいは思考力能の価値は、スピノザが言うように、身体の価値によって評価されるのである。しかし、ここで重要な論点は、こうした身体がつねに変様し生成変化するものであり、その限りで内在性の哲学にとって不可分なモデルになるということにある。これは、人間身体をまったく考えずに、もっぱら人間精神を特権化する相変わらずの超越主義の暴走を告発することができる。身体と精神の最小の強度回路を形成すること、それがスピノザの心身並行論の最大の倫理的意義の一つである。これを共通概念の形成の秩序──一般概念と情緒で肥大化した精神の減算化──として考えれば、こうした回路の形成はまさに一つの実践哲学である。しかしながら、共通概念の形成の秩序は、実はつねに媒介の問題と不可分である。何故なら、それは、無－媒介的に区別されるものの間に或る共通性（あるいは連続性）を前提とせざるをえないからである。媒介の論理は、たとえ弁証法的な否定性を介さないとしても、目的論的な計画性の後味をつねに有している。ということは、無－媒介に区別されるものの諸観念あるいはそれに関する非－媒介の論理──解放の論理──は、実践の哲学が必然的に有するこの論点についての意識をともなっていなければならないであろう。ドゥルーズ＝ガタリの戦争機械論が有する最大の意義は、哲学上の諸問題を単に理論から実践へと移行させることではなく、むしろ無－媒介ゆえの現前性の戦略へと一挙に生成変化させることを課題としている点にある。言い換えると、ここで言う戦略哲学とは、要するに、無－媒介的区別そのものを一つの実践的対象とすることである。

スピノザにおける人間精神の実践の哲学は、ドゥルーズに倣って言えば、たしかに第二種の認識

〈理性〉の発生そのものに、すなわち共通概念の形成の秩序に存する。しかし、それは、非十全な実在性の領域に内在する人間身体のプラグマティックを前提としなければならない。このプラグマティックにおいては、〈善／悪〉の脱-根拠化、つまり〈よい／わるい〉の絶対的根拠は、まさに人間身体の活動力能の〈増大／減少〉のうちにしかない。人間身体の〈存在-触発〉を本質的に含まないような唯物論は、実在論の名にまったく値しない。言い換えると、実在論とは、非十全な実在性についての唯物論そのもののことである。さらに言うと、非十全性の実在論あるいは唯物論は、何よりも実在性の実質的変移についての身体の言表作用からなるであろう。実在性あるいは完全性は、人間身体の活動力能の〈増大／減少〉なしには物の自然のうちにけっして存在しえないし、また理解しえないものである。共通概念の形成は、まさにこうした身体のプラグマティックを精神の実践的問題として意識化すること以外の何ものでもない——要するに、諸身体の実在的変様の原因を把握すること、あるいは諸身体の機械状作動配列を肯定すること。スピノザにおける表象知、理性知、直観知といった認識の諸様式に関する階梯的理解は、単なる実践知の秩序にとどまる。しかしながら、直観知を次のように把握することができる。直観知は、諸認識の最高次に位置する永遠の認識である以上に、むしろそれ自体が〈無-媒介知〉であり、それゆえ戦略の哲学における本質的な機能素でありうる、と。これは、要するに、直観知を戦争機械論の論理を含んだまったくの〈反-思考〉にすることである。身体のプラグマティックでも精神の実践哲学でもない第三の領域が、すなわちまったくの非-媒介的な領域が、第三種の認識の戦略的な思考閾になるのである。内部性の諸形式に対してもっとも不穏で過激な、あるいは闘争的で破壊的な認識の様式、それがまさに直観知である。こうした意味での非-実践論としての直観知が有する強度的水準で書かれたテクストが、まさにドゥルーズ＝ガタリの『哲学とは何か』である。

　ドゥルーズ＝ガタリは、ここでスピノザにおける三つの認識の様式の本質的な諸価値を、観念の「想念的有」(esse objectum) として同時代的に——あるいはむしろ反時代的に——意識されるべく、人間精神における〈被情動態《アフェクト》〉(affect)、〈被概念態《コンセプト》〉(concept)、〈被知覚態《ペルセプト》〉(percept) というもっとも問題論的な位相として表現化したと言える。[8] これらは、端的に言うと、まさに〈被表現態《エクスプリメ》〉——〈表現されるもの〉、すなわち非物体的な強度——であり、言葉によって〈意味されるもの〉とはまったく異なるものである。[9] 何故なら、これらは、言わば主観性のうちに内面化されることも、また対象としての物の上に外面化されることもできないという意味で、まさに完全な〈対象性〉を有すると言えるからである。この限りでこの〈対象性〉は、たしかに主観性の知覚や情緒、自由意志の言葉に還元されえないが、しかしその主観性に無‐媒介的に現前するものである。この限りで〈対象性〉は、いわゆる〈主観‐客観〉の内部性の諸形式に対する外部性の形相を有する。〈被情動態〉は主観的な情緒や情感ではなく、〈被概念態〉は主体が所有する意見や表象像ではなく、また〈被知覚態〉は主観性に帰属する知覚ではない。こうした多様な〈被表現態〉を含む限りで〈観念‐形相〉は、近代的な人間の主体性に、すなわち内部化された人間の主観性に対する絶えざる外部性の作用として存立しうるものとなる。この意味での観念は、まさに外部性の形相そのものであり、プラトン的な〈イデア〉でも、カント的な〈理念〉でもなく、言わば来るべき民衆とともに思考するための形相であり、その思考の発生的要素である。

　さて、肥大化した人間精神は、〈知覚あるいは主観性〉と〈変様あるいは気分〉と〈命題あるいは意見〉とからなる巨大な三角形を形成する。しかし、解像度をさらに上げてこの三角形を観ていくと、次のような内部構造を有していることがわかる。つまり、これは、〈知覚－命題〉と〈変様－知覚〉と〈命題－変様〉という内部性の形式を有する三つの線分からなる三角回路である、と。すなわち、(1)〈知覚－命題〉が主観性と客観性との内部性の強固な形式を形成するにしても、この形式を支持する諸変様とはまったく異なる〈被情動態〉を内容とした観念がこの形式の只中に外部性の形相として現前しうる。〈被情動態〉は、主観的な内面がもつ情感や気分や雰囲気などではない。これは、その限りでたしかに知覚と指示によって排除された第三項であるが、しかしむしろ身体の非十全な実在的〈被－様態〉を発生的要素として存立する諸力の表現形相である。(2)〈変様－知覚〉がとくに体験された受動状態と知覚する能動主体との内部性の形式を構成するにしても、この形式を支持する命題や意見の連鎖とはまったく異なる〈被概念態〉を内容とした観念がこの形式に抗する仕方で、つまり外部性の形相として現前しうる。〈被概念態〉は、主観的精神を構成するようなカテゴリーや一般概念などではない。その限りでこれは、特異性の観念であり、思考力能のダイアグラム的形相である。(3)〈命題－変様〉がとりわけ言語によって自然物の分節と身体の触発とを同時に媒介的に規定するにしても、この形式を支持する主観的枠組のもとでの諸知覚とはまったく異なるような〈被知覚態〉を内容とした観念がこの内部性の媒介形式の只中に現前しうる。〈被知覚態〉は、その限りで視点なき遠近法の感覚、絶対的な感覚の存在である。言い換えると、ここにおいてこうした外部性の諸形相は、無－媒介的な戦略の地帯を構成することになる。すなわち、〈被情動態〉、〈被概念態〉、〈被知覚態〉は、肥大化した人間精神の内部性の三角回路に対して、まさにそれぞれが外部性の無－媒介的な現前としての形相であり、総体としては最小の三角回路を形成するものである。

2　身体論的転回について——身体の言表作用に向けて

観念（あるいは精神の概念）は、スピノザにおいては、物の表象像と批判的に区別される。同様に観念は、言葉とも区別される。というのも、表象像も言葉も、ともに身体の相対的な運動にすぎず、延長性を含むからである。これに対して観念は、延長の概念をまったく含まない思考の本性そのものである。[10] さらに重要な論点は、ここでは詳しく論じられないが、以下の点にある。すなわち、一方の表象像は自由意志によって意のままに作り出せる無言の「創作物」（figmentum）であり、他方の言葉は自由意志によって感覚に「反して」（contra）発することのできる音声である。この限りでとくに言葉は、最初から自由意志を育む〈対‐言〉（反対のことを言う）を本質的に含んだものである。言い換えると、言葉は、まさに自由意志にとっての認識根拠の一つであると言うことができる。ここにおいてスピノザは、延長属性の様態と思惟属性の様態との混同を批判する仕方で、一つのトポス論——実在的区別に基づく無‐媒介的区別——を展開しているのだ。言葉や表象像は、身体の本性を含んだ、それゆえ身体の現働的存在を原因とした様態である。人間身体は多様な音声を発することができるが、しかしその多くの身体は実際には単に言語の諸形式に息を吹き込むだけの声の原因でしかないのもたしかである。言語の諸形式は、物の状態の如きものである（例えば、家の玄関には「行ってきます」、「ただいま」が物の状態として張り付いている）。人間身体がまさに言葉に息を吹き込むだけの声の身体としてしか、すなわち文字通り記号の身体としてしか成立しないなら、もはや絶対的なノイズ——〈別の身体へ〉——の〈身体‐多様体〉はそこには存在しないであろう（ドゥルーズのアルトー問題は、まさにこの点にある）。スピノザにおいては、たしかに精神における三つの認識の様式（受動、中動、能動）に並行論的に対応した、身体における三つの触発の仕方が存立する。ところが、身体の触発あるいは変様は、言葉以外の身体の表現に対応した記号論的形相をまったく有していない。つまり、ここでは、共通概念に対応した身体の存在上の触発が有する脱－記号論的図式も、あるいは直観知に対応した身体の本質上の触発における非－記号論的図表も、人間身体を原因とした言葉以外の諸効果として、つまり身体の言表作用としてまったく考えられていない。これは、言葉における身体の相対的運動に含まれた、むしろ絶対的速度の図表論化の問題であるのかもしれない。いずれにしても、言葉は、もっぱら表象像とともに第一種の非十全な観念に対応した相関物でしかない。

空気振動としての多様な音声を聞くたびに、身体はそれによって触発を受ける。ドゥルーズも同様に、身体の相対的運動から言葉の形成について考察している――「音の独立性のための闘いは、深層で〈口－肛門〉を占める食物や排泄物の雑音から出発して、高所での声の放出に至り、表面と話し言葉の第一の形成に至った」［強調、引用者］[11]。高所での声の成立は、物の表面に対する超越論的領域となって地表面全体を徐々に言語的分節で覆い尽くすように、言葉の諸形式を形成していく。かつて言われた人間における〈超越論的－経験的二重性〉とは、この観点から言うと、身体を発生的要素として系譜学的に存立する〈声－言葉〉の表面様態そのもののことである。こうした様態は、物体的には何も変化しないにもかかわらず、すべてが非物体的に変化するような物の表面での発生の仕方を示している。この発生は、それゆえ〈静的〉と言われるのだ。或る条件づけの論理によって条件づけられ制限されるものは、必然的に意味の転換というつねに静的な発生の様式として理解されうるからである（「すべては被造物である」、「すべては現象である」、「すべては様態である」、等々）。しかし、この根底にはこれらを〈動的〉に、すなわちこれらそのものを発生させる要素がある。それが人間身体なのである。人間身体は、この限りであらゆる超越論的な諸条件（形而上学的表面）の力動的発生の要素である。これは、すでにスピノザが諸概念の形成について論究していた事柄とほとんど同じである。いかなる概念であれ、それは、身体の変様を発生的要素とする限りで存立するものである。[12]

さて、この〈身体（雑音）－深層〉－〈声－高所〉－〈言葉－表面〉の発生の系列は、動的であれ静的であれ、まさに相互に共可能的な関係性からなる。その限りでこれは、身体の〈原因－結果〉の系列でもある（これにともなった仕方で、意味と無－意味の両者の非身体的な諸相が定立される）。言い換えると、あらゆる話し言葉が有する諸形式がその都度目的化され、それに息を吹き込むことしかしない身体の運動がここに存在するのである。地球上に存在する無数の言語形式は、まさにこうした身体の相対的運動との相関関係のもとでまさに可能となる。個々の話し言葉の諸形式は、物の表面を通して身体の触発とその音声的運動へと浸透し、したがって逆にこれらの実現のためにきわめて媒介的で整序的な機能を身体に課すことになる。つまり、身体の変様は、もはやこうした言葉の形式を媒介することでしか存立しえないとさえ言えるだろう。この限りで、ドゥルーズが言うような、身体と混合する無－意味の問題、つまり「能動的〈無－意味〉」と「受動的〈無－意味〉」の問題は、実は二次的な事柄である。こうした無－意味は、まさに意味のもとで、単に「意味を剝奪された」限りでの〈語－形式〉が有する意味の転成にほかならないであろう。[13]アルトーの〈語－叫び〉あるいは〈語－気息〉は、言語的な分節に分解不可能な或る音調的形相の実現である。しかしながら、それらは、実は身体と混合する無－意味の〈語－形相〉ではなく、〈声－言葉〉によって形成された超越論的な内部形式にまさに無－媒介的に現前するような、身体の変様力能の外部性の諸形相そのものでもある。しかし、注意しなければならない。これらは、内部性の形式とは別の形相ではなく、むしろ身体の〈非

－意味〉としての言表であり、それ以上に身体の〈被－表現〉としての言表作用である。いずれにしても、これらは、身体の相対的運動としての言語ではなく、言わば身体の絶対的速度としての言表作用である。

さて、外部性の形相としての戦争機械においては、ラプジャードに倣って言うと、脱領土化そのもののアナーキーな配分が生起する。すなわち、戦争機械とは、外部性の形相の言わば無－媒介的な配分のことである。ここに言う戦略哲学とは、まさにこうした意味での戦争機械の分子化のことである。このように考えると、共通概念の形成の秩序における表象知も理性知も、まさに現前する直観知の分子化であったことがわかるであろう。つまり、媒介の実践哲学は、無－媒介の戦略哲学とともにしか作動しえないのである。〈身体－戦争機械〉論は、身体と声と言葉とを定住的で有機的に配分することではなく、分子的でアナーキーにそれらを配分することにある。これは、近現代の主体性の形而上学が軽視し続けた人間精神の病的な諸部分を完備に補完しようとする精神分析の形而上学の仕事とはまったく相反する作業である。いずれにしても、この二つの形而上学は、内部性の壮大な、肥大化した最後の人間学を形作っている。これに反して『エチカ』は、一つの〈自然－戦争機械〉論である。ここでは、まさに〈別の身体へ〉（スピノザ、アルトー）という身体論的転回の意義が明確になるであろう。或る身体から別の身体へと臨床的に移行する限りでわれわれは、まさに批判的に意味から表現へ、すなわち〈無－意味〉から〈被－表現〉への回路を身体との間で形成することができるのだ。これは、単に身体を第一次秩序として成立する発生の系列とは別の系列を開始することでも、あるいはまったく異なる別の出来事を生起させることでもない。これは、むしろこれまでの出来事の或る部分が他の部分と共立不可能になり、またその限りでその出来事が今度は身体の変様そのものと非共可能的になることである。これが生成変化の原則論であろう。これは、もはや出来事の間の共立不可能性ではなく、身体と声と言葉との間の非共可能的な関係性である。こうした生成変化は、発生の系列の至るところで無‐媒介的に生起する或る外部性の様態である。身体の言語あるいはその発生の共可能的回路においては、あらゆる身体が第一次秩序の水準に置かれる（そこでは、器官なき身体は、たとえこの身体が表面の有機的な超越論的領域を溶解するにしても、つねに第一次秩序に位置づけられ続ける――目的論化された身体の言語）。この秩序は、身体の運動から考えると、ほとんど言語的形相に、あるいは言語分節の諸形式に対応する〈痕跡‐意味〉、すなわち固着した非身体的なものに吸収される作動域である。

われわれのここでの問題は、身体（第一次秩序）が声（第二次組織）と言葉（第三次配置）との間に精神分析に依拠した有機的な内部性の諸課題を想定することではなく、これら三つの要素の間に無‐媒介的な機械状作動配列を、つまり外部性の最小の三角回路を見出すことにある。言い換えると、われわれはここで、身体の話し言葉ではなく、身体の言表作用を考えなければならない。戦争機械はたしかにそれ自体が分子的であるが、しかし、ここでは戦争機械を身体の変様力能のもとで分子化すること、すなわちそれを身体の諸々の触発の表現形相にすることである。無‐媒介の論理は、無‐媒介的に区別されるものの間の〈度合の生成〉を前提とする。〈度合の生成〉は、言葉によって成立した反対のものの間に生起するのではなく、また対立するものの二つの成分から構成されるのでもない。同様に〈差異〉は、無‐媒介的に区別されるものについての概念であり、したがってその限りでのみ〈強度〉であり、まさに〈強度の差異〉と言われるのである。[14]〈度合の生成〉の観念には、無‐媒介的に区別されるものの間の度合あるいは強度に関する逆比例的な相関関係が本質的に含まれる。

こうした〈度合の生成〉の思考を用いて、次のような最小の三角回路をまさに〈身体－戦争機械〉論として構成することができる——身体の話し言葉から身体の言表作用へ、あるいは人間精神の〈態勢〉の内部形式から人間身体の〈被－性〉の外部形相へ。（1）幼児期の身体において、〈身体－声〉が内部化された〈深層－高所〉としての有機的な横暴さを、つまり言葉の諸形式を目的とした音の自律化の葛藤を開始するとき、〈度合の生成〉のもとで当の言葉の諸形式はむしろそれらをより多くすり抜けて、別の音調的価値としての外部性の形相、すなわち〈記号－微粒子〉になるであろう（例えば、『エチカ』を構成する限りでの〈記号－微粒子〉としてのラテン語）。これは、〈度合の生成〉におけるまさに形相そのものによる強度の配分の問題である。われわれは、これを図表論的形相と称するであろう。（2）人間精神において〈言葉－身体〉がともに表面の物の状態のもとでの内部性の形式として現われるとしても、〈度合の生成〉においてこれに抗する仕方で声そのものは、言わば観念の一つの存在の様式になるであろう。観念は、身体の触発の言表作用、すなわち〈観念－声〉ではないのか。観念とは、たしかに具体的な音声なき動詞的表現でありうるが、しかしそれ以上に本質的に能動的な非身体的変形、すなわち精神の分析不可能な〈被－性〉（＝被表現態）の位相そのもののことである。例えば、この場合の変形は、〈被表現態〉、つまり表現されるものの変容であって、或る意味から別の異なる意味への転移などではない。アルトーにおける〈叫び－気息〉としての声は、身体の触発の強度的地図として存立するものであり、それと同時にその効果として言語の分節形式を言わば〈記号－微粒子〉にするものでもある。これは、〈言葉－意味〉の表面作用に先立って、〈声－地図〉による身体の諸変様の価値転換である。（3）〈声－言葉〉がまさに内部性の体制として肥大化した媒介領域そのものを形成するとしても、これに対して〈度合の生成〉における身体は、現行の言葉の諸形相を目標にすることもそのための声を発することもなく、ただそれ自体が別の身体への移行により多くの強度を与えるような活動力能の形相となるのだ。これは、身体を第一次秩序に配分し続けるような、媒介的な超越論的発生論とはまったく異なる。戦争機械としての身体は、いかなる精神の諸要素にも媒介されないという意味において器官なき身体なのである。身体は、触発のなかでしか変化しない。或る身体が別の身体へと変化するのは、こうした無－媒介の過程においてである。

われわれは、諸能力が構成する〈反－思考〉の問題からより本質的な観念の思考力能の諸々の〈被表現態〉への移行のもとに、それらを外部性の形相としてだけでなく、それらの内部性の形式への無－媒介的現前を論究してきた。内在性の哲学は、ここにおいて人間身体の活動力能についての理解の諸様式──プラグマティック、実践、戦略──を獲得することになる。第一に解放された観客あるいはその人間精神は、言わばこうした〈被表現態〉の対象性に触発される限りでその永遠性を部分的に所有すると言える。ここでの最小の三角回路は、〈被情動態〉と〈被概念態〉と〈被知覚態〉とからなる。第二に解放されたあらゆるパフォーマンスあるいはその人間身体は、何よりも最初の解放される観客に生成変化するが、それと同時に身体の最小の三角回路の言表作用となるであろう。[15]〈身体－声－言葉〉の発生の系列、その内部性の諸構造に対して、ここでは〈別の身体へ〉－〈叫び－気息〉－〈記号－微粒子〉からなる外部性の諸形相が作動することになる。それらは、身体における非十全な実在性についての、しかし言葉の言語行為ではなく、観念の言表作用である。

注

1　本稿は、以下の論考と同じ観点から書かれたものである――拙論「最小の三角回路について――哲学あるいは革命」（『HAPAX』七号、夜光社、二〇一七年、一一六－一三〇頁、本書に収録）。

2　「〈学ぶこと〉こそが、差異を差異に、非類似を非類似に、媒介することなく結びつける真の超越論的構造であり（……）」［強調、引用者］（Gilles Deleuze, *Différence et répétition*, PUF, 1968, p.216［以下、*DR* と略記］〔ジル・ドゥルーズ『差異と反復』財津理訳、河出文庫、二〇〇七年、上・四四〇頁〕）。

3　Cf. Gilles Deleuze, Félix Guattati, *Mille Plateaux*, Minuit, 1980, pp.464-470（ドゥルーズ／ガタリ『千のプラトー』宇野邦一・他訳、河出文庫、二〇一〇年、下・五八－六九頁）。さらに、次のような言説も、同様の意義を完全に有していると考えなければならない。「しかし、その探求〔思考の新たなイメージ〕は、まさに『差異と反復』において、自律的なものへと生成し、その二つの概念〔差異と反復〕の発見のための条件へと生成するのである。したがって、まさに『差異と反復』の第三章こそが、今も私にとってもっとも必要であり、もっとも具体的であると思われる。（……）この第三章こそが、『差異と反復』以降の諸々の書物にまで、しかもガタリとの共同研究にまでも、樹木的思考ではなく、〈リゾーム－思考〉を導入しているように思われる」（Gilles Deleuze, *Deux régimes de fous: texts et entretiens 1975-1995*, Minuit, 2003, p.283［以下、*DRF* と略記］〔ドゥルーズ「『差異と反復』アメリカ版への序文」財津理訳、『狂人の二つの体制　１９８３－１９９５』所収、宇野邦一監修、河出書房新社、二〇〇四年、一六二頁〕）。超越論的経験論が有するこうした〈リゾーム－思考〉についてのテクストは、とりわけ次の部分であろう――*DR*, pp.180-192（上・三六九－三九四頁）。

4　「無－媒介的区別」については、とりわけ福居純『スピノザ「共通概念」試論』（知泉書館、二〇一〇年）を参照されたい。ここでは、この「無－媒介的区別」という考え方が、ドゥルーズの共通概念の形成の秩序を批判するもっとも重要な概念として提起されている。いずれにしても、スピノザにおけるこうした理論的で実践的な根本的諸論題について、またとくに第三種の認識の戦略論的な哲学上の意義については、拙著『スピノザ『エチカ』講義――

批判と創造の思考のために』（法政大学出版局、二〇一九年）をぜひ参照されたい。

5　ニーチェは、すでに次のように〈対言＝矛盾〉の論理を単なる道徳的な〈真理への命令〉として見事に批判していた――「同じ一つのものを肯定し同時に否定することは、われわれにはできないということ。（……）つまり、そこで表現されているのは、何ら「必然性」ではなく、一つの無能力にすぎない」、「（……）論理学は一つの命令であり、それも真なるものを認識せよとの命令ではなく、われわれにとって真を意味すべき一つの世界を定立し、かつ整序せよという命令にほかならないであろう」、「したがって、矛盾律が含んでいるものは、真理の基準などではなく、真とみなされるべきものについての命令だということになる」（『ニーチェ全集第一〇巻（第二期）遺された断想（一八八七年秋－八八年三月）』、9［九七］、七七－七八頁）。

6　「それ〔戦争機械〕は、破壊機械である。（……）権利において、あるいは〈観念〉において、戦争機械は、遊牧的な諸多様体の「アナーキーな」分配に全面的に奉仕する。（……）戦争機械は破壊するが、しかしそれは、脱領土化そのものの効果である」（David Lapoujade, *Deleuze, Les Mouvements Aberrants*, Minuit, 2014, pp.234-235〔ダヴィッド・ラプジャード『ドゥルーズ　常軌を逸脱する運動』堀千晶訳、河出書房新社、二〇一五年、二八〇頁〕）。

7　「学ぶことは、問題（〈観念〉）の対象性〔スピノザにおける想念的有〕に直面して為される主観的活動に相応しい名称であるが、これに対して、知ることは、単に概念の一般性をあるいは解答の規則の静かな所有を指示しているだけである」〔強調、引用者〕（*DR*, pp.213-214〔上・四三五頁〕）。この〈対象性〉は、主観性にとっての単なる〈客観性〉（objéctivité）とはまったく異なる。この〈対象性〉は、例えば、ランシエールが述べている「第三のもの」のことでもある。「解放の論理においては、無知な教師と解放された見習いとの間に、つねに第三のもの――或る書物あるいはまったく別のエクリチュールの断片――がある」、あるいは「パフォーマンスについても同様である。（……）それ〔「パフォーマンス」〕は、誰が持ち主なのでもなく、誰が意味を所有しているのでもない第三のものであり、芸術家と観客との間にあって、同一的なものの伝達、原因と結果との同一性をことごとく退けるのである」（Jacques Rancière, *Le spectateur émancipé*, La fabrique éditions, 2008, pp. 20-21〔ジャック・ランシエール『解放された観客』梶田裕訳、法政大学出版局、二〇一三年、二〇頁〕。ただし、ランシエールは、この第三のものが第一と第二のものによって媒介されることで、この後者の二項の間に脱－同一性化がもたらされると考えている。

8 Cf. Gilles Deleuze, Félix Guattari, *Qu'est ce-que la philosophie?*, Minuit, 1991, pp.27, 154-155, 158〔以下、*QP*と略記〕（ドゥルーズ／ガタリ『哲学とは何か』財津理訳、河出文庫、二〇一二年、四二、二七五、二八一頁）。本論文では、この翻訳書で«percept»の訳語で用いられている〈被知覚態〉の意義を活かして、«affect»には〈被情動態〉、«concept»には〈被概念態〉という言葉をそれぞれ用いることにする。これは、主体化された人間にけっして帰属することのない、しかし人間精神における同じ〈被－性〉の異なる様態を明確に意味するためである。〈被概念態《コンセプト》〉は、純粋な出来事であり、また非物体的強度である（Cf. *QP*, p.26〔三九－四〇頁〕）。ドゥルーズは、

9 エミール・ブレイエの『初期ストア哲学における非物体的なものの理論』（拙訳、月曜社、二〇〇六年）におけるとりわけ身体と非身体的なものとの間の境界線の引き方に全面的に依拠しつつ、『意味の論理学』の〈表面－出来事〉の理説を展開した。しかし、何故、ドゥルーズは、表現の論理学としてこの著作を仕上げなかったのであろうか（「表現可能なもの」と「意味されるもの」については、ブレイエの同書〔とくに二九－四二頁〕を参照）。この影響は、実はドゥルーズ＝ガタリの『アンチ・オイディプス』にまで及んでいるのではないか。何故なら、それらは、ともに意味の過剰さ（無－意味）を積極的に用いた理説だからである（『意味の論理学』においては、器官なき身体は、精神の態勢にとっての身体でしかない。つまり、その身体は、すでに精神に媒介されている）。また、この三つの〈対象性〉については、ガタリも同様に論じている――「建築的〈被概念態〉の言表作用」と、これが有する存立性の二つの様態としての〈被知覚態〉と〈被情動態〉。すなわち、「一方では、言説的な実存化に向かう諸々の構成要素の広がりに固有の、〈被知覚態〉の次元にある多声的様態、――他方では、非言説的なその「存在化」に固有の、〈被情動態〉の次元にある倫理的－美的様態」（Félix Guattari, *Cartographies schizoanalytiques*, Galilée, 1989, p.293〔フェリックス・ガタリ『分裂分析的地図作成法』宇波彰・吉沢順訳、紀伊國屋書店、一九九八年、三六六頁〕）。

10　スピノザ『エチカ』、第二部、定理四九、備考、参照。

11　Gilles Deleuze, *Logique du sens*, Minuit, 1969, pp.280-281〔以下、*LS* と略記〕（ドゥルーズ『意味の論理学』小泉義之訳、河出文庫、二〇〇七年、下・一一六頁）。「深層の分裂的態勢から高所の抑鬱態勢へと移るにつれて、雑音から声へと移った。ところで、表面の静的態勢においては、声から話し言葉へと移っていく」（*LS*, p.271〔下・一〇〇頁〕）。この身体による話し言葉との共可能的な系列は、第一に超越論的領域そのものの動的発生として、また第二にこれによる条件づけられるものの静的発生として機能するにしても、きわめて有機的な超越論哲学を形成するだけである。ここでは、〈言葉‐表面〉は、あまりにこの系列のなかで目的化されすぎている。それゆえドゥルーズは、後年次のように述べることになる——「この『意味の論理学』でうまくいっていないことは何であっただろう。たしかにそれは、まだ精神分析に対して無邪気で、罪深い愛嬌を振りまいていた。それを弁解するなら、こういうことである。つまり、それでも私は、実はおずおずとではあるが、表面的な存在者性としての出来事に関わる表面の芸術としての精神分析を提示しながら、これを無害なものにしようとしたのだ（……）。しかし、いずれにしても、精神分析の概念は無傷のまま尊重されているし、メラニー・クラインもフロイトもそうである」（*DRF*, p.60〔「『意味の論理学』イタリア語版への覚え書き」宇野邦一訳、『狂人の二つの体制 1975-1982』所収、宇野邦一監修、河出書房新社、二〇〇四年、八七‐八八頁〕）。『意味の論理学』においては、アントナン・アルトーの器官なき身体でさえ、この身体によってどれほど高所と表面が溶解するにしても、それ自体は安定した「第一次秩序」という深層の地位が与えられ続けている。

12　スピノザ『エチカ』、第二部、定理四〇、備考一、参照。

13　Cf. *LS*, p.110（上・一六五頁）。

14　「無際限な質的生成における対立するもの（contraires）の共存、つまり〈より多いもの〉と〈より少ないもの〉との共存こそが、思考せよと強いるものの記号あるいはその出発点を構成している」〔強調、引用者〕（*DR*, p.184〔上・三七七‐三七八頁〕）。正確に言うと、質的生成は、けっして対立するものを含まず、差異を、つまり媒介されない差異を、つまり強度を含む限りで、そのように言われるのである。質的生成において〈より多いもの〉と〈より少ないもの〉とは、無－媒介的に区別されるものでなければならない。このように理解する限りで、それらの共存が本質的な事柄となる。

15
本稿において、〈脱〉、〈非〉、〈無〉、〈反〉といった接頭辞をともなう表現は、スピノザの次のような言表に基づいている。その限りで本稿は、これを言表作用にまでもたらそうとする一つの試みである——「このこと〔言葉を表象のうちにある通りの物の記号にすること〕は、人々が、知性のうちにのみあり、表象のうちにないもののすべてにしばしば〈非物体的〉(incorporeum)、〈非有限な〉(infinitum)、等々の否定的名称を与えた事実から、また実際には肯定されている多くのものを〈創造されない〉(increatum)、〈依存していない〉(independens)、〈非有限な〉、〈不死の〉(immortale)、等々のように否定的に——そして逆に、否定されているものを肯定的に——表現する事実から明らかである。それは、たしかにその反対の場合がはるかに表象しやすく、したがって、それがまず最初の人間たちの頭に浮んで積極的な名称を獲得したことによる。肯定や否定は、事物の本性がではなく、言葉の本性がそれを許すために為されていることが多い」(スピノザ『知性改善論』畠中尚志訳、岩波文庫、一九六八年、〔八八－九〇〕、七一－七二頁)。この考え方は、まさに本論文のなかで述べてきた無－媒介的に区別されるものの一方(言葉の本性)と他方(物の本性)との間の〈度合の生成〉を表現したものとして解することができる(さらに、カントにとってのこうした接頭辞がもつ本質的な意義については、石川求『カントと無限判断の世界』〔法政大学出版局、二〇一八年〕を参照されたい)。

あとがき

まず、書名について触れておきたい。本書のタイトル「すべてはつねに別のものである」は、アントナン・アルトーが一九四七年に書いた「なぜ私は病気なのか」（『アルトー後期集成Ⅲ』所収、河出書房新社、二〇〇七年）のなかの言葉である。この短いテクストの最後に書かれた「何も決定的ではない、／すべてはつねに別のものである」という二行の言葉は本書の特徴をよく表現していると思われたので、とくに後の一節を書名に用いた次第である。

本書は、二〇一四年に出版した『アンチ・モラリア』（河出書房新社）につながるような論文、またこの書物の成果を部分的により展開した論文を集めたものである。具体的には、『アンチ・モラリア』の出版前に書いた三論文と出版後に書いた七論文を選定し、それらを「第Ⅱ部」に纏め、また「第Ⅰ部」には書き下ろしのかなり長い論文を入れた。本書所収の一番古いテクストは、二〇〇八年に書かれたものになる。これらの論文は、相互に密接に関連し、また分離不可能な仕方で結合していると言える。

第Ⅱ部の既発表の諸論文に関して言うと、若干の文字の修正以外、ほぼ手を加えていない。というのも、それらは、つねに完全性のなかで発表されたものだからである。少なくとも、私はつねにそのように考えている。これは単なる自己満足でしかないかもしれないが、スピノザは「自己満足」を肯定的な感情として定義していた（『エチカ』、第三部、諸感情の定義、二五、参照）。また、第Ⅰ部の「現前と外部性」について言うと、このテーマは、ほぼ一五年前から少しずつ考え続けてきたものである。この問題の部分がこうした著作において実現できたことを喜びに思っている。

最後に、本書に所収の論文を書く機会を与えていただいたそれぞれの編集者の方々に、ここで感謝の気持ちを表明したいと思います。また、こうした書物を企画・提案し、ここに実現していただいた河出書房新社の阿部晴政氏には、深く感謝しています。阿部氏なしには、ドゥルーズの『ニーチェと哲学』の翻訳も、また『死の哲学』、『超人の倫理』、『アンチ・モラリア』といったこれまでの私の著作も、そして本書もけっして成立していなかったでしょう。

二〇一九年　六月

江川隆男

初出一覧

現前と外部性——非-論理の革命的思考について　書き下ろし

ニーチェの批判哲学——時間零度のエクリチュール　ドゥルーズ『ニーチェと哲学』〔解説〕、河出文庫、二〇〇八年

機械論《マシニスム》は何故そう呼ばれるのか——フェリックス・ガタリ『アンチ・オイディプス草稿』〔書評〕　『思想』、岩波書店、二〇一〇年九月号

脱領土性並行論について——ガタリと哲学　『フランス哲学・思想研究』一七号、日仏哲学会、二〇一二年

〈脱-様相〉のアナーキズムについて　『HAPAX』四号、夜光社、二〇一五年七月

脱-様相と無-様相——様相中心主義批判　『現代思想』、青土社、二〇一五年六月号

ディアグラムと身体——図表論的思考の系譜について　宇野邦一編『ドゥルーズ・知覚・イメージ：映像生態学の生成』、せりか書房、二〇一五年

破壊目的あるいは減算中継——能動的ニヒリズム宣言について　A・カルプ、大山載吉訳『ダーク・ドゥルーズ』〔応答〕、河出書房新社、二〇一六年

最小の三角回路について——哲学あるいは革命　『HAPAX』七号、夜光社、二〇一七年四月

論理学を消尽すること——ニーチェにおける〈矛盾-命令〉の彼岸　『HAPAX』一〇号、夜光社、二〇一八年十一月

〈身体-戦争機械〉論について——実践から戦略へ　檜垣立哉・小泉義之・合田正人編『ドゥルーズの21世紀』、河出書房新社、二〇一九年

江川隆男（えがわ・たかお）
1958年生まれ。東京都立大学大学院博士課程単位取得退学。現在、立教大学教授。博士（文学）。著書『存在と差異——ドゥルーズの超越論的経験論』、『死の哲学』、『超人の倫理——〈哲学すること〉入門』、『アンチ・モラリア——〈器官なき身体〉の哲学』、『スピノザ『エチカ』講義——批判と創造の思考のために』、訳書、ドゥルーズ『ニーチェと哲学』、ドゥルーズ／パルネ『ディアローグ——ドゥルーズの思想』（共訳）、ブレイエ『初期ストア哲学における非物体的なものの理論』他がある。

すべてはつねに別のものである　〈身体－戦争機械〉論

2019 年 8 月 20 日　初版印刷
2019 年 8 月 30 日　初版発行

著　者　江川隆男
発行者　小野寺優
発行所　株式会社河出書房新社
〒151-0051　東京都渋谷区千駄ヶ谷 2-32-2
電話　(03)3404-1201（営業）　(03)3404-8611（編集）
http://www.kawade.co.jp/
装　幀　中島浩
組版　株式会社キャップス
印刷　株式会社亨有堂印刷所
製本　小髙製本工業株式会社
Printed in Japan
ISBN978-4-309-24921-6
落丁本・乱丁本はお取り替えいたします。

アンチ・モラリア〈器官なき身体〉の哲学

江川隆男

ドゥルーズ＝ガタリとスピノザをこえて器官なき身体から〈分裂的思考〉を創出する新たなるエチカ。